本书获得东北财经大学出版基金资助

中国经济问题丛书

极化治理的中国经验

从收入极化治理到区域极化治理

贺蕊莉 / 著

中国人民大学出版社

·北京·

《中国经济问题丛书》
总　序

　　经济理论的发展与变化是和经济实践紧密联系的，在我国继续向社会主义市场经济体制过渡的今天，实践在呼唤经济学的发展和繁荣；同时，实践也为经济学的发展创造着条件。

　　中国的市场化改革是没有先例的，又没有现成的经济理论作指导，这是中国学者遇到的前所未有的挑战。他山之石，可以攻玉。随着一大批西方经济理论译介进来，以及一大批具有现代经济学素养的人成长起来，认识和解决中国问题开始有了全新的工具和视角。理论和实践是互动的，中国这块独一无二的"试验田"在借鉴和运用现代经济理论的同时，势必会为经济理论的发展注入新的活力，成为其发展的重要推动力量，而建立在探讨中国经济问题基础之上的经济学也才有望真正出现。中国经济问题正是在这个大背景下获得了特别的意义。

　　我们策划出版《中国经济问题丛书》的主要目的是鼓励经济学者的创新和探索精神，继续推动中国经济学研究的进步和繁荣，在中国经济学学术著作的出版园林中，创建一个适宜新思想生长的园地，为中国的经济理论界和实际部门的探索者提供一个发表高水平研究成果的场所，使这套丛书成为国内外读者了解中国经济学和经济现实发展态势的必不可少的重要读物。

　　中国经济问题的独特性和紧迫性，将给中国学者以广阔的发展空间。

丛书以中国经济问题为切入点，强调运用现代经济学方法来探究中国改革开放和经济发展中面临的热点、难点问题。丛书以学术为生命，以促进中国经济与中国经济学的双重发展为己任，选题论证采用"双向匿名评审制度"与专家约稿相结合，以期在经济学界培育出一批具有理性与探索精神的中国学术先锋。中国是研究经济学的最好土壤，在这块土地上只要勤于耕耘，善于耕耘，就一定能结出丰硕的果实。

内容摘要

　　极化是一件正在全球范围内发生的事情。所谓极化（polarization），在物理学上是指事物在一定条件下发生两极分化，其性质相对于原来状态有所偏离的现象。而在人文学科中，极化是一个与差距扩大相关又有差异的范畴。差距扩大关注两极之间极度拉大的问题，而极化关注的是中间阶层在向两极靠拢的结构性变化。如收入极化，就是指总人口中的穷人和富人都越来越多，中产阶层的人数却在减少，社会最后只剩下两类人，即有钱人（haves）和穷人（have-nots），到完全极化时，中产阶层完全消失。区域极化则是指一个国家或地区中的中等经济水平或收入水平的区域逐渐分化，或者成为富裕地区，或者沦为贫困地区，到完全极化时中等水平区域完全消失。可见，极化是一个涉及社会结构的范畴，它对社会稳定与发展的影响巨大。比如，近年来欧美国家的"黑天鹅"事件不断，许多人认为这是由贫富差距扩大引起的，其实准确地说是那些国家发生了收入极化，原来橄榄形的社会结构因中产阶层分化而向漏斗形变化。由于中产阶层减少，社会上下层之间的联结纽带减少，开始出现社会结构断裂的迹象，并体现为严重的价值观对立和冲突。极化是一个比差距扩大更为重要的范畴，因为差距扩大到一定程度以后，最穷者与最富者之间到底相差多少货币单位已不再重要，而结构变化却不然。不论是收入极化还是区域极化，大量穷人的社会失范感、相对剥夺感和角色紧张感，是社会冲突与混乱的根源，迫切需要抑制。

　　改革开放以来，我国也出现了极化问题，并且表现为从收入极化到区域极化的过程。但在中国共产党的正确领导下，在广大干部群众的共同努力下，我国有效地阻断了收入极化路径，治理了收入极化。对于区域极化，我国政府也正在采取有效治理措施，治理成果逐步显现，并将在未来显示出良好的成效。本书从财政社会学的角度对我国的收入极化治理和区域极化治理经验进行了总结提炼，并在经验总结的基础上思考我国的深化改革问题，以期对相关研究有所裨益。

虽然针对原因的研究就是在寻找治理对策的研究，但专门针对我国治理极化的研究还是不多。本书将以极化治理的中国经验为主题，讨论中国在收入极化和区域极化方面的治理经验，以期为世界其他国家提供经验和范本，为解决极化这一世界性难题提供解决思路。

全书共分为四篇：

第一篇是导论，对书中的相关概念进行了界定，评述了国内外相关研究，阐释了基本观点、研究思路、体系安排和调研说明等。为了了解收入极化情况，我们调研了大连市 112 万在岗职工、94 万私营企业职工、73 万领取养老金人员、7 万低保人员的收入数据资料，36 万个体户、10 万户企业的利润收入数据资料，68 万房主的房产资料和 70 万储户的银行存款资料，共计 470 万个样本的资料。内容包括 2007—2012 年期间的工资性收入、经营性收入、转移性收入、房产和银行存款五个方面的数据；针对国企改制、农地征用和城市房屋拆迁对收入的影响，发放并收回调查问卷 1 656 份。在调研资料的基础上，我们借助基尼系数、W 指数（Wolfson index）、ER 指数（Esteban and Ray index）和马尔可夫链等指标对调研结果进行分析。为了研究区域极化，我们收集整理了 1952—2018 年的 20 多项统计数据，找出一些替代指标来反映区域性财政差距情况。以辽宁为例，对比各省份和计划单列市的相关指标变化；访问当年的改革亲历者；梳理分析改革开放初期开始的财政倾斜政策及其经济影响，探讨我国区域失衡的财政原因，探讨我国区域极化的财政理由。

第二篇是收入极化治理。我们首先对收入分布变化趋势进行了实证研究，通过对比工资性收入、经营性收入、转移性收入和主要财产分布情况变化以及相关指标变化，得到改革开放以来我国的收入极化速度较快的结论。(1) 收入极化速度快于收入分配差距扩大的速度。通过指标对比我们不难发现，反映收入极化的指标如 W 指数、ER 指数，其恶化速度比反映收入分配差距的基尼系数快很多，这意味着我国的收入极化问题和社会结构"漏斗化"问题比较严重，应予以治理。(2) 推动路径复杂多样，既有流量财富归集路径，又有存量财富归集路径，收入极化是流量财富分配不公和存量财富直接转移共同作用的结果。我们的实证研究也显示，完全竞争市场分配、不完全竞争市场分配、财政分配、腐败、国企改制、农地征用和城市房屋拆迁等路径都不同程度地推动收入极化，恶化收入分配。(3) 曾经存在刘易斯拐点改善收入分配的影响。在我国经济进入新常态之前，刘易斯拐点已经显现。我们从收入分配和社会结构的角度考察刘易斯拐点，结果显示它在推动收入群体收入水平提高、改善收入分配方面作用明显。但与沃尔夫森极化的力量相比，刘易斯拐点改善收入分配的能力还较弱，需要固化与提高。(4) 在推动收入极化的各个路径中，财政都有不同程度的介入。财政以不同的收入形式或支出方式介入了收入极化的各个推动路径之中，这些路径有的古老，有的现代，有的正效应明显，也有的负效应巨大。在财政收入最大化的冲动下，那些古老的、负效应巨大的财政工具被保留了下来，在满足财政需要的同时推动着收入极化，需要通过深化改革来治理极化。

党的十八大以后，我国采取了强有力的改革措施来治理收入极化。尤其是党中央做出了全面从严治党的重大战略部署，通过整饬党风，厉惩腐败，净化了党内政治生态，有效地遏制了腐败的蔓延势头，也有效地遏制了存量财富直接转移的顽疾，影响了收入极化路径，遏制了收入极化。在经济社会进入新常态、收入极化受到抑制之后，区域极化问题凸显了出来。

第三篇是区域极化治理。在新常态下，收入极化受到遏制，尤其是从严治党、大力反腐有效地遏制了绝大部分收入极化路径，人们对收入极化的关注转向了区域极化。其实，自改革开放以来，我国的区域格局就在变化，逐步打破原来的科层制差序格局，呈现出极化的状态。发达俱乐部与不发达俱乐部之间的差距在扩大，不仅同级别城市间的差距在扩大，发达俱乐部的一个小成员也会有超越普通省会城市的表现。最明显的两极变化是东南沿海省份的崛起和东北地区的衰落，这是一枚硬币的两面。

对于区域极化的成因，社会各界做出了多种解释，但大多数解释集中在市场化程度等因素上，也有国有经济占比过大和文化影响的说法。而事实上，区域失衡既可能是不对称外部冲击的结果，也可能是对称外部冲击在各地区引起的不同反应的结果。一直以来，我国财政对各地区的冲击都是不对称的。由于我国的财政透明度低，能够直接用于区域比较的财政指标很少，因此，我们梳理分析了改革开放初期开始的财政倾斜政策及其经济影响，探讨我国区域失衡的财政原因和我国区域极化的财政理由。2016年的《国务院关于推进中央与地方财政事权和支出责任划分改革的指导意见》和2018年的《基本公共服务领域中央与地方共同财政事权和支出责任划分改革方案》政策出台。其中，后者明确指出"建立权责清晰、财力协调、区域均衡的中央和地方财政关系"，显示出党中央已经深刻地认识到了加快推进基本公共服务均等化与区域均衡发展之间的重要关系，利用它可以有效治理区域极化问题。可惜，学术界把这一央地财政关系改革措施纳入区域差距研究的还是不多。

本书首先对国有经济占比过大和文化影响的说法进行了分析验证，认为这两种说法都不能很好地解释中国的区域极化问题，而财政体制才是区域极化的根本性原因，尤其是"分灶吃饭"体制初期的倾斜政策，对目前的区域格局具有决定性的影响。在市场经济的推动下，区域极化的速度越来越快。我们运用最小二乘估计（OLS）、工具变量两阶段最小二乘估计（IV-2SLS）、工具变量广义矩估计（IV-GMM）和面板随机效应估计（RE）等方法进行实证检验，实证结果也高度支持我们的定性分析。本书还梳理分析了基本公共服务均等化与区域均衡发展之间的重要关系，总结了财力均等化改革是治理区域极化的有效措施、中央的改革决心是财力均等化的基本保障和紧凑的改革节奏可以避免不必要的负面影响等中国经验。

第四篇为总结与建议。这部分首先总结了关于极化的几个基本结论，认为改革开放以来我国的收入极化速度较快，在新常态下，收入极化让位于区域极化，无论是对于收入极化，还是对于区域极化，财政都有基础性的推动作用。其次，这部分总结了治理极化的中国经验，指出强大的中央政府为改革保驾护航是成功治理极化的前提，从严治党、打击腐败是治理极化的最有效路径，加强制度建设是构建治理极化长效机制的基础，并据此提出改革建议，建议尽快放弃古老的财政收入制度，建立税收型财政收入制度，中央财政承担更多的民生保障责任，在财政体制改革和财政资金分配上，全国人大要发挥更大的作用，加快建立地方税体系，从制度上遏制政府的财政收入最大化冲动。最后，这部分反思了财政收入最大化冲动，对改革目标的设定提出了本书的看法。

关键词：收入极化治理　区域极化治理　财政社会学　中国经验

目 录

第三篇
区域极化治理

第四篇

总结与建议

第一篇

导论

1 引　言

收入分配是近年来社会各界关注的热门话题，讨论的角度各不相同。虽然基尼系数显示近年来的收入分配差距在缩小，但认为差距在扩大的人仍然有很多，低收入者社会失范感和相对剥夺感强烈，影响社会稳定，不利于改革。我们引入了"收入极化"的范畴，从财政社会学的角度讨论了收入分配中的一种新现象——收入极化，并探讨如何建立抑制系统、优化社会结构问题，从财政的角度解释我国近年来收入分配中存在的问题，为治理这一顽疾提供思路与政策建议。

1.1　相关概念界定

收入分配这一研究是研究一定时期内经济活动成果在各经济主体之间的分割与归属问题的课题，由于研究的角度不同，所用的术语也不同。在本书中，我们讨论的是收入极化问题，并会用到收入分配差距、贫富差距、收入分布、财政社会学等概念。

1.1.1　收入极化与收入分配差距扩大

国内关于收入分配研究的重点是我国近年来的收入分配差距扩大、成因、影响系数及矫治等问题，我们研究的则是收入极化。收入极化是一个与收入分配差距扩大相关又有差异的范畴，最早提出并完善地论述这一范畴的是美国经济学家迈克尔·沃尔夫森（Michael Wolfson）。沃尔夫森1994 年在《美国经济评论》上发表了一篇文章，专门阐述了他对收入分配和不平等问题的看法。Ravallion and Chen（1997）撰文分析和支持了沃尔夫森的研究，引起了社会反响。沃尔夫森认为两极分化不是收入水平在两极之间的极度拉大，而是总人口中的穷人和富人都越来越多，中产阶层的人数却在减少，他假设这一部分人会最终完全消失。也就是说，社会最后只剩下有钱人（haves）和穷人（have-nots）这两个"有"和"一无所有"的部分，即收入极化不仅关注收入分配差距问题，还关注社会结构的变化。

关于社会结构，我们熟知的有金字塔形和橄榄形结构，沃尔夫森极化的状态则是漏斗形社会结构，参见图 1-1。沃尔夫森认为，美国的社会正处在收入极化过程中，社会结构正在由橄榄形向漏斗形转变。中产阶级正在发生分化，要么成为富人，上升到漏斗的上端；要么没落，落到漏斗的下端；没有中间地带！中产阶级衰落的最直接的后果就是民主的衰落，美国历史学家有一句这样的名言："没有资产阶级，便没有民主。"那是指早期精英民主时代。在当代的大众民主中，人们可以说："没有中产阶级，便没有民主。"很多学者，包括亨廷顿（Huntingdon）和李普塞特（Lip-set）等，都把民主和中产阶级的政治参与联系起来。在他们看来，中产阶级是一个社会最渴望自由并且也有能力追求自由的阶层。但现在的情况与这些学者的期望刚好相反，中产阶级似乎不再渴望和追求自由了。当然，在这背后，人们更需要提出的是一个更深层次的问题，那就是西方的中产阶级到哪里去了？[①] 沃尔夫森极化可以做出较好的解释，这也是我们所关注的在中国也有可能会发生的一个问题。

对于收入分配差距扩大问题，不同的评价指标关注的角度不同，但重点还是高收入阶层与低收入阶层间的差距，而收入极化，不仅关心收入分配差距扩大问题，更关心由于收入分配变化而引起的社会结构变化。

---

① 郑永年 . 当代民主危机：西方的认知 . 博客中国，2014 - 10 - 20.

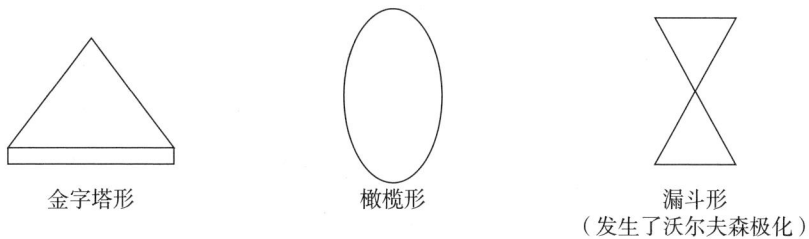

图 1-1 社会结构比较

这里还需要说明的是，尽管我们研究的是收入极化，但收入分配一词在本研究中仍然被大量地使用，这不仅是由于收入分配是一个非常通用的范畴，更在于收入分配问题是导致收入极化的根本性因素，因为不论是个人的社会经济地位变化，还是社会结构变迁，收入这种经济性因素都是最基本的推动力。

1.1.2 贫富差距与收入分配差距

与收入分配差距相关的一个范畴是贫富差距，二者相互联系又必须严格区分。贫富差距，即居民在财富占有上的差距。财富分为流量财富和存量财富。存量是它们全体在一个瞬间的呈现，流量则需要时间的推移（Cassel，1918）。流量财富，即凭借劳动力、资本、土地等资源获取的工资、利润、利息和地租等各种收入；存量财富则表现为资本、土地、矿藏、房屋等各种形式的财产。流量财富与存量财富互为因果，互为前提，相互影响。社会个体的流量财富增加会提高其存量财富的积累程度；存量财富的增加也会提升其流量财富的流入水平。反之，如果发生了流量财富的降低，会减缓其存量财富的积累速度，甚至直接减少其已有存量财富；存量财富的减少也会直接或间接地降低其未来的流量财富。一个社会的贫富分化可能是由于流量财富分配的差距在扩大，也可能是由于发生了存量财富的转出与转入，还可能是二者兼而有之。在中国贫富差距扩大的因素中，既有收入分配不公的问题，也有资产转移的问题，可以说是流量财富分配不公与存量财富逆向转移共同作用的结果。

收入分配差距反映的是流量财富的差距，而评价个人间的真实差距还需要考虑存量财富问题。既考虑流量财富的差距又顾及存量财富的差距的术语便是贫富差距。比较而言，贫富差距的内涵比收入分配差距更广泛，在我国存在财富的直接转移的情况下，有时用贫富差距指标比收入分配差距指标更准确。因此，在本书中，在涉及存量财富转移等问题时，贫富差距一词就会被用到。

1.1.3　收入分布与收入分配

在我们的研究中，我们还用到"收入分布"一词，主要是用于描述经济成果最终归属于各利益个体和社会阶层后的状态。与收入分布相比，收入分配是一个动作名词，用于描述经济成果在社会利益主体间的侵害与转移，着重于过程；而收入分布则反映收入分配的结果，静态地呈现出收入分配后的状况。

统计上把收入划分为工资性收入、经营性收入、财产性收入和转移性收入，上述收入合计即总收入，总收入减去所得税等税收之后便是居民可支配收入。我们通常所说的收入分配差距，或者是居民间的总收入差距，或者是可支配收入差距，前者被称为税前收入差距，后者被称为税后收入差距。这里，我们以居民间的总收入差距为研究对象。

1.1.4　区域极化与区域差距扩大

国内外研究中专门针对区域极化的研究较少，更多的是使用区域差距、区域失衡、区域协调、俱乐部收敛、经济增长收敛或分化等术语。区域极化与上述概念相关但又有所不同，因为区域极化并不纠结于最好地区与最差地区之间的距离，而是关注区域向两极聚集的结构性变化问题，即区域极化是一个中等水平地区逐渐分化的过程，是指社会中的区域（以市县为单位）或者成为"富的"，或者成为"穷的"，呈现出区域内部日渐趋同而区域之间差距日益扩大的俱乐部状态，到完全极化时，中等水平地区会完全消失。可以说，区域极化是一个复杂的"系统工程"，关于区域差距、区域失衡、区域协调、俱乐部收敛、经济增长收敛或分化等范畴的研究，也就是对区域极化的研究，具体包括现状、变化趋势和影响因素等方面。

1.1.5 关于财政社会学

财政社会学是一个近年来受到学术界关注的学科，但对财政社会学的解释各异，不同的学者会有不同的理解，这里，我们说明自己的观点。

（1）财政社会学的实质。

纵观相关研究，国内学者所理解和接受的财政社会学更多的是古典财政学的一种回归。财政学曾经是政治经济学的核心领域，尤其是在重商主义时期，财政学的范围广，也很综合化，它包含了如今的法学、历史学、社会学、政治学、经济学、公共管理学、政策学等内容。但随着时间的推移，财政学的技术化倾向越来越严重，对社会问题的解释能力逐渐下降，甚至导致学科发展停滞不前。财政社会学则是学者们批判并努力恢复财政学古典色彩的结果。但它作为一个学科被提出来，是 17 世纪现代民族国家形成时期的事情。

（2）财政社会学视角下的国家观。

讨论财政社会学，绕不开财政的主体——国家，但对国家的理解并不一致。学者所争论的国家属性，不外两种：社会国家和政治国家。主张社会国家者认为，国家是一个管理公共事务、满足社会共同需要、提高社会福利的机构，阶级压迫不应该是成立国家的理由；主张政治国家者则正好相反，强调国家压迫属性。后来，越来越多的学者主张国家"二重性"的观点，认为国家具有社会国家和政治国家的双重本质，既是管理社会公共事务的社会组织体系，又是代表统治阶级意志和利益的政治工具。随着社会的阶级意识逐渐淡化，社会国家的属性变得更加重要。

纯粹的以社会国家为基石的现代财政理论无法很好地解释转型期中国的特有问题；同样，以纯粹的传统社会主义政治国家为基石的社会主义财政理论又无法与现代经济学理论接轨，无法很好地解决国际化背景下的现代经济问题。而财政社会学则统筹地考虑了国家的政治性和社会性，也充分地考虑了奥尔森对各种类型政府的分析，推崇奥尔森的"强化市场型政府"（Olson，2005）。

就对中国问题的研究来说，用财政社会学替代财政学，可以有更加宽泛的研究视野，也可以解决当代语境约束下许多问题无法深入研究的问题。回归到古典财政学的基石部分在于对国家的认识和定位，它既不同于现代西方契约国家观，也不同于传统的马克思主义国家观。

（3）财政社会学视角下的财政收入制度。

财政收入制度依附于国家，国家性质不同，财政收入制度也不会相同；不同收入制度的国家，其性质也很难相同。因此，在人类历史上，财政收入制度的变迁史，也是一部国家性质的进步史。

关于财政收入制度主要有如下分类：

一是亚当·斯密的分类。亚当·斯密将国家财政收入划分为两类，一类是"与人民收入无关"的资源，另一类是"与人民收入有关"的资源。君主国家愿意从"与人民收入无关"的资源中获取国家财政收入，如土地收入、中国古代的盐和铁专卖收入、官窑矿产收入等。现代民主国家则选择从"与人民的收入有关"的资源中取得国家财政收入，如针对地租、利润、工资这些已经成为"人民收入"的收入进行征税，所以，现代国家又被称为"税收国家"。

二是塔尔许斯（Tarschys）的分类。Tarschys（1988）将历史上国家财政收入的来源分为四种，分别为贡纳、关税、税收和贸易，并形成相应的贡纳收入、关税收入、税收收入和贸易收入。

三是刘志广的分类。刘志广（2005）把财政收入的具体形式主要区分为贡纳、租金、利润、税收、关税和公债，并据此将财政收入制度也相应分为六类，即贡纳型财政收入、租金型财政收入、利润型财政收入、税收型财政收入、关税型财政收入和公债型财政收入。这些收入都需要制度安排保障，所以也被称为六种财政收入制度，即贡纳型财政收入制度、租金型财政收入制度、利润型财政收入制度、税收型财政收入制度、关税型财政收入制度和公债型财政收入制度。

在本书中，我们采用刘志广的分类，并将之用于分析收入极化路径等问题。

（4）财政社会学视角下的产权安排。

产权结构体系有两类：一类是私人财产权利体系；另一类是君主财产权利体系或国家财产权利体系。在上述各类型的财政收入中，与私人财产权利体系相配套的是税收型财政收入和公债型财政收入，其余则是君主财产权利体系或国家财产权利体系的衍生制度。

现代税收是建立在私人财产权利体系上的财政收入制度，是在承认私人财产权利的基础上对私权利的"侵犯"。私人财产权利体系中的绝大部分产权为私有，市场是私人财产权利再配置的主要机制。公债是现代国家的重要财政收入形式，它是对税收型财政收入制度的补充。公债比税收更适宜私人财产权利体系。在君主财产权利体系或国家财产权利体系下，公债无法诞生。君主财产权利体系与国家财产权利体系之间是有差别的，但面对私人财产权利体系，二者又高度一致，那就是大多数财产界定由君主所有或国家所有。租金型财政收入和利润型财政收入是君主财产权利体系和国家财产权利体系的常见形式；贡纳型财政收入多见于国家产生的初期；不发达国家对关税型财政收入的依赖程度较高。

（5）财政社会学的学科归属。

关于财政社会学属于财政学、社会学还是其他特别学科，是属于社会学领域还是经济学领域，学者之间分歧很大。以往的研究显示，社会学家认为它属于社会学领域，财政学家更愿意把它纳入经济学范畴，甚至有学者认为财政社会学只是一种相对独特的研究方法，并不算作一个独立的学科。

我们认为，财政社会学能够包容地运用经济学、历史学、法学、政治学的研究方法和研究成果，为我们探索世界、解释世界提供了一个独特的视角。财政社会学更多的是一种古典财政学的回归，现在越来越多的学者愿意称其为现代财政学，当然也有反对意见。争论尚未结束，但不妨碍我们的研究，不妨碍我们以更广阔的视角来审视我们所处的社会和时代，为建设和谐社会、促进国民经济发展做出我们应有的贡献。

1.2 国内外相关研究述评

1.2.1 国外相关研究综述

国外关于极化研究的角度较多，有极化与不平等之间的区别、极化的衡量指标、近年来各国的极化趋势、收入极化与经济增长之间的关系、极化的影响因素、全球化与极化、收入极化与种族冲突等等。与我们的研究关系密切的问题主要有：

（1）关于极化的趋势和程度。

这是目前国外相关研究中最多的一个方向，绝大多数研究成果显示近年来的收入极化问题在加剧。比如，Ezequiel and Sergio（2008）基于拉丁美洲和加勒比海地区国家1989—2004年期间的家庭调查数据对收入极化的程度进行了研究，结果显示拉美国家的收入极化水平很高，如果从地区和周期的平均来看，则是收入极化程度略增。Fernando（2013）对阿拉伯地区收入极化和社会结构变化的研究、Maria（2011）对罗马尼亚的研究和Arshad et al.（2008）对巴基斯坦的研究，都显示收入极化有不同程度的扩大。Borraz et al.（2013）对乌拉圭1994—2004年和2004—2010年两个时期的收入不平等和中产阶级的状况进行了研究，结论是第一个时期的收入分配状况恶化、中产阶级人数在减少，极化扩大，第二个时期则出现了相反的趋势。Apouey（2010）利用沃尔夫森极化指数和罗德里格斯（Rodriguez）公式证明了收入极化问题的严重性。

在国外的研究中，早在1928年Ramsey（1928）就研究了经济的增长收敛问题，经Abramovitz（1986）和Baumol（1986）等人进行创导性探索后明确了俱乐部收敛的概念，Barro（1991）和Mankiw（1992）又从绝对收敛延伸到了条件收敛。不同意经济增长收敛观点的Friedman（1992）和Quah（1993）在各自独立地运用收敛模型对国家国民生产总值历史的横截面数据进行检验时出现了问题，两人不约而同地将其命名为高尔顿（Galton）谬误［弗朗西斯·高尔顿（Francis Galton）认为人类高度平均值正在回归］。赞同增长收敛和经济趋同的学者有很多，如 Obradovic（2016）运用经济合作与发展组织国家的数据、Bastianin（2009）依据能源指标都验证了经济趋同。反对经济趋同者也不少，有 Durlauft（1999）、Islam（2003）、Yang（2017）等。

（2）极化的影响因素。

国外学者在研究收入极化问题时，对社会因素的关注较多，诸如政治、宗教、社团、文化、伦理、地域、语言等。这与他们在研究收入分配差距问题时关注个人能力、受教育程度、性别、是否党员等因素有明显的不同。例如，Chakravarty and D'Ambrosio（2010）研究了收入分布的极化秩序，认为收入极化是绝对收入极化和相对收入极化共同作用的后果。Oliver，Piccoli，and Spadaro（2010）运用考虑了劳动力供给因素的仿真模型，将丹麦、法国、英国和德国的再分配体系分别加入社会、文化、民主、道德等强制因素来预测再分配体系在西班牙的执行效率、不平等和极化效应。结果显示，模拟结果对经济效率有一定的影响，每一个新体系都会减少收入不平等程度，但加入了收入极化因素后则结果变得不确定。Akdede（2012）对17个欧洲国家1980—2010年间的经济不平等与政治极化关系进行了经验考察，结果显示，随着GDP的增长，收入分配不平等在加剧、政治极化有所扩大。Esteban and Ray（2012）则研究了极化和民族冲突问题。

在何种因素影响区域差距的问题上，关心政府政策和人文影响者多，强调市场作用者少。如 William（1989）认为地方税收结构不统一会导致区域差距，另外还有 Rodriguez and Pist（2008）的创新系统、Mitsuta（2010）和 Ke（2018）的金融因素、Ezcurra（2013）的政治权力、Miki（2011）的社会文化属性、Dan（2013）的公共基础设施等因素。此外，William（1968）关注城市差距中的平等和特殊性问题；Slater（1985）将殖民统治纳入区域失衡研究；Muringani（2019）则认为权力下放要考虑政府素质；等等。学者们较少从财政政策冲击角度进行研究，倒是 Roisland（2005）从货币政策冲击角度的研究很有参考价值。

（3）极化的评价指标。

评价收入极化的方法主要有两大类：一类是 ER 型指数，它由 Esteban and Ray（1991）提出，是后来经过不断完善的一系列评价指标。Esteban and Ray（1991）提出了基于任意分组（或极）假定的分布评估；Duclos et al.（2004）进行了改进和完善；Esteban and Ray（1994）讨论了连续分布下的极化评估；Esteban，Gradin，and Ray（1999）进行了改进与拓展，称为 EGR 指数；Esteban et al.（2007）探讨了离散分布下的极化评估；等等。第二类是沃尔夫森极化指数。Foster and Wolfson（1992）和 Wolfson（1994）最早提出这种方法，它关注社会成员间的分化和社会断裂，是一个很经典的评价指标。Satya et al.（2010）在 Wolfson（1994）收入极化指数的基础上建立了收入极化定序函数，得出了极化指数由绝对收入变化和相对收入变化共同决定的结论。

专门针对评价区域极化的指标的相关研究较少。在比较区域差距时，常用的传统的评价收入差距的方法有对比法、份额法、偏离值法、变异系数法等。当然，基尼系数、ER 指数、沃尔夫森极化指数、泰尔熵指数等也可以用于区域极化研究。

1.2.2　国内相关研究综述

对国内收入极化的研究不是很多，相关研究还是集中在收入分配差距上，即对与收入分配相关的社会结构变化问题的关注较少。

（1）对国内收入极化的研究，以探讨测算方法和评价我国居民收入极化的程度为主。

关于中国的收入极化问题，①相关研究认为收入极化问题比较严重，速度在加快。Celine and Matthieu（2012）利用 1989—2006 年中国健康和营养调查数据，聚焦于由不同收入组间的亲和与疏离所引起的中国的城乡收入极化问题的研究，结果显示中国家庭收入的极度分化，经过 1989—

1997 年间的初步分化后，1997—2006 年的分化速度加快。该研究认为尽管城市的极化程度比较高，但农村的极化速度要快得多，在城市，酝酿着社会结构紧张情绪。罗楚亮（2010）在住户调查数据的基础上，根据 Esteban 和 Ray 等人的认同-疏离框架及 Wolfson 的两极分化研究思路，讨论了中国居民收入分布的极化现象、两极分化问题和中等收入人群比重变动的一些影响因素，并根据 DER 指数（Duclos，Esteban and Ray index）的分解特征，讨论了收入分布中的认同性、疏离性对 DER 指数及其变动的影响，其结论是中国居民收入分布具有比较严重的两极分化，城乡合并样本下的极化主要由城镇内部基尼系数和城乡收入差距所解释，就业及经济转型对于城镇内部极化现象具有重要的解释作用。龙莹（2012）利用中国健康和营养调查（CHNS）微观收入数据，对中等收入群体的比重进行测算，结果显示 1988—2005 年中国中等收入群体比重呈不断下降趋势，收入分配不平等程度加深，且城镇内部的分化增速高于农村，高收入群体和低收入群体内部聚集程度的加深进一步扩大了收入两极分化程度。贺蕊莉（2013）基于对大连市的调研数据，分析了近年来居民收入分布变化趋势，认为虽然因刘易斯拐点而使收入分配有所改善，但沃尔夫森极化的力量更为强大。②国内部分研究改进了评价指标。洪兴建（2010）研究居民收入分配失衡的测度方法，论述了收入不平等、贫困、极化和流动性，提出了一个新的极化指标，并且运用一些极化指标对中国收入分配进行了实证分析，在基尼系数的计算、分解和改进方面做出了贡献。王方春（2012）、俞彤晖（2011）的研究也都是关于收入极化程度的测定的。③国内部分研究探讨引起收入极化的原因。刘小瑜、刘茜（2013）采用 ER 极化指标测算了 2002—2010 年全国收入极化程度，分析了我国近几年收入极化的趋势及造成这种趋势的可能原因，认为我国的收入极化与人均 GDP 之间一直呈现出负相关的关系，且两者的相关性在进一步增强；姚先国、叶荣德（2012）分析了中国农村地区人均纯收入的极化及其变动，实证研究结果显示 2006 年之前极化程度波动上升，随后逐年下降，工资性收入对极化程度的贡献最大，财产性收入和转移性收入对极化程度的贡献逐年提高。

（2）国内对收入分配的研究，以关注社会性原因为多，这与国外以个人因素为主的研究很不相同。

尽管有越来越多的学者开始关注收入极化，关注由收入分配引起的社会结构变化问题，但国内研究的重点仍然是收入分配。收入分配是一个人类社会亘古而常新的话题，百年来的研究形成了经典框架，目前的研究大多还在这个框架之中。

①经典研究框架。

经典研究认为，收入差距的成因有个人原因和社会原因之分。个人原因有个人禀赋、家庭影响和个人选择等；社会原因则有经济发展、金融效率、能力贫困和社会排斥等。缩小收入差距的对策主要有财政分配和公共政策两类。财政分配通过歧视性征税、转移支付等手段介入分配，实现抵消市场分配结果的目标。财政分配也可以改变市场分配条件，如财产税、遗产税等，防止社会阶层固化，促进代际流动。公共政策主要有消除社会排斥、实现机会均等等手段。此外，推动经济增长相应地提高金融效率，它也被列为减贫的重要措施。

A. 个人禀赋和家庭影响。个人禀赋和家庭影响包括先天因素和后致因素。由于教育需要"门槛"，不仅是一个既受先天因素影响又需要后天努力的因素，而且是一个可以通过政府政策和社会努力而改善的要素，所以其研究者众多。Ambra et al.（2010）基于 1985—2003 年意大利的劳资收入变化研究了收入的极化和流动问题，认为个人特质在收入极化中的作用不可忽视；Galor and Zeira（1993）论证了教育、家庭初始财富和人力资本投资对收入分配的影响。

B. 个人选择。Lucas（1992）认为仅仅是消费偏好的随机扰动就足以产生巨大的不平等。Lucas 考察的是一个没有生产的简单禀赋经济，经济中有无限寿命的家庭拥有同样的偏好，每期面临同样的、独立同分布的偏好扰动序列，扰动值越高，家庭在当期消费的愿望就越迫切，经济中唯一需要解决的问题是如何配置每期的消费以分担个人偏好扰动的风险。Lucas 的研究结论意义深刻，它表明收入分配不平等似乎是人类社会某种根深蒂固的东西，为了解释不平等，我们甚至不需要求助于能力、教育、遗传、社会制度等多种要素，仅仅是消费偏好的随机扰动就足以产生巨大的不平等。

C. 经济发展。关于收入分配与经济发展之间的关系，最著名的当属库兹涅茨（Kuznets）倒 U 形曲线。它由美国著名经济学家库兹涅茨于 1955 年提出，它表明在经济发展过程开始的时候，尤其是在国民人均收入从最低上升到中等水平时，收入分配状况先趋于恶化，继而随着经济的发展逐步改善，最后达到比较公平的收入分配状况，呈颠倒过来的 U 形形状（y 轴表示基尼系数或分配状况，x 轴是时间或收入状况）。Paukert (1970) 通过对 56 个发展水平不同的国家的实证研究进行了证明。Morris (1973)、Syrqiun（1975）和 Ahluwalia（1976）分别对此进行了研究，通过比较不同收入水平国家的基尼系数，证明了倒 U 形曲线关系确实存在。不过，也有研究结论不支持倒 U 形曲线关系，Rao（1988）的研究认为在经济起飞过程中，韩国、新加坡、中国香港、中国台湾等亚洲新兴经济体的收入分配格局变化轨迹并未呈现明显的库兹涅茨倒 U 形曲线变化。Ananad and Kanbur（1993）、Fields and Jakubson（1994）、Deininger and Squire（1996）和 Hestonn et al.（2002）等所进行的截面数据资料分析也没有明确支持库兹涅茨倒 U 结论，所以它也被称作"倒 U 假说"。不论学界如何评价库兹涅茨曲线，市场推动国家整体经济发展，市场经济下机会均等的竞争会让同等能力者获得大体相当的收入水平，从而推动收入分配公平，这是一个不争的事实。

D. 金融效率。关于金融效率与收入分配的关系，一直占主导地位的是有益论，即认为提高金融效率会改善收入分配。Greenwood（1990）认为金融效率低下导致富人的财富积累永远不可能使穷人摆脱贫困，Galor and Zeira（1993）认为金融自由化、金融市场的竞争和向更多的民众开放，使穷人也能通过融资进行人力资本投资，从而进入高收入的现代部门。但也有反对的声音，Maurer and Haber（2003）认为金融发展与深化并没有使金融服务向穷人和新企业延伸，金融服务，尤其是信贷服务，依然只是针对富人和具有某种政治联系的企业，并使他们的相对收入进一步上升。在 Greenwood and Jovanovic（1990）看来，金融发展与收入分配之间并不是简单的正向或反向线性关系，而是一种倒 U 形关系：因为存在财富门槛，在金融发展的初期，只有富人才能进入金融市场融资，所以穷人和富人的收入差距会拉大，但金融中介的进一步发展，以及穷人的财富积累对门槛的跨越，使穷人也能获得充分的金融服务，穷人与富人之间的收入差距将会缩小。从总体上看，倒 U 观点与有益论的观点是非常接近的。

E. 能力贫困与社会排斥。Sen（1977）认为能力贫困是收入贫困的主因，而能力剥夺、权利剥夺和社会排斥都会导致能力贫困。Sen 的能力福利理论改变了传统的用收入或资源占有量来衡量个人福利和贫困状况的基本思路，而是用"个人在生活中实现各种有价值的功能的实际能力"来评价生活质量（Sen，1993）。能力理论所要回答的问题不是"某个人是不是满意"，也不是"某个人能够支配多少资源"，而是"某个人实际能够做什么或成为什么"。Olson（1995）指出政府会出于自利目标而进行社会排斥，这为我们的研究提供了新的思路。

②国内关于收入分配的研究越来越多地关注由社会原因引起的差距扩大问题。

总体上看，在西方的经典研究中，教育、专业技术能力、性别、年龄、家庭等这些个人特征因素被认为对收入回报有显著影响，影响个人间的收入分配差距；经济发展、金融效率、社会排斥等因素则是一个国家或地区存在大量贫困人口的社会性原因，会导致一些国家出现严重的收入不平等和大量的贫困人口问题。

国内的研究最初以个人因素为主，且以教育影响收入方面居多（王海港，2007；白雪梅，2004；吴方卫、张锦华，2005）以及李煜（2006）还分析了管理阶层的资源优势正逐步转变为其下一代的教育机会，从而进一步造成代际不平等的传递问题。

近年来，越来越多的学者关注引起我国收入分配差距的社会性因素：

A. 社会排斥引起的收入分配问题是国内研究最多的方面。万海远、李实（2013）考察了近年来户籍属性发生转换的群体，并采用倾向得分匹配与双重差分的方法来构造反事实，从而在拟实验环境下估计户籍歧视的价值。结果显示，仅仅因为户籍职业选择歧视，农户个体的收入就会减少；在剔除户籍歧视因素后，整体收入差距会明显缩小。杨灿明等（2008）认为城乡二元结构下的农村贫困问题实质是科层问题，这也是在强调社会排斥对城乡贫富差距的深刻影响。王天夫等（2010）对中国行业工资收入差距的研究也涉及社会排斥的收入后果问题。

B. 金融发展与收入分配。汪伟、郭新强、艾春荣（2013）基于中小企业面临信贷融资约束、国民收入中劳动收入份额与消费率同步下降的中国经济特征事实，从企业的异质性及其面临的金融环境差异出发，构建了一个包含国有企业和中小（民营）企业两类企业，且后者受到借贷约束和投资扭曲的动态一般均衡模型，在校验模型现实解释能力的基础上对上述特征事实进行传导机制分析与实证研究。结果显示自 20 世纪 90 年代中期以来，中国金融环境的变化导致中小（民营）企业面临的信贷约束收紧。为了应对融资困境，大量中小（民营）企业被迫通过利润留成方式进行内源融资，从而减少了对居民部门的利润分配，降低了家庭劳动收入的份额。

C. 城乡二元结构下的劳动力供给变化因素。龚刚、林毅夫（2007）以宏观动态模型从功能性收入分配的视角研究了中国二元经济结构下劳动力市场的无限供给使工资无法对劳动力市场的供求关系做出反应的问题，说明了刘易斯拐点到来之前的收入分配的一个特征；龚刚等（2010）明确地将工资收入不能随经济发展而增长解释为"劳动力无限供给"；贺蕊莉（2013）也曾经关注刘易斯拐点对收入分配的影响，但尚需深入分析。

（3）国内把区域经济趋同问题转变成了俱乐部问题来讨论。

国内相关研究也是以地区差距为主，但与国外研究不同的是国内把经济趋同问题转变成了俱乐部问题来讨论，即在区域间差距扩大的现状下讨论区域内经济趋同。如蔡昉等（2000）采用泰尔指数对我国地区差距进行了分解，发现地区差距在整体上存在 U 形的演变趋势，地区内部形成趋同趋势，地区间的差距却持续扩大，类似的结论有范剑勇（2002）、陈秀山（2005）、芦惠（2013）、宋建（2019）等，洪兴建（2010）还指出我国区域极化的上升速度远远超过了地区差距，而否认区域差距的研究很少。至于引起区域差距的原因，从经济历史地形（程必定，1995；马建堂，1996）、政府政策（周民良，1997；王朝才，1998；张晓杰，2010；赵勇，2015；陈扬，2020），到劳动力市场（蔡昉，2001；刘强，2001；宋建，2019），再到资本市场和产业结构（郭金龙，2003；保建云，2008；严成樑，2016；王永等，2020），乃至多要素考察（王小鲁，2004）、汇率（潘敏，2014）、新结构经济学（林毅夫，2017）和民众环境（麻宝斌，2018）等，研究经历了由客观决定到主观决定、从被动形成到可主动改变的过程。在与财政相关的研究中，王朝才进行了分税制前后比较，王小鲁强调政府转移支付，张晓杰强调通过基本公共服务的均等化来缩小区域差距，但都需要深入。

（4）对治理经验的研究较少。

虽然针对原因的研究就是寻找治理对策的研究，专门针对区域极化的研究少，专门针对我国治理极化的研究也还是不多，需要加强。

1.2.3 相关研究存在的问题

针对中国问题的相关研究存在着对财政制度原因和对存量财富直接转移原因重视不够，对收入分配引起的社会结构变化问题关注不够等问题。

（1）对导致极化的财政制度原因重视不够。

大多数关于收入分配与财政间关系的研究着重于探讨财政对收入分配不平等的影响方向和影响程度。例如刘穷志、吴晔（2014）提出一个非中间投票人决定财政再分配的模型，并通过实证分析表明，政府为吸引资本，对资本提供税收优惠，并提供财政补贴，使高收入者收入越来越高，加剧了收入不平等；陈敏、郭继强（2014）使用赫克曼三阶段估计法和DID方法分析了免征额提高对个体劳动行为的影响，发现它会促进个体劳动供给时间较明显的增加，且女性比男性有更大的增幅，这会改变税前的工资分布；刘元生、杨澄宇、袁强（2013）通过建立一个包含人力资本投资和政府税收的两阶段世代交叠模型讨论了个人所得税免征额和税率对收入和财富分配以及经济增长的影响。数值模拟发现，个人所得税免征额与收入的基尼系数呈 U 形曲线关系。对于给定的税率，存在一个使基尼系数最小化的免征额，此后进一步提高免征额会使基尼系数上升，但对经济增长有一定的促进作用。为缩小收入分配的差距，免征额应随收入分布的变化进行调整。一般来说，个人所得税税率与经济增长率呈反向变动，反映了公平和效率之间的取舍关系。金双华（2013）利用洛伦茨曲线和基尼系数测算了城镇不同收入阶层财产性收入分布变化及基尼系数变化的情况和城镇不同收入阶层 2010 年财产性收入的税收负担情况。结果显示，城镇居民财产性收入差距不断扩大，高收入阶层财产性收入占可支配收入的比重不断增大；财产性收入的税收负担只有微弱的累进性，财产性收入的税收对城镇居民收入差距的调节力度太小；等等。

上述研究虽然关注不合理的财政分配对收入分配扩大的作用和影响，但没有从财政制度选择的角度研究财政对收入分配的影响，没有从财政社会学的角度分析非税收型收入制度对贫富差距的推动作用，没能从财政的角度解释中国贫富差距的成因，没能解释中国收入分配差距的成因。刘志广（2004、2007、2011、2012）倒是从财政社会学的角度研究了财政制度对经济社会的影响，研究了财政制度对经济发展的影响，研究了财政制度与改革之间的关系，但他并没有讨论财政制度与收入分配的关系。

总体上看，国内关于区域极化的研究较好地吸收了国外的成果，但从内容上看，大多研究是针对地方的不同反应进行的，这种研究的假设前提是各地方所面对的外部冲击都对称一致，忽略了区域竞争的基础问题。事实上，我国财力失衡状况严重，中央对地方的财政冲击并不对称，地区间竞争的基础并不一致。忽略竞争基础的区域经济研究是有失偏颇的，研究结论也必然存在缺陷，容易误导政府决策。

（2）对那些西方目前极少而中国却大量存在的问题研究不够。

例如，存量财富直接转移引起居民间的财富差距，进而引起财产性收入差距，从而最终影响收入分配差距问题，这一点在国内外的相关研究中常常被忽略，这是由于我们一直跟着西方的研究走，常常忽略那些西方目前极少而中国却大量存在的问题，错误地以为收入分配不公是造成我国收入分配不平等的主要甚至唯一原因。

其实，中国的贫富差距是由多种因素引起的，除了收入分配差距外，存量财富直接转移也会直接推动贫富差距，并且影响巨大。例如，国企改制时有人会一夜暴富，"圈地运动"下开发商与失地农民间形成了巨大的财富差异，等等。而值得关注的是，存量财富的转移与政府财政收入制度形式有着千丝万缕的联系。

财富有流量财富和存量财富之分。流量财富是凭借劳动力、资本或土地等资源取得的工资、利润、利息或地租等形式的收入；存量财富，即资本、土地、房产、矿藏等形式的财产。流量财富与存量财富之间互为前提、互为因果。社会个体的流量财富增加会提高其存量财富的积累程度；存量财富的增加也会提升其流量财富的流入水平。反之，如果发生了流量财富的降低，会减缓其存量财富的积累速度，甚至会直接减少其存量财富的积累，如动用前期积蓄以维持日常生计；存量财富的减少也会直接或间接地降低其未来的流量财富，如土地被征用的农民来源于土地的收入将会减少，如果补偿不足又无其他劳动技能，他的总收入将会大幅减少乃至陷于贫困。一个社会的贫富分化可能是由于流量财富分配的差距在扩大，也可能是由于发生了存量财富的转出与转入，还可能是二者兼而有之。在中国贫富差距扩大的因素中，既有收入分配不公的问题，也有资产转移的问题，可以说是流量财富分配不公与存量财富逆向转移的共同结果。但目前的研究很少能够全方位地考虑收入分配差距、贫富差距的问题。

目前大多关于区域极化的研究都在追随国外而忽视了中国的特殊问题，使研究停留在表面而深度不够。现代西方发达国家早已实现了财力均等化，地区间的竞争也是在同一平台进行，相对公平，区域间的竞争结果也能较好地体现地方的努力程度，当然，它们更多地表现为地区差距不大和经济收敛。而我国财力失衡严重，既有纵向失衡，又有横向失衡，财力失衡引致和加剧了区域失衡，这是西方发达国家所没有的。加之我国财政透明度低，学术界很少关注财政失衡与区域失衡之间的联系，导致区域经济研究缺失财政冲击这一重要的影响因素。

（3）对收入分配引起的社会结构变化问题关注不够。

社会结构变化是一个比收入分配变化更重要的社会问题，尤其是在中产阶级分化后出现了一种更不稳定的社会结构，这是一个给予多少关注都不过分的问题。即使是西方的橄榄形社会，中产阶级分化、人数减少，进而向漏斗形社会变化，都是一个受到普遍关注的问题。但在对目前的中国问题的研究中，人们关注收入分配问题，却较少注意由收入分配引起的收入极化问题。因为收入极化的存在，中国正在经历着由金字塔形社会结构直接向漏斗形社会结构的转变，那将是一个更加不稳定的社会结构。因此，对于中国这样一个正处于转型的发展中国家来说，更需要关注社会结构的变化，需要政府运用系统的方法遏制差距，加强政策协调，建立社会利益协调机制，改善社会结构，促进社会稳定有序。也就是说，我们不仅要关注收入分配问题，而且要关注收入分配差距引起的社会结构变化问题，即关注收入极化问题。

对区域问题的研究也是如此。虽然绝大多数研究认为地区内部形成趋同趋势，地区间差距却在持续扩大，呈俱乐部状，涉及区域结构问题，但从方法上看，大多数研究属于单因素分析，极少将市场与财政放在同一框架下建立数理模型来进行多因素研究，对财政与地方行为和地方经济社会发展之间的交互影响关注较少，没有在区域结构的框架下深入研究。

（4）对治理经验的总结性研究较少。

虽然针对原因的研究就是在寻找治理对策的研究，但专门针对我国治理极化的研究还是不多。本书将以极化治理的中国经验为主题，讨论中国在收入极化和区域极化方面的治理经验，以期为世界其他国家提供经验和范本，为解决极化这一世界性难题提供解决思路。

因此，本书将从财政社会学出发，从财政对社会结构和区域结构的不对称冲击出发，研究收入分配及其所带来的社会结构变化问题，研究财政对地方的影响，并构建政府的抑制政策系统，试图在上述问题上有所突破。

1.3　研究框架

1.3.1　基本观点

（1）极化是中国经济社会协调发展的重要制约因素。

极化是一件正在全球范围内发生的事情，中国亦不例外。而且，中国的极化经历了从收入极化到区域极化的过程。极化是一个与差距扩大相关又有差异的范畴。与差距范畴关注两极之间的极度拉大问题不同，极化关注的是中间阶层在向两极靠拢时引起的结构性变化。本书的收入极化主要是沃尔夫森于1994年所定义的极化，它是指人口在向穷人和富人两个极点集中，中等收入阶层的人数越来越少，到完全极化时中等收入阶层完全消失；区域极化也类似，中等水平地区逐渐分化，富裕地区和贫穷地区越来越多，到完全极化时中等水平地区完全消失。

近年的英国脱欧、民粹主义盛行等问题都与收入极化、中等收入阶层分化密切相关，与西方发达国家由橄榄形的社会结构因中产阶级分化而向漏斗形变化有关。收入极化反映社会结构，比收入差距扩大更能反映社会问题，因为收入差距扩大到一定程度以后两极之间的货币单位已不再重要，而人口向穷人和富人部分的聚集会引起社会紧张感、穷人的社会失范感和相对剥夺感会导致社会冲突与混乱。

与收入极化类似，区域极化也是一个极易引起社会紧张感的问题。当然，区域极化也是另一种形式的收入极化，它们都在严重挑战既有社会结构和秩序，强化社会成员角色紧张感，引起社会矛盾与冲突，因此迫切需要抑制。

（2）中国社会极化的热点问题——从收入极化到区域极化。

自党的十八大以来，党中央做出了全面从严治党的重大战略部署，通过整饬党风，厉惩腐败，净化了党内政治生态，有效遏制了腐败蔓延的势头，也有效遏制了存量财富直接转移的问题，改变了收入极化路径。但我们也应看到，这种改变是运动式的，没能从制度上杜绝问题的发生，一旦压力减轻，问题又会出现，也可能是报复性地增长，收入极化的速度就会更快。

改革开放以来，我国经济持续高速增长，各地经济增长速度虽有差异，但也都有不俗的表现。即使是在经济逐渐衰落的东北，也能在经济高速增长下取得足够的财政收入维持地方运行，尤其是土地财政，既为地方获取了大量的财政收入，满足了财政支出的需要，也为地方官员寻租提供了温床，区域差距问题存在但不突出，可以说，经济高速增长在一定程度上掩盖了区域差距问题。

自进入经济新常态以来，经济增长速度放缓，地区间差距问题由原来的东中西差距问题突出变为南北差距问题突出。

（3）关于收入极化的基本观点。

我们以为收入极化问题与收入分配差距密切相关；收入分配差距是贫富差距的组成部分，但又有所不同，二者高度相关。如前所述，财富分为流量财富和存量财富两大类，流量财富与存量财富互为因果，互为前提，相互影响。一个社会的贫富分化可能是由于流量财富分配的差距在扩大，也可能是由于发生了存量财富的转出与转入，在我国则是二者兼而有之，见图1-2。

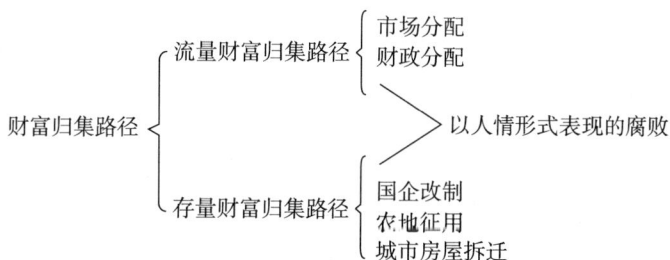

图1-2　中国财富归集路径

改革开放以来，随着国民财富的增加，收入分配差距日益扩大。国家统计局公布的 2003—2016 年的全国基尼系数参见图 1-3。[①] 在这期间，基尼系数呈现出先逐步扩大而后略有缩小的走势，但质疑声也很多，有人认为国家统计局公布的数据太"童话"[②]，与人们的感受不同。国家统计局之所以遭受质疑，是因为它所公布的数据与人们的感受是两个不同的范畴。统计部门公布居民收入的基尼系数是国际上通行的做法，可由此比较各个国家的收入分配情况，将其作为一系列指标之一，反映该国的总体经济社会状况。由于中国的收入分配差距是由行业差距、城乡差距、地区差距、财产性收入与工资性收入差距、行政事业单位与企业间差距、经营者收入与普通劳动者收入间差距等多种收入差距共同构成的，不平等的感觉无处不在。而实际收入不公开的现实，让人们对收入差距充满了想象；尤其是富人的收入是隐蔽的，普通民众往往是通过富人的消费品、豪宅、豪车、企业、股票市值等信息来感受富人的财富，而不是收入，他们通过富人的财富积累渠道猜测富人会有多少财富。也就是说，人们感受到的是贫富差距而不是收入分配差距。

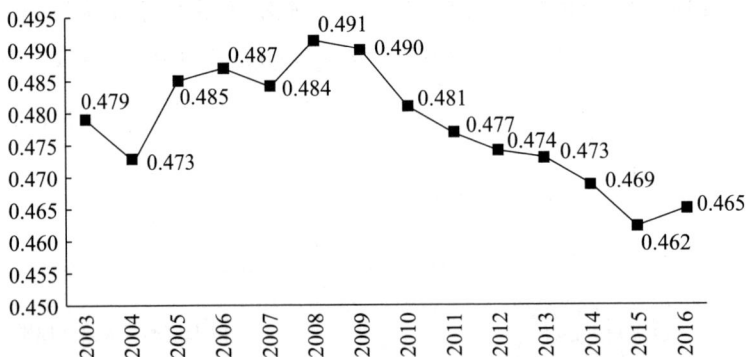

图 1-3　2003—2016 年全国居民人均可支配收入基尼系数

在中国，基尼系数从 1978 年的 0.22 提高到 2009 年的 0.49，以几乎每年一个百分点的速度攀升。之所以能有如此快的速度，是由于中国

---

① 全国住户调查：2017 年大样本轮换．国家统计局网站，2017-10-10．
② 官方基尼系数与民间数据相差极大遭质疑．北京晨报，2013-01-19．

的贫富差距是流量财富分配不公和存量财富直接转移共同作用的结果，参见图1-2。

在现代社会，市场分配和政府财政分配是收入分配的两个主要层次。市场分配具有"马太效应"，强者恒强，弱者恒弱。政府财政分配则通过累进所得税、转移支付等工具对这种差距进行约束和调节。但我国存在行业垄断、城乡二元结构等因素，扭曲了市场分配，出现了行业之间、城乡之间、地区之间的收入差距；收入受到所得税占比过小、转移支付制度不完善、间接税恶化了收入分配（刘怡、聂海峰，2004）等因素的影响，财政的收入分配调节能力受到严重制约，并且由此构成了我国贫富差距扩大的一个路径。

腐败寻租收入是中国的第三层次分配（孙立平，2008，2011），亦称人情层次分配。无论是垄断收入维护、企业改制的国有资产流失，还是圈地运动中的暴富，都不乏人情形式下的腐败介入，因此，腐败是一个既涉及流量财富分配又涉及存量财富转移的路径。

存量财富转移路径主要有企业改制和圈地运动，圈地运动在农村表现为农地征用，在城市则表现为城市房屋拆迁。这些路径之所以存在，大多与财政密切相关，具有财政贡献，它们分属于不同的财政收入制度。将财政收入制度进行分类并剖析每一种制度的经济社会影响是财政社会学的重要内容之一。从财政收入制度的角度分析我国的贫富差距问题，分析收入分配差距问题，分析收入极化问题，可以更好地解释我国目前存在的一方面"治贫"另一方面又在"致贫"的怪圈及其成因，从而为解决问题提供思路，构建抑制收入极化的系统。

我们的研究思路参见图1-4。我们从我国的财富归集路径出发，分析这些路径所造成的收入分配差距和收入极化影响，剖析这些路径所带来的财政收益、这些财政收益所依赖的政策制度和这些财政收益归属的财政收入制度，最终提出深化改革、建立抑制收入极化系统的建议。

（4）关于区域极化的基本观点。

极化，不论是收入极化还是区域极化，都会增加低收入者或低收入地

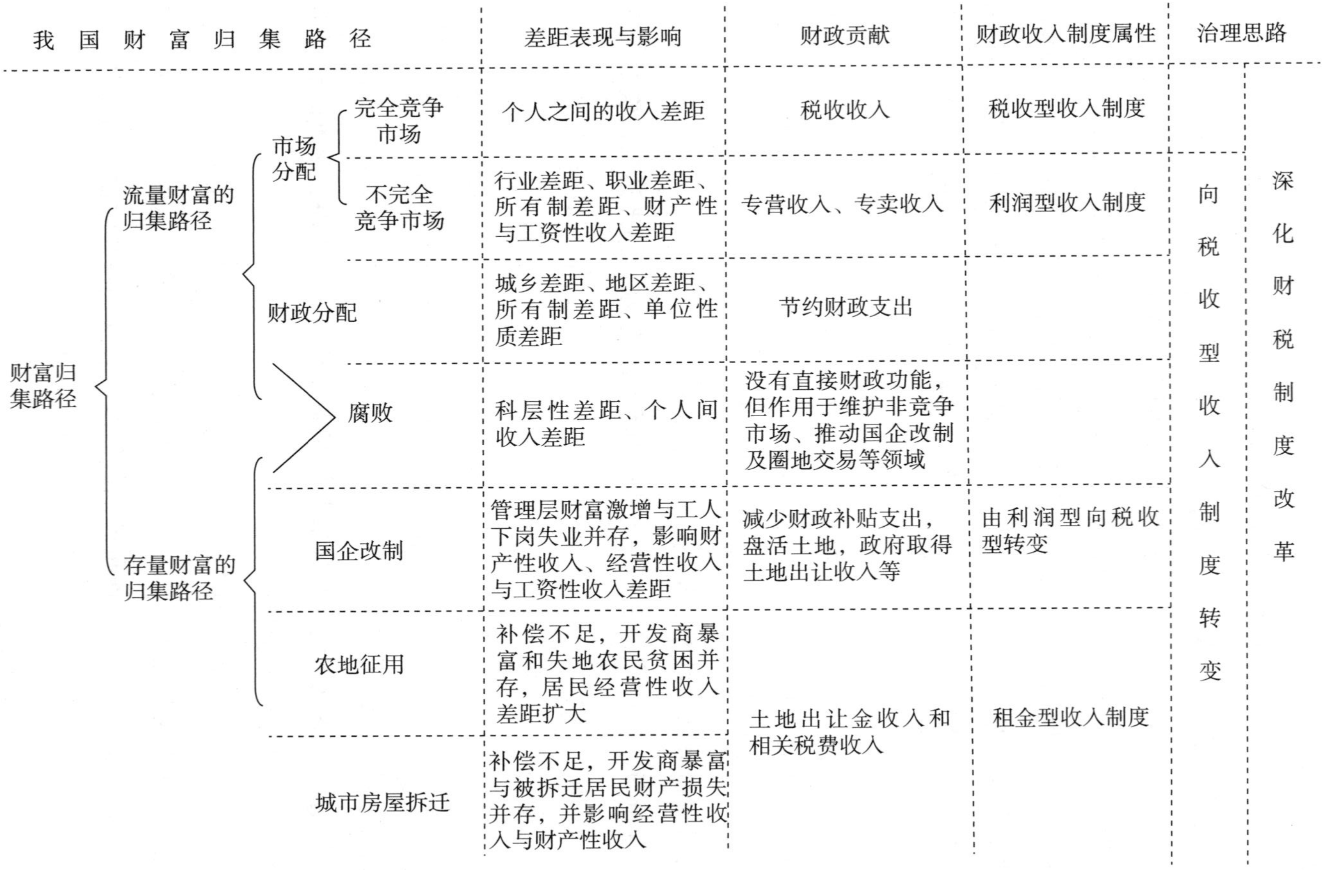

我国财富归集路径			差距表现与影响	财政贡献	财政收入制度属性	治理思路
流量财富的归集路径	市场分配	完全竞争市场	个人之间的收入差距	税收收入	税收型收入制度	深化财税制度改革 / 向税收型收入制度转变
		不完全竞争市场	行业差距、职业差距、所有制差距、财产性与工资性收入差距	专营收入、专卖收入	利润型收入制度	
	财政分配		城乡差距、地区差距、所有制差距、单位性质差距	节约财政支出		
	腐败		科层性差距、个人间收入差距	没有直接维护财政功能，但作用于维护非竞争市场、推动国企改制及圈地交易等领域		
存量财富的归集路径	国企改制		管理层财富激增与工人下岗失业并存，影响财产性收入、经营性收入与工资性收入差距	减少财政补贴支出，盘活土地，政府取得土地出让收入等	由利润型向税收型转变	
	农地征用		补偿不足，开发商暴富和失地农民贫困并存，居民财富差距扩大	土地出让金收入和相关税费收入	租金型收入制度	
	城市房屋拆迁		补偿不足，开发商暴富与被拆迁居民财产损失并存，并影响经营性收入与财产性收入			

图1-4　我国贫富差距成因、财政制度属性与治理思路

区的社会失范感、相对剥夺感和角色紧张感，是"社会冲突与混乱的根源"，迫切需要抑制。已有的研究较好地吸收了国外的成果，但存在着如下局限：从内容上看，大多研究都忽略了财政这个"元"制度对社会其他制度的基础性影响，这应该是由我国财政透明度低造成的；从性质上看，目前的大多研究都在追随国外而忽视中国的特殊问题，使研究停留在表面而深度不够；从方法上看，将政府财政视为外来冲击，将多要素联动反应放在同一框架下的研究较少。

党的十六届三中全会提出要逐步扭转区域发展差距拉大的趋势，党的十九大报告指出要建立更加有效的区域协调发展新机制，但是我国的区域失衡仍在加剧并呈现出极化的态势。区域极化是一个与区域差距相关又有所不同的概念，它关心的不是最发达地区与最不发达地区之间的差距有多大，而是关注各个地区都在向两极聚集的趋势——或者成为发达地区，或者沦为不发达地区。对此，我们以为区域失衡既可能是不对称外部冲击的结果，也可能是对称外部冲击在各地区的不同反应的结果。在中国，应该是二者兼而有之。以往的研究大多专注于各地区面对外部冲击（假设对称）的不同反应，本书则将财政的不对称冲击因素纳入区域经济研究，将中央政府财政政策冲击与不同地区的内在联动反应放在同一框架下建立数理模型，进行多因素分析，丰富区域经济研究，为政府建立区域协调发展长效机制提供坚实的理论依据。

1.3.2 收入极化研究的福利函数框架

增进国民福利是现代公共政策的宗旨与核心，而增进国民福利的途径有二：一是提高国民财富的产出水平，提高经济效率（economic efficiency，简写为 E）；二是改善收入分配结构，实现分配公平（distributive justice，简写为 Q）。用函数表达为：

$$F(W)=F(E)+F(Q)+\varepsilon \tag{1-1}$$

由于经济效率和收入分配状况的变化都是国民福利的重要组成部分，

直接关系到居民的福利水平，因此，我们又把 $F(E)$ 称为经济效率福利函数，把 $F(Q)$ 称为公平分配福利函数。我们是针对收入分配进行研究的，故不讨论经济效率 $F(E)$ 问题，只就公平分配 $F(Q)$ 进行探讨，以探索改善收入分配这一增进社会福利的重要途径。

依据研究需要，本书设置了三个福利函数。函数 1 是总体福利函数。依据财富的六个归集路径设置，以"工资性收入＋经营性收入＋转移性收入"合计分组级距数据为依据。函数 2 是市场分配福利函数。按照目前的统计口径，对 19 个行业依据政府的管制程度进行划分，分为完全竞争和不完全竞争两类，完全竞争的数据依据为"13 个完全竞争行业的工资性收入＋经营性收入"合计，不完全竞争的数据依据为"6 个不完全竞争行业的工资性收入＋经营性收入"合计。函数 3 是存量财富转移福利函数，是对存量财富转移的三个路径的影响能力进行评价，数据依据为问卷调研数据、政府部门统计数据和"工资性收入＋经营性收入＋转移性收入"合计分组级距数据。三个函数相互补充，函数 2 和函数 3 是函数 1 的子函数，是对函数 1 的分解与说明。

（1）函数 1：总体福利函数。

实现收入公平分配是一项艰巨的社会任务，它具有多因素、综合性的特点，从不同的角度会对公平提出不同的方案，因此，$F(Q)$ 可以被理解为多种方案集：

$$F(Q)=f[f(q)]+\varepsilon \qquad (1-2)$$

其中：

$$f(q) \in F(Q)$$

我们是从导致我国出现贫富差距的路径入手进行研究的，它是众多方案集中的一种方案，因此，我们所研究的问题也就是 $F(Q)$ 中的某一个 $f(q)$。

依据上述基本观点，导致我国收入分配差距扩大、引起收入极化，从而影响社会公平的路径主要有市场分配、财政分配、腐败、国有企业改制、农地征用和城市房屋拆迁。市场分配、财政分配属于流量财富的影响路径，国有企业改制、农地征用和城市房屋拆迁属于存量财富的影响路径。腐败既有流量财富分配不公问题，又有存量财富转移问题。

如果用 $f(q)$ 表示公平分配的福利函数，$f(m)$ 表示市场分配（allocation of markets），$f(f)$ 表示财政分配（financial allocation），$f(c)$ 表示腐败（corruption），$f(s)$ 表示存量财富（the stock of wealth），那么公平分配的福利函数如下：

$$f(q) = a_0 + a_m V_m^i f(m) + a_f V_f^i f(f) + a_c V_c^i f(c) + a_s V_s^i f(s) + \varepsilon$$

$$(1-3)$$

其中，a_0 为常数；a_m、a_f、a_c、a_s 分别为市场分配、财政分配、腐败、存量财富等变量的影响系数；V_m^i、V_f^i、V_c^i、V_s^i 为虚拟变量，$i=1$ 或 0；即

$$V_m^i = \begin{cases} 1, & \text{若 } i \text{ 为市场分配} \\ 0, & \text{其他} \end{cases} \qquad V_f^i = \begin{cases} 1, & \text{若 } i \text{ 为财政分配} \\ 0, & \text{其他} \end{cases}$$

$$V_c^i = \begin{cases} 1, & \text{若 } i \text{ 为腐败} \\ 0, & \text{其他} \end{cases} \qquad V_s^i = \begin{cases} 1, & \text{若 } i \text{ 为存量财富转移} \\ 0, & \text{其他} \end{cases}$$

ε 为扰动项。

总体福利函数是依据财富的六个归集路径设置的，以"工资性收入＋经营性收入＋转移性收入"合计分组级距数据为依据。

（2）函数 2：市场分配福利函数。

我国的市场经济是由完全竞争和不完全竞争共同构成的，政府并没有对所有产业进行同等程度的管制，即自由竞争与垄断并存。按政府管制的程度，我们把市场分配划分为完全竞争市场分配与不完全竞争市场分配。因此，（1-3）式中的 $f(m)$ 可分解为完全竞争市场［perfectly competitive market，以 $f(m_p)$ 表示］和不完全竞争市场［imperfectly competitive market，以 $f(m_i)$ 表示］。函数如下：

$$f(m) = b_0 + b_{m_p} U_{m_p}^j f(m_p) + b_{m_i} U_{m_i}^j f(m_i) + \phi \qquad (1-4)$$

其中，b_0 为常数；b_{m_p}、b_{m_i} 分别为完全竞争市场和不完全竞争市场的影响系数；$U^j_{m_p}$ 和 $U^j_{m_i}$ 为虚拟变量，$j=1$ 或 0，即

$$U^j_{m_p} = \begin{cases} 1, & \text{若 } j \text{ 为完全竞争市场} \\ 0, & \text{其他} \end{cases} \qquad U^j_{m_i} = \begin{cases} 1, & \text{若 } j \text{ 为不完全竞争市场} \\ 0, & \text{其他} \end{cases}$$

ϕ 为扰动项。

为此，我们将按照目前的统计口径，对 19 个行业依据政府的管制程度进行划分，分为完全竞争和不完全竞争两类，分别测算其对收入极化的影响。由于完全竞争是市场经济的精髓所在，也是我国自党的十八大以来的改革目标，完全竞争市场所形成的收入分布更具有"原生态"的色彩，因此在总福利函数中，我们将完全竞争下的收入分布状况作为"常数项"，其数据依据为"13 个完全竞争行业的工资性收入＋经营性收入"合计；不完全竞争的数据依据则是"6 个不完全竞争行业的工资性收入＋经营性收入"合计。

（3）函数 3：存量财富转移福利函数。

在我们的分析中，存量财富转移路径有三个，分别是国企改制、农地征用和城市房屋拆迁。虽然这些活动具有阶段性特点，有些年份会多一些，有些年份又很少或者几乎没有，但它们的影响具有滞后性，尤其是对个别个体，其影响可能会改变几代人的财富水平。从总体上看，遇到上述情况的居民在全体居民中占比较少，对收入分配总体的影响很小。为方便起见，我们将这三个路径合在一起，评估各自的影响力权重。

这里，国企改制（restructuring of state-owned enterprises）以 $f(s_s)$ 表示，农地征用（rural land requisition）以 $f(s_l)$ 表示，城市房屋拆迁（urban house demolition）以 $f(s_h)$ 表示。（1－3）式中的 $f(s)$ 也可分解为：

$$f(s) = d_0 + d_{s_s} W^k_{s_s} f(s_s) + d_{s_l} W^k_{s_l} f(s_l) + d_{s_h} W^k_{s_h} f(s_h) + \gamma$$

$$(1-5)$$

其中，d_0 为常数；d_{s_s}、d_{s_l}、d_{s_h} 分别表示国企改制、农地征用、城市房屋

拆迁的影响系数；$W^k_{s_s}$、$W^k_{s_l}$、$W^k_{s_h}$ 为相应的虚拟变量，即

$$W^k_{s_s} = \begin{cases} 1, & \text{若 } k \text{ 为国企改制} \\ 0, & \text{其他} \end{cases} \qquad W^k_{s_l} = \begin{cases} 1, & \text{若 } k \text{ 为农地征用} \\ 0, & \text{其他} \end{cases}$$

$$W^k_{s_h} = \begin{cases} 1, & \text{若 } k \text{ 为城市房屋拆迁} \\ 0, & \text{其他} \end{cases}$$

γ 为扰动项。

由于存量财富转移的财富值、受影响者的收入状况、对整个收入分配体系的影响等数据无法从政府部门提供的资料取得，我们采取了问卷调查和值域估计等方法，将存量财富转移值与现有的收入结构框架对接，测算出存量财富转移对收入分配的影响。其数据依据为问卷调查数据、政府部门统计数据和"工资性收入＋经营性收入＋转移性收入"合计分组级距数据。

（4）函数 1 的分解与含义解释。

我们将函数 2 和函数 3 代入函数 1，即将（1-3）式中的 $f(m)$ 和 $f(s)$ 进行分解：

$$\begin{aligned} f(q) = a_0 &+ a_m V^i_m \big[b_0 + b_{m_p} U^j_{m_p} f(m_p) + b_{m_i} U^j_{m_i} f(m_i) + \phi \big] \\ &+ a_f V^i_f f(f) + a_c V^i_c f(c) + a_s V^i_s \big[d_0 + d_{s_s} W^k_{s_s} f(s_s) \\ &+ d_{s_l} W^k_{s_l} f(s_l) + d_{s_h} W^k_{s_h} f(s_h) + \gamma \big] + \varepsilon \end{aligned} \qquad (1-6)$$

即：

$$\begin{aligned} f(q) = a_0 &+ a_m V^i_m b_0 + a_m V^i_m b_{m_p} U^j_{m_p} f(m_p) + a_m V^i_m b_{m_i} U^j_{m_i} f(m_i) \\ &+ a_m V^i_m \phi + a_f V^i_f f(f) + a_c V^i_c f(c) + a_s V^i_s d_0 \\ &+ a_s V^i_s d_{s_s} W^k_{s_s} f(s_s) + a_s V^i_s d_{s_l} W^k_{s_l} f(s_l) \\ &+ a_s V^i_s d_{s_h} W^k_{s_h} f(s_h) + a_s V^i_s \gamma + \varepsilon \end{aligned} \qquad (1-7)$$

我们对一些性质相同的因子进行归类，得：

$$\begin{aligned} f(q) = \big[a_0 &+ a_m V^i_m b_0 + a_s V^i_s d_0 + a_m V^i_m b_{m_p} U^j_{m_p} f(m_p) \big] \\ &+ a_m V^i_m b_{m_i} U^j_{m_i} f(m_i) + a_f V^i_f f(f) + a_c V^i_c f(c) \end{aligned}$$

$$+a_sV_s^id_{s_s}W_{s_s}^kf(s_s)+a_sV_s^id_{s_l}W_{s_l}^kf(s_l)$$
$$+a_sV_s^id_{s_h}W_{s_h}^kf(s_h)+(a_mV_m^i\phi+a_sV_s^i\gamma+\varepsilon) \qquad (1-8)$$

由于我们的调研资料是从政府部门获得的，属于阳光收入，腐败所引起的收入分配变化不在我们的调研数据之中，因此，在福利函数中，我们把腐败因素与扰动项合并。令：

$$A_0=a_0+a_mV_m^ib_0+a_sV_s^id_0,\ A_{m_p}=a_mb_{m_p},\ A_{m_i}=a_mb_{m_i},$$
$$A_f=a_f,\ A_{s_s}=a_sd_{s_s},\ A_{s_l}=a_sd_{s_l},\ A_{s_h}=a_sd_{s_h},$$
$$Z_{m_p}^t=V_m^iU_{m_p}^j,\ Z_{m_i}^t=V_m^iU_{m_i}^j,\ Z_f^t=V_f^i,\ Z_{s_s}^t=V_s^iW_{s_s}^k,\ Z_{s_l}^t=V_s^iW_{s_l}^k,$$
$$Z_{s_h}^t=V_s^iW_{s_h}^k,\ \eta=a_mV_m^i\phi+a_sV_s^i\gamma+a_cV_c^if(c)+\varepsilon$$

分解后的函数 1 最终表达为：

$$f(q)=A_0+A_{m_p}Z_{m_p}^tf(m_p)+A_{m_i}Z_{m_i}^tf(m_i)$$
$$+A_fZ_f^tf(f)+A_{s_s}Z_{s_s}^tf(s_s)+A_{s_l}Z_{s_l}^tf(s_l)$$
$$+A_{s_h}Z_{s_h}^tf(s_h)+\eta \qquad (1-9)$$

其经济含义是：影响收入极化的因素有完全竞争市场分配、不完全竞争市场分配、财政分配、国企改制、农地征用和城市房屋拆迁等，腐败是一个非常重要的路径，但由于信息太过隐蔽、收入不易衡量，我们将其归入了扰动项。

由于现代市场经济是以完全竞争为基本特征的经济，完全竞争所达到的收入分布是一种"原生态"分布，社会保障又是市场经济的"双胞胎"，因此，我们把"竞争行业的工资性收入＋不完全竞争行业的经营性收入＋全部转移性收入"合计作为我们福利函数中的"最原生态收入分布"A_0'，则（1-9）式改为：

$$f(q)=A_0'+A_{m_i}Z_{m_i}^tf(m_i)+A_fZ_f^tf(f)+A_{s_s}Z_{s_s}^tf(s_s)$$
$$+A_{s_l}Z_{s_l}^tf(s_l)+A_{s_h}Z_{s_h}^tf(s_h)+\eta \qquad (1-10)$$

其经济含义是：在以完全竞争为基本特征的现代市场经济中，完全竞争所达到的收入分布是一种"原生态"，是最纯粹的初次分配，通过财政再分配和政府公共政策的调节，可促进收入分配均等。但在我国，市场经济尚不完善，既有完全竞争行业，又存在大量国有企业，形成不完全竞争，导致收入分配在"原生态"的基础上出现了扭曲；财政分配是现代西方国家缩小收入分配差距的主要工具，但在我国目前的财政分配中，财政缩小收入分配差距的作用很小，反而推动了收入分配差距的扩大；在对阳光收入的分析中，腐败收入被归入扰动项，但在具体的论述中，我们还会专门讨论，并以房产和银行存款等资产的分布状况来说明腐败因素的重要影响；国企改制、农地征用和城市房屋拆迁等存量财富转移因素，也在影响着我们的收入分配变化，引起收入极化。

1.3.3　研究思路和体系安排

（1）研究思路——从收入极化到区域极化。

A. 关于收入极化。我们从我国归集路径出发，对各路径引起的收入分配差距类型进行梳理，对各路径对收入极化的影响程度进行实证研究，分析这些路径所带来的财政收益，为财政收益进行制度归属评价，最后得出治理思路，参见图 1-4。

由于各路径的差别较大，我们在陈述时可能会对上述顺序做部分调整，但不会影响基本思路。在研究各路径的财政收益和社会成本，尤其是对收入极化的推动时，我们还会进行多角度的福利评价，以反思我们的财政收入的社会成本问题。

在党的十八大强调从严治党以后，收入极化趋势得到了有效的扼制，我们总结了我国的收入极化治理经验。

B. 关于区域极化。我们从新常态下收入极化受到遏制后人们对收入极化的关注转向了区域极化开始，梳理改革开放以来我国区域格局的变化，讨论区域极化的成因。针对区域失衡既可能是不对称外部冲击的结果，也可能是对称外部冲击在各地区不同反应的结果的事实，梳理分析了改革开放初期的财政政策倾斜及其经济影响，探讨我国区域失衡的财政原因和我国区域极化的财政理由。2016 年我国开启了财力均等化改革，我们认为这一举措可以有效地治理区域极化问题，我们总结了极化治理的中国经验。

（2）本书的体系安排。

全书共分四篇：

第一篇是导论。对书中的相关概念进行了界定，评述了国内外相关研究，阐释了基本观点、研究思路、体系安排和调研说明等。为了解收入极化情况，我们调研了大连市 112 万在岗职工、94 万私营企业职工、73 万领取养老金人员、7 万低保人员的收入数据资料，36 万个体户、10 万户企业的利润收入数据资料，68 万房主的房产资料和 70 万储户的银行存款资料，共计 470 万个样本的资料。内容包括 2007—2012 年期间的工资性收入、经营性收入、转移性收入、房产和银行存款的分布五个方面数据；针对国企改制、农地征用和城市房屋拆迁对收入的影响，发放并收回调查问卷 1 656 份。在调研资料的基础上，我们借助基尼系数、W 指数、ER 指数和马尔可夫链等指标对调研结果进行分析。

第二篇是收入极化治理。我们首先对收入分布变化趋势进行了实证研究，通过对比工资性收入、经营性收入、转移性收入和主要财产分布情况变化和相关指标变化，认为改革开放以来我国的收入极化速度较快。①收入极化速度快于收入分配差距扩大的速度。通过指标对比我们不难发现，反映收入极化的指标如 W 指数、ER 指数，其恶化速度比反映收入分配差距的基尼系数快很多，这意味着我国的收入极化问题和社会结构"漏斗化"问题比较严重，需要治理。②推动路径复杂多样，既有流量财富归集路径，又有存量财富归集路径，是流量财富分配不公和存量财富直接转移共同作用的结果。我们的实证研究也显示，完全竞争市场分配、不完全竞争市场分配、财政分配、腐败、国企改制、农地征用和城市房屋拆迁，这些路径都不同程度地推动了收入极化，恶化了收入分配。③曾经存在刘易斯拐点改善收入分配的影响。在我国经济进入新常态之前，刘易斯拐点已经显现。我们从收入分配和社会结构的角度考察刘易斯拐点，结果显示它在推动收入群体收入水平提高、改善收入分配方面作用明显。但与沃尔夫森极化的力量相比，刘易斯拐点改善收入分配的能力还较弱，需要固化与提高。④在推动收入极化的各个路径中，财政都有不同程度的介入。财政以不同的收入形式或支出方式介入了收入极化的各个推动路径，有的古老，有的现代，有的正效应明显，有的社会负效应巨大，但在财政收入最大化的冲动下，那些古老的、负效应巨大的财政工具被保留了下来，在满足财政需要的同时推动着收入极化。

自党的十八大以来，我国采取了强有力的改革措施来治理收入极化。经济社会也进入了新常态，在收入极化受到抑制的同时，区域极化问题突显了出来。在新常态下我国收入极化路径受到不同程度的影响，收入极化受到抑制。自党的十八大以来，党中央做出了全面从严治党的重大战略部署，通过整饬党风，厉惩腐败，净化了党内政治生态，有效地遏制了腐败蔓延势头，也有效地遏制了存量财富直接转移的顽疾，影响了收入极化路径，遏制了收入极化。

第三篇是区域极化治理。在新常态下收入极化受到遏制，尤其是从严治党、大力反腐有效地遏制了绝大部分收入极化路径，人们对收入极化的关注转向了区域极化。自改革开放以来，我国的区域格局就在改变，并逐步打破原来的科层制差序格局，呈现出极化的状态。不仅同级别城市间差距在扩大，发达俱乐部的一个小成员也会有超越普通省会城市的表现。最明显的两极变化是东南沿海省份的崛起和东北地区的衰落，这是一枚硬币的两面。

对于区域极化的成因，社会和学界做出了多种解释，但大多数解释集中在市场化程度等因素上。而事实上，区域失衡既可能是不对称外部冲击的结果，也可能是对称外部冲击在各地区不同反应的结果。一直以来，我国财政对各地区的冲击都是不对称的。由于我国的财政透明度低，能够直接用于区域比较的财政指标很少，为此，我们收集整理了1952—2016年的20多项统计数据，找出了一些替代指标来反映区域性财政差距情况。以辽宁为例，我们对比了其与各省份和计划单列市的相关指标变化；访问了当年的改革亲历者；梳理分析了改革开放初期的财政政策倾斜及其经济影响，探讨了我国区域失衡的财政原因，剖析了我国区域极化的财政理由。2016 年我国开启了财力均等化改革，改革方案明确提出"建立权责清晰、财力协调、区域均衡的中央和地方财政关系"的建议，这显示出党中央已经深刻地认识到了加快推进基本公共服务均等化与区域均衡发展之间的重要关系，可以有效地治理区域极化问题。但是，学术界把这一央地财政关系改革措施纳入区域差距研究的还是不多。

本书对国有经济占比过大和文化影响的说法进行了分析验证，认为这两种说法都不能很好地解释中国的区域极化问题，而财政体制才是区域极化的根本性原因，尤其是"分灶吃饭"体制初期的财政政策倾斜，对形成目前的区域格局具有决定性的影响。在市场经济的推动下，区域极化的速度越来越快。实证结果也高度支持了我们的定性分析。本书还梳理分析了基本公共服务均等化与区域均衡发展之间的重要关系，总结了极化治理的中国经验。

第四篇是总结与建议。本部分首先总结了我国在治理收入极化和区域极化方面的经验，认为收入极化和区域极化都是我国改革过程中出现的阶段性问题，需要通过深化改革来解决。强大的中央政府为改革保驾护航，是治理极化的成功前提，从严治党、打击腐败是治理极化的最有效路径，加强制度建设是构建治理极化长效机制的基础。我们在此基础上提出应尽快放弃古老的财政收入制度，建立税收型财政收入制度，令中央财政承担更多的民生保障责任，在财政体制改革和财政资金分配上，全国人大要发挥更大的作用，应加快建立地方税体系及从制度上遏制政府的财政收入最大化冲动等建议。

1.4　主要指标

在本书中，我们主要使用了基尼系数、沃尔夫森极化指数、ER 指数和马尔可夫链。

1.4.1 基尼系数

基尼系数（Gini coefficient）为意大利经济学家基尼于 1922 年在洛伦茨曲线基础上提出的定量测定收入分配差异程度的方法。基尼系数的计算方法有几何法、微分法等，其值在 0 和 1 之间。越接近 0 就表明收入分配越趋向平等，反之，收入分配越趋向不平等。按照国际一般标准，0.4 以上的基尼系数表示收入差距较大，当基尼系数达到 0.6 以上时，则表示收入差距很大。

1.4.2 沃尔夫森极化指数

沃尔夫森为了测度其所说的两极分化现象，提出了一个极化指数。像基尼系数一样，这个指数也处于 0（没有分化）和 1（完全分化）之间。当收入完全平等的时候，为 0 分化；当收入极度不平等的时候，也就是富人占有了全部收入时，极化也就发生了，在这个时候，1/2 的人拥有的收入为 0，另外 1/2 的人则占有了平均收入的 2 倍。当然，经常的情况是处于这两极之间。

用公式表示的沃尔夫森极化指数如下：

$$W = 2(U_* - U_1)/M \qquad\qquad (1-11)$$

其中，U_* 是指修正了的平均收入［＝平均收入×（1－基尼系数）］；U_1 是指最贫困的 1/2 人口的平均收入；M 为中位收入。

1.4.3 ER 型指数

ER 指数由 Esteban and Ray（1994）提出，后经 Esteban，Gradin and Ray（1999）和 Duclos，Esteban and Ray（2003）等改进与拓展，我们将这一大类的测量指标统称为 ER 型指数。1994 年建立的 ER 模型存在不足，1999 年它被改进为 EGR 模型，2006 年又被改进为 LU 模型。而从 2007 年开始，国内很多论文都参考了洪兴建和李金昌（2007）的 ER 改进方法。

Esteban and Ray（1994）提出的 ER 指数对极化的测度建立在两个函数的基础上，一个被称为认同函数（identification function），另一个被称为疏远函数（alienation function）。认同函数描述了同一组内的成员之间属性的相似性，是组内人数的增函数，对于任意组，同一组内的成员数量越多，认同函数值就越大；疏远函数描述了不同组间的成员之间属性的相异性，即由于不同组间收入水平的不同所产生的对抗，组间收入水平相差越大，疏远函数值越大。设 μ_i 为第 i 组的成员人均收入，p_i 表示第 i 组的人口占总人口的比例，则认同函数可以定义为 p_i^{δ}，疏远函数为 $|\mu_i - \mu_j|$，把两个函数相乘并对所有组相加就得到测度指数：

$$ER = K \sum_{i=1}^{n} \sum_{j=1}^{n} p_i^{1+\delta} p_j |\mu_i - \mu_j| \qquad (1-12)$$

其中，$K > 0$ 是一个用以对人口进行标准化的常数；δ 是极化敏感参数，且 $\delta \in [1, 1.6]$。

一般而言，在测度收入不平等时需要遵循的一个公理是齐次性公理，即在收入同比增减时，不平等的现象不发生变化。洪兴建和李金昌认为，两极分化的测度也应遵循齐次性公理，那么 ER 指数需要进行重新规范。在本书中，ER 指数的计算与洪兴建和李金昌（2007）的做法类似，即令 $K = 1/2$，则：

$$ER = \frac{1}{2} \sum_{i=1}^{n} \sum_{j=1}^{n} p_i^{1+\delta} p_j \left| \frac{\mu_i}{L} - \frac{\mu_j}{L} \right| \qquad (1-13)$$

其中，L 为人口加权的人均收入，这样处理是为了使不同地区间的 ER 指数具有可比性；由于 δ 反映同一组内成员之间的同质性，在其变动范围内，它对于所测量地区的极化程度排名没有影响，本书选取 $\delta = 1.3$。通过上述公式计算出的 ER 指数数值越大，说明极化的程度越严重，反之数值越小，则说明极化程度越不显著。

极化程度分为四类：两极分化严重，ER 指数的取值范围为 $ER \geqslant$

0.1；两极分化较严重，ER 指数的取值范围为 $0.08 \leqslant ER < 0.1$；两极分化一般化，ER 指数的取值范围为 $0.06 \leqslant ER < 0.08$；两极分化不显著，ER 指数的取值范围为 $ER < 0.06$。

1.4.4　马尔可夫链

马尔可夫链因安德烈·马尔可夫（Andrey A. Markov，1856—1922）而得名，最早由马尔可夫在 1906 年研究，后于 1936 年，柯尔莫哥洛夫将之一般化到可数无限状态空间。马尔可夫链是一种特殊的随机过程，它的特征是具有马尔可夫性，亦称"无后效性"。在该过程中，在给定当前知识或信息的情况下，过去（即当期以前的历史状态）与预测将来（即当前以后的未来状态）是无关的。

假设马尔可夫过程 $\{X_n, n \in T\}$ 的参数集 T 是离散的时间集合，即 $T = \{0, 1, 2, \cdots\}$，其相应的 X_n 可能取值的全体组成的状态空间是离散的状态空间 $I = \{1, 2, \cdots\}$。

定义 1. 设有随机过程 $\{X_n, n \in T\}$，若对任意的整数 $n \in T$ 和任意的 $i_0, i_1, \cdots, i_{n+1} \in I$，条件概率均满足

$$P\{X_{n+1} = i_{n+1} \mid X_0 = i_0, X_1 = i_1, \cdots, X_n = i_n\}$$
$$= P\{X_{n+1} = i_{n+1} \mid X_n = i_n\} \tag{1-14}$$

则称 $\{X_n, n \in T\}$ 为马尔可夫链，简称马氏链。

定义 2. 条件概率

$$p_{ij}^{(n)} = p\{X_{n+1} = j \mid X_n = i\} \tag{1-15}$$

称为马尔可夫链 $\{X_n, n \in T\}$ 在时刻 n 的一步转移概率，其中 $i, j \in I$，称为转移概率。

一般地，转移概率 $p_{ij}^{(n)}$ 不仅与状态 i, j 有关，而且与时刻 n 有关。当 $p_{ij}^{(n)}$ 不依赖于时刻 n 时，表示马尔可夫链具有平稳转移概率。若对任意的 $i, j \in I$，马尔可夫链 $\{X_n, n \in T\}$ 的转移概率 $p_{ij}^{(n)}$ 与 n 无关，则称马

尔可夫链是齐次的。在应用上主要研究齐次马尔可夫链。

定义 3　设 P 表示一步转移概率 p_{ij} 所组成的矩阵，且状态空间 $I = \{1, 2, \cdots\}$，则：

$$P = \begin{bmatrix} p_{11} & p_{12} & \cdots & p_{1n} \\ p_{21} & p_{22} & \cdots & p_{2n} \\ \vdots & \vdots & & \vdots \\ p_{n1} & p_{n2} & \cdots & p_{mm} \end{bmatrix} \qquad (1-16)$$

称为马尔可夫链的一步转移概率矩阵。它具有性质：

(1) $p_{ij} \geqslant 0$, $i, j \in I$; 　　　　(2) $\sum_{j \in I} p_{ij} = 1$, $i \in I$

马尔可夫链是一个具有广泛应用的随机过程模型，对一个系统由一种状态转移到另一种状态的现状提出了定量分析，也是分析随机事件未来发展趋势及可能结果的一种预测方法。马尔可夫链预测模型可表示为：

$$X_n = X(0)P^n \qquad (1-17)$$

式中，X_n 为 n 时刻的状态概率向量；$X(0)$ 为初始时刻的状态概率向量；P 为状态转移概率矩阵。上式可根据 P 及 $X(0)$ 预测 X_n，预测的关键在于状态转移概率矩阵 P 的确定。一般地，由状态 i 到状态 j 的转移概率近似为 N_{ij}/N_i，即

$$P \approx \frac{N_{ij}}{N_i} \qquad (1-18)$$

其中，N_{ij} 为状态 i 转移到状态 j 的次数，N_i 为状态 i 出现的次数。

1.5　调研说明与样本城市的基本情况

1.5.1　收入极化调研说明

为了完成研究，我们调研了大连、哈尔滨、长春、北京、西安、沈阳、内蒙古、河北、上海、杭州、南京、宁波、苏州、广州、深圳等地的

居民收入、征地、拆迁、国企改制等情况。除进行问卷调查外，我们还尽可能地联系当地的人力资源和社会保障局、统计局和个别城市的调查队，收集了一些数据资料，并结合了国家统计局发布的各种公告、年鉴，这些构成了我们研究的数据支撑。出于我们要建立一个数量分析模型的需要，收入分布数据的可靠性、完整性、严密性显得尤其重要，最好是能够实现城镇和农村收入分布数据的对接。最终，我们选择以大连市为样本，形成了以大连市的调研数据为基础、以国家统计局的数据为参考、以其他城市的调研数据为补充的课题研究数据支撑体系。

（1）以大连市调研数据为样本数据的具体原因。

①数据的保密性。一直以来，收入分配问题在我国都很敏感，关于收入分配方面的数据，差不多是保密级别最高的统计数据了。对于一般的科研需要，即使是国家级项目，统计部门也不会提供数据。我们调研的最终结果是除大连市的数据比较理想外，其余城市的数据都不够完整，无法单独满足研究需要。而大连市的数据也是得益于与大连市政协合作、向大连市政府提供市情报告才取得的。

②现有数据的适用性。目前统计部门能够提供的现成数据无法满足我们的研究需要。A. 调查队提供的城镇人均可支配收入和农村人均纯收入数据可资分析的信息很少，只能反映生产要素分配状况，无法反映劳动力要素内部的分配情况。B. 调查队提供的"按收入五等分分组的城镇家庭人均可支配收入""按收入五等分分组的农村家庭人均纯收入""按收入五等分分组的家庭收入"是目前研究收入分配问题最适宜的数据，可以为分析个人收入分配差距情况提供数据支持，但无法提供课题所需要的收入来源行业、所有制、单位性质等信息，而且尚未实现城乡收入数据对接。C. 统计局提供的在岗职工人均工资收入可以提供行业、所有制、单位性质等信息，但不包括私营企业职工工资收入情况；在岗职工收入数据只是工资性收入的一部分，由于不包含私营企业职工，行业工资水平会被高估；它可以提供职工平均工资的行业差别，但无法就行业内部的收入差距进行深入分析。

③目前的统计方法存在缺陷。目前对"按收入五等分分组的家庭人均收入"的统计，采用的是抽样入户调查法，且不说入户统计员们所遭遇的尴尬，该方法存在着如下缺陷：A. 高收入家庭倾向于低报收入、多报支出，而低收入家庭会如实认真地记录每一笔收入和支出。这会在统计的初始环节就造成收入差距的人为缩小问题。B. 这种方法不易从家庭成员的从业行业、所有制等角度反映问题。即使是加入了上述信息的统计，在缺乏总体数据支撑的情况下，也难以保证数据质量。C. 选择的调研对象很难保证其代表性。目前的抽样入户调查法需要事先对家庭进行收入分档，然后从中抽样，这种做法高度依赖于主观判断的准确性，容易导致信息失真。

④各地的收入水平差距大，不易简单相加并用同一模型处理。在我国，各地收入水平差距较大是众所周知的事情，即使是按大区划分，相同岗位的职工工资平均水平差距也很大，参见表1-1。这种差距放在不同的具体城市之间，会更加巨大，不应简单地相加在一起用一个模型去分析。况且，受"关系"的影响，我们调研的城市有很大的局限性，无法很好地反映收入分布的真实情况，影响研究结果。

表1-1　2013年分地区分岗位就业人员年平均工资　　　　　　单位：元

地区	就业人员	单位负责人	专业技术人员	办事人员和有关人员	商业、服务业人员	生产、运输设备操作人员及有关人员
合计	45 676	107 374	63 074	46 403	39 322	40 044
东部	49 454	128 023	72 028	51 509	44 178	41 451
中部	38 802	70 983	48 359	37 302	31 784	36 827
西部	42 908	86 985	55 270	41 916	33 496	40 253
东北	40 448	85 469	50 216	40 609	32 016	37 360

资料来源：2013年不同岗位平均工资情况. 国家统计局公报，2014-05-27.

（2）大连市调研数据的构成与特点。

　　鉴于上述原因，我们把调研的重点放在了大连市，通过与大连市政协"关于提高大连市居民收入水平、改善收入分配结构的调研"课题组合作，一方面为大连市政府提供内参建议，另一方面为研究储备调研数据资料。

　　我们的调研采用了"政府部门资料法"[①]，即从企业或个人申报到政府各部门的收入或支出资料入手，收集关于居民收入分布的信息。在目前的统计中，居民收入包括工资性收入、经营性收入、转移性收入和财产性收入四个方面。由于居民的财产性收入比较隐蔽、项目较多、比较分散，更重要的一点是没有一个政府部门能够准确掌握情况，因此，财产性收入的数据就以城市居民的两项主要财产——房产和银行存款（包括理财性存款）替代，观测其分布情况。

　　为获得工资性收入、经营性收入、转移性收入、房产和银行存款的分布五个方面的数据，我们走访调研了大连市统计局、国家统计局辽宁调查总队大连调查队、大连市人社局、大连市民政局、大连市国税局、大连市地税局、大连市国资委、大连市房产局、大连市工商局、大连市财政局等部门；深入大连市中山区海军广场街道春和社区等城区单元和庄河市、吴炉镇等农村社区，听取基层干部对收入分配问题的感受和意见；发放并收回调查问卷 1 656 份，内容既包括提高大连市居民收入水平的政策建议，也包括国企改制对收入的影响、征地和拆迁的利益再分配金额、人数与当时的收入情况等，相当于对近年来的大连市居民收入分配情况进行了一个"普查"。

　　通过调研，我们共获得 112 万在岗职工、94 万私营企业职工、73 万领取养老金人员、7 万低保人员的收入数据资料，36 万个体户、10 万户企业的利润收入数据资料，68 万房主的房产资料和 70 万储户的银行存款资料，共计 470 万个样本的数据。这些数据资料具有如下特点：

　　①时间跨度较大。这些数据资料为 2007—2012 年共 6 年的连续资料。

---

①　"政府部门资料法"并不是一个标准的名称，它只是一种以政府部门工作基础资料为统计依据的方法。这里暂且用这一称呼，只是为了区分它与传统的"入户抽样调查法"的不同。

连续数据之所以从 2007 年开始，主要是由于统计局统计的在岗职工工资数据是从 2007 年开始才有的，之前的数据为空白。在岗职工工资是工资性收入数据的主体部分，是决定收入分配差距的基础部分。另外，国家税务局和地方税务局的纳税企业利润档案电子数据也是从 2007 年开始的，之前为手工数据，整理起来成本非常高。利用国家税务局和地方税务局的企业利润档案数据可确定居民经营性收入数据，可以说这是目前最为准确的数据来源了。因此，为统一起见，我们把其他部门的调研数据也都确定为从 2007 年开始。

②数据是按照一定标准分等级进行统计的。例如，工资性收入和转移性收入都是以万元为级距由低到高进行分组排列，以供分析之用；房产则是按面积分段，从低到高排列出套数和人数；对于经营性收入和银行存款，由于金额巨大，我们在考虑了分布情况、原有的分级和统计方便等因素后对收入和财产进行了不等距分级，不等距分级虽不如等距分级一目了然，但并不影响最终的计算结果和模型结论。

③不包括黑色和灰色收入。黑色和灰色收入本身就不是合法合规的收入，而且非常隐蔽，但这部分收入的主要依据会在房产和银行存款（包括理财产品）上得到一定程度的体现。

④收入只包括工资性收入、经营性收入和转移性收入三部分，财产性收入则以房产和银行存款（包括理财产品）的方式从侧面反映其分布情况。按照目前的统计分类，居民收入包括工资性收入、经营性收入、转移性收入和财产性收入四个部分，受多因素影响，我们只调研了工资性收入、经营性收入和转移性收入三个部分，财产性收入以房产和银行存款（包括理财产品）来替代。由于财产性收入在我国城镇居民中占比很小，也无法与前三项收入"挂钩"，纳入统一的分布，因此，我们将"工资性收入＋经营性收入＋转移性收入合计"（简称"三项收入合计"）视为居民总收入，将房产和银行存款的分布情况视为对财产性收入和黑色、灰色收入分布的侧面反映。

1.5.2 收入极化调研样本城市的基本情况

（1）大连市自然情况简介。

大连市地处东北辽东半岛最南端，全市总面积为 12 574 平方千米，其中老市区面积为 2 415 平方千米，是重要的港口、贸易、工业、旅游城市。2013 年末户籍人口 591.4 万人，比上年末净增 1.1 万人。在户籍人口中，出生人口 4.2 万人，外省市迁入人口 5.2 万人。2013 年全年地区生产总值为 7 650.8 亿元，三次产业结构为 6.2∶50.9∶42.9，对经济增长的贡献率分别为 3.2%、55.4%和 41.4%。全年公共财政收入为 850 亿元，其中，市本级 283.3 亿元。①

大连市是一个副省级城市，1985 年被国务院确定为计划单列市，享有省级经济管理权限。

（2）大连市的居民收入水平与收入构成情况。

大连市是全国 15 个副省级城市之一，从其收入水平在副省级城市中的位置和其收入构成与其他城市的比较来看，它是一个具有代表性的城市，这也是我们选择将大连市作为样本城市的一个原因。

①城市居民收入水平与构成。

自改革开放以来，大连市城市居民收入不断提高。人均可支配收入由 1981 年的 545 元增加到 1990 年的 1 809 元、2000 年的 6 861 元、2006 年的 13 350 元、2011 年的 24 276 元，再增加到 2012 年的 27 539 元，城市居民收入增长速度较快。恩格尔系数也由 20 世纪 80 年代的 0.6、90 年代的 0.5、21 世纪前十年的 0.4 降到了 2011 年的 0.37。与其他副省级城市相比，在 2006 年和 2011 年，大连市人均年可支配收入在 15 个副省级城市中均位列第 9；年均增速为 12.7%，位列第 8，参见表 1-2。②

---

① 资料来源于大连市政府官方网站大连概况栏目（2014-03-21）。
② 资料来源于对大连市各部门的调研。本书所使用的数据，除特别注明者外，均来自调研。此外，因异地数据来源时间滞后，在比较中多用较早时期的数据。如表 1-2 中 15 个城市的比较用的是 2011 年的数据，单独反映大连市情况的数据则可能是 2012 年甚至是 2013 年的数据。下同，不再另行说明。

表 1-2 15 个副省级城市的人均年可支配收入比较

城市	2006 年		2011 年		2011 年比 2006 年	
	绝对额（元）	位次	绝对额（元）	位次	年均增速（%）	位次
大连	13 350	9	24 276	9	12.7	8
沈阳	11 651	12	23 320	12	14.9	1
深圳	22 567	1	36 505	1	10.1	15
武汉	12 360	11	23 738	11	13.9	3
广州	19 851	2	34 438	2	11.6	13
青岛	15 328	8	28 567	8	13.3	6
长春	11 358	13	20 487	14	12.5	10
南京	17 538	6	32 200	6	12.9	7
杭州	19 027	4	34 065	3	12.4	11
宁波	19 642	3	34 058	4	11.6	13
西安	10 905	15	21 239	13	14.3	2
哈尔滨	11 231	14	20 031	15	12.3	12
厦门	18 513	5	33 565	5	12.6	9
成都	12 789	10	23 932	10	13.4	5
济南	15 340	7	28 892	7	13.5	4
平均	15 430		27 954		12.8	

从收入构成上看，收入的构成格局基本不变，工资性收入占 60% 以上，经营性收入和财产性收入均不足 10%，转移性收入占比约 30%，参见表 1-3。我们收回的调研问卷也显示，在回答"您家里的主要收入来源是什么"一题时，67% 的人选择了"依靠单位工资"，说明居民对工资性收入的依赖程度很高。与其他副省级城市相比，大连市的转移性收入比重较高，这是因为大连市是一个老工业基地。相应地，工资性、经营性和财产性收入则占比相对较低，均略低于平均水平。

表 1－3　15 个副省级城市居民可支配收入构成情况比较

城市	2006 年				2011 年				2011 年比 2006 年增减			
	工资性收入	经营性收入	财产性收入	转移性收入	工资性收入	经营性收入	财产性收入	转移性收入	工资性收入	经营性收入	财产性收入	转移性收入
	％	％	％	％	％	％	％	％	＋－	＋－	＋－	＋－
沈阳	56.8	6.6	1.1	35.5	56.5	11.8	1.0	30.7	－0.3	5.2	－0.1	－4.8
大连	63.2	4.2	2.1	30.5	63.1	5.9	1.7	29.2	－0.1	1.7	－0.4	－1.3
长春	69.0	9.1	0.8	21.1	63.1	7.8	1.6	27.5	－5.9	－1.3	0.8	6.4
哈尔滨	56.9	9.3	1.6	32.2	56.2	10.6	1.2	32.1	－0.7	1.3	－0.4	－0.1
南京	65.1	2.9	1.2	30.8	66.4	5.4	1.4	26.8	1.3	2.5	0.2	－4.0
杭州	67.5	5.2	5.3	22.0	62.1	4.2	6.8	27.0	－5.4	－1.0	1.5	5.0
宁波	67.7	9.3	4.8	18.2	62.7	10.3	3.7	23.3	－5.0	1.0	－1.1	5.1
厦门	69.5	2.2	3.8	24.5	67.0	7.2	5.5	20.2	－2.5	5.0	1.7	－4.3
济南	81.8	1.0	1.3	15.9	74.2	7.6	1.1	17.2	－7.6	6.6	－0.2	1.3
青岛	72.1	5.3	0.6	22.0	63.8	8.6	3.3	24.2	－8.3	3.3	2.7	2.2
武汉	68.2	3.0	0.8	27.9	60.4	8.6	1.7	29.3	－7.8	5.6	0.9	1.4
广州	77.5	4.2	2.0	16.3	72.1	6.8	2.1	19.0	－5.4	2.6	0.1	2.7
深圳	77.8	6.9	4.8	10.5	70.5	14.6	4.9	9.9	－7.3	7.7	0.1	－0.6
成都	62.2	4.0	4.7	29.1	59.7	7.1	4.2	29.0	－2.5	3.1	－0.5	－0.1
西安	65.1	3.0	2.7	29.2	68.8	3.2	1.5	26.5	3.7	0.2	－1.2	－2.7
均值	68.0	5.1	2.5	24.4	64.4	8.0	2.8	24.8	－3.6	2.9	0.3	0.4

②农村居民的收入水平与构成。

大连市农村居民收入增长较快，年人均纯收入由 1993 年的 2 162 元增长到 2012 年的 15 990 元，在 2008—2012 年期间，大连市农民人均纯收入水平在全国 15 个副省级城市中一直位列第 4；平均增速为 13.9％，排在第6位，参见表1-4。

表1-4 全国15个副省级城市农民人均纯收入比较

城市	2008年		2012年		2012年比2008年	
	绝对值（元）	位次	绝对值（元）	位次	平均增速（%）	位次
沈阳	7 850	8	13 260	8	14.3	5
哈尔滨	5 847	11	—	—	17.4	2
长春	5 265	12	8 570	13	8.4	13
大连	9 223	4	15 990	4	13.9	6
南京	8 773	5	14 786	5	13.1	9
杭州	10 568	2	17 017	2	12.3	11
宁波	11 326	1	18 475	1	13.0	10
济南	7 125	9	11 786	9	13.4	7
青岛	8 444	6	13 990	6	13.4	7
武汉	6 244	10	11 190	12	15.8	3
广州	9 672	3	16 898	3	14.4	4
深圳	—	—	—	—	—	—
成都	—	—	11 301	11	7.0	14
西安	4 994	13	11 442	10	21.2	1
厦门	8 420	7	13 455	7	12.1	12
均值	7 981		13 705		12.2	

　　大连市农村居民的纯收入构成变化不大，一直保持着工资性收入40％、经营性收入50％、转移性收入和财产性收入均不足10％的结构，参见表1-5。但从纵向比较上看，工资性收入和经营性收入占比略降，财产性收入与转移性收入占比略升。其中，转移性收入增长稳定，应该是"新农保"和"新农合"政策发挥作用的结果，说明农村居民得到了更多的政府支持。

表1－5　大连市农村居民人均纯收入结构情况

年份	纯收入	工资性收入		经营性收入		转移性收入		财产性收入	
	绝对值（元）	绝对值（元）	比重（%）	绝对值（元）	比重（%）	绝对值（元）	比重（%）	绝对值（元）	比重（%）
1993	1 613.9	708.8	43.9	853.4	52.9	28.5	1.8	23.2	1.4
1995	2 438.0	985.0	40.4	1 279.0	52.5	81.0	3.3	93.0	3.8
2000	3 740.1	1 755.0	46.9	1 658.0	44.3	196.1	5.2	131.0	3.5
2005	5 903.3	2 299.2	38.9	3 149.1	53.3	317.1	5.4	137.9	2.3
2006	6 984.5	2 726.2	39.0	3 666.3	52.5	393.9	5.6	198.1	2.8
2010	12 316.6	5 223.0	42.4	5 847.0	47.5	793.9	6.4	452.7	3.7
2011	14 212.7	5 844.3	41.1	6 953.9	48.9	1 091.7	7.7	322.8	2.3

③城乡居民收入差距情况。

从城乡居民收入对比看，大连市农村居民纯收入与城镇居民人均可支配收入之比在逐渐缩小，由1993年的1∶1.89、1994年的1∶2.23缩小到2011年的1∶1.71；但是，差距的绝对值仍然很大，1993年为1 444.4元，1994年为2 376.4元，2011年则扩大为10 063.5元，参见表1－6。如果把1993—2011年期间城乡差距的绝对值进行简单的相加，共计92 555.1元，将近10万元；如果考虑到城市化的趋势和农村居民进城的住房成本问题，城乡差距会更大。

表1－6　城乡居民年人均收入对比

年份	城镇居民可支配收入（元）	农村居民纯收入（元）	差距绝对值（元）	农村城市比
1993	3 058.3	1 613.9	1 444.4	1∶1.89
1994	4 309.9	1 933.5	2 376.4	1∶2.23
1995	5 126.8	2 438.0	2 688.8	1∶2.10
1996	5 888.5	2 850.5	3 038.0	1∶2.07
1997	6 070.4	3 081.5	2 988.9	1∶1.97

续表

年份	城镇居民可支配收入（元）	农村居民纯收入（元）	差距绝对值（元）	农村城市比
1998	6 092.9	3 431.0	2 661.9	1：1.78
1999	6 274.0	3 681.2	2 592.8	1：1.70
2000	6 860.5	3 740.1	3 120.4	1：1.83
2001	7 418.2	3 900.0	3 518.2	1：1.90
2002	8 199.5	4 140.5	4 059.0	1：1.98
2003	9 101.3	4 513.5	4 587.8	1：2.02
2004	10 377.8	5 106.2	5 271.6	1：2.03
2005	11 994.4	5 903.3	6 091.1	1：2.03
2006	13 350.1	6 984.5	6 365.6	1：1.91
2007	15 108.6	8 369.1	6 739.5	1：1.81
2008	17 500.5	9 818.1	7 682.4	1：1.78
2009	19 014.4	10 725.5	8 288.9	1：1.77
2010	21 292.6	12 316.6	8 976.0	1：1.73
2011	24 276.2	14 212.7	10 063.5	1：1.71
合计			92 555.1	

城乡收入差距情况也可以通过城乡最低保障差别情况得到反映，参见表1-7。2012年大连市享受低保的人数有146 238人，其中城市69 133人，农村77 105人，基本做到了应保尽保。城市人均获得救助由2007年的135.62元/月提高到了2012年的374.73元/月，农村由2007年的78.4元/月提高到了2012年的223.22元/月，城乡差距逐步缩小，由2007年的1：2.04缩小到2012年的1：1.62。但低保金额仍然偏低，以城市的三口之家为例，按标准全额领足低保金共计1 440元/月。虽然从2013年4月起标准调整为530元/月，但一家三口的救助额也只有1 590元。在目前的物价水平下，还是难以满足一个家庭的基本生活需要。

表 1-7　城乡低保人员人数、标准、人均获得救助情况统计

年份	人数			标准（元/月）		人均获得救助（元/月）		城乡差距
	合计	城市	农村	城市	农村	城市	农村	
	1	2	3	4	5	6	7	5（平均）∶4
2007	151 486	96 768	54 718	280	150/125	135.62	78.4	1∶2.04
2008	155 643	94 751	60 892	320	175/150	164.81	101.1	1∶1.97
2009	154 822	89 411	65 411	360	200/175	187.77	122.2	1∶1.92
2010	156 079	85 841	70 238	380	217/192	213.55	130.2	1∶1.86
2011	151 744	77 739	74 005	420	340/211	303.36	174.6	1∶1.52
2012	146 238	69 133	77 105	480	340/251	374.73	223.22	1∶1.62

④最低工资收入标准。

最低工资收入标准是保障劳动者利益的一项重要政府政策。在我国没有全国统一的最低工资标准，而是由各地自行确定。大连市的低保标准相对较高，在 36 个中心城市中位列第 10，参见表 1-8。

表 1-8　36 个中心城市低保标准一览表

城　市	低保标准（元/月）	补助水平（元/月）	低保标准位次	城　市	低保标准（元/月）	补助水平（元/月）	低保标准位次
上　海	570	419	1	武　汉	491	291	8
广　州	530	440	2	大　连	452	375	10
北　京	520	487	3	青　岛	452	443	10
天　津	520	433	3	南　昌	421	285	12
南　京	514	375	5	西　安	421	356	12
深　圳	510	354	6	沈　阳	419	303	14
宁　波	498	493	7	济　南	411	321	15
杭　州	491	422	8	厦　门	403	232	16

续表

城　市	低保标准（元/月）	补助水平（元/月）	低保标准位次	城　市	低保标准（元/月）	补助水平（元/月）	低保标准位次
拉　萨	400	270	17	贵　阳	344	310	27
海　口	390	236	18	福　州	340	279	28
长　沙	383	333	19	南　宁	336	237	29
石家庄	382	268	20	长　春	334	223	30
呼和浩特	374	369	21	重　庆	326	262	31
昆　明	354	272	22	成　都	322	283	32
合　肥	352	337	23	兰　州	321	259	33
郑　州	352	278	23	西　宁	313	213	34
太　原	351	302	25	乌鲁木齐	296	329	35
哈尔滨	349	222	26	银　川	271	225	36

注：本表数据为截至 2012 年 12 月的数据。

⑤城市居民可支配收入占 GDP 的比重。

表 1-9 是 15 个副省级城市的可支配收入占 GDP 比重的比较。在 15 个副省级城市中，大连市居民收入占 GDP 的比重一直位列第 15，即倒数第 1，并且由 2006 年的 31.4％下降到了 2011 年的 26.6％，下降了 4.8 个百分点，比平均水平多下降了 1.3 个百分点，下降速度位列第 7。

表 1-9　15 个副省级城市的可支配收入占 GDP 比重的比较

城市	2006 年		2011 年		收入占 GDP 比重的变化	
	收入/GDP（％）	位次	收入/GDP（％）	位次	增减（％）	位次
厦门	36.93	11	47.45	2	10.52	1
广州	31.46	14	35.29	11	3.83	2
深圳	32.49	12	33.06	13	0.57	3
沈阳	32.42	13	32.10	14	−0.32	4
杭州	42.77	8	42.37	7	−0.40	5

续表

城市	2006 年		2011 年		收入占 GDP 比重的变化	
	收入/GDP（%）	位次	收入/GDP（%）	位次	增减（%）	位次
济南	45.32	6	44.93	5	−0.40	5
青岛	39.41	10	37.81	10	−1.61	7
宁波	45.36	5	43.17	6	−2.18	8
南京	44.54	7	42.22	8	−2.32	9
大连	31.35	15	26.59	15	−4.76	10
哈尔滨	52.58	3	46.91	3	−5.67	11
武汉	41.90	9	34.79	12	−7.11	12
成都	57.43	2	49.09	1	−8.34	13
长春	48.23	4	38.91	9	−9.31	14
西安	61.28	1	46.68	4	−14.60	15
平均	42.92		39.49		−3.43	

（3）样本城市的代表性。

①大连市是一个中等水平的副省级城市。

由上述内容可见，无论是收入水平、收入构成、城乡差距、最低保障标准，还是最低工资标准，大连市都是一个中等水平的副省级城市，与15个副省级城市的平均水平接近，且变动的方向一致，是众多中国城市中的普通一员。它的收入分布情况可以在一定程度上模拟国家整体的收入分布状况。

②生产要素自由流动。

自改革开放以来，市场在资源配置中发挥越来越大的作用，生产要素在地区之间、国家之间自由流动成为当今社会的主要特点。资本与劳动力的跨界流动对经济发展的影响力大幅上升，资本的价格——利润率在地区间呈现趋同趋势；除垄断行业和垄断性领域外，劳动力价格——工资水平在地区间也日益均衡；最终，在同一地区，行业间、所有制间和单位性质间的差距与全国范围的行业差距、所有制差距和单位性质差距接近。

基于上述分析，我们以大连市为样本建立一个福利模型，以判断各因素对收入分配的影响程度。本书所使用的数据，除特别注明者外，均来自调研。

1.5.3　区域极化的调研说明

由于我国财政透明度低，中央对各地方的转移支付信息甚少，尤其是一般性转移支付和税收返还情况几近无迹可寻。为尽可能反映财政对各地方冲击的真实情况，我们收集并整理了 1952—2016 年的 20 多项统计数据来替代政府间一般转移支付和税收返还等关键性指标，如人均财政支出水平、人均 GDP、国有经济就业与总就业人数、规模以上国有工业企业利润在规模以上工业企业利润中的占比平均数、各省份财政收支差额、各省市参加城市养老保险人员占总人口的比例、养老金人口占就业人口比重等，对比各省份和计划单列市的相关指标变化；把辽宁作为东北地区的代表省份，对比东北和东南省份的情况。结果显示，从分税制伊始，我国就存在横向财力失衡严重的问题。由于中央与地方的事权责任和财力划分不合理、不规范，纵向财力失衡又推动和强化了横向失衡，以便较好地解释改革开放初期的财政政策倾斜与目前的区域格局高度趋同问题。

第二篇

收入极化治理

2 收入分布变化趋势的实证研究

2.1 各类收入的变化情况

2.1.1 工资性收入分布变化情况

（1）居民对工资性收入的依赖程度高，主要人群集中在年工资收入4万元以下一组。

截至2012年年底，居民可支配收入中工资性收入占比为63％。在回答"您家里的主要收入来源是什么"一题时，67％的人选择了"依靠单位工资"。这说明大多数居民依赖于工资性收入。我们对工资性收入的分段计算显示，该市年工资收入4万元以下的人数占绝大多数，2007年占比为88.0％，虽然该占比逐年下降，2012年仍达60.5％，仍占绝大多数，见表2-1。

表2-1 年工资收入部分级距的人数变化情况（％）

年工资收入	2007年	2008年	2009年	2010年	2011年	2012年	增减百分比
	1	2	3	4	5	6	7=(6-1)/1
4万元以下	88.0	82.6	80.3	76.1	65.0	60.5	-31.3％
1万～5万元	82.4	77.8	75.5	71.7	65.2	62.7	-24.0％
12万元以上	0.3	0.2	0.4	0.8	2.1	2.8	833.3％

（2）职工工资不断提高，但总体偏低的格局没有改变。

表 2-1 和图 2-1 均显示职工工资收入在提高。在 2007—2012 年期间，4 万元以下的人数下降了 31.3%；1 万~5 万元的人数也呈下降趋势，由 2007 年的 82.4% 下降到了 2012 年的 62.7%，下降了 19.7%，说明收入在不断提高。尤其是在 2011 年和 2012 年这两个年份里，1 万~5 万元之间的人数比例分别是 65.2% 和 62.7%，大于 4 万元以下的 65.0% 和 60.5%，说明人数最集中的区间在右移，从 0~4 万元提高到了 1 万~5 万元，年收入不足 1 万元的人员明显减少。但 60.5% 的人群仍然在年收入 5 万元以下，总体收入偏低的状况没有改变。

图 2-1 是居民年工资收入分布图，图形显示，2007—2012 年，居民工资性收入分布向左偏的状态一直没有改变，说明在 0~18 万元这个区间的分布上，主要人群的收入都集中在低收入区位，即总体收入偏低。但从曲线的变化情况不难看出峰尖在逐渐右移，2007—2010 年期间的峰区在 4 万元以下，2011—2012 年期间则在 1 万~5 万元，说明低收入者的工资性收入提高比较显著。

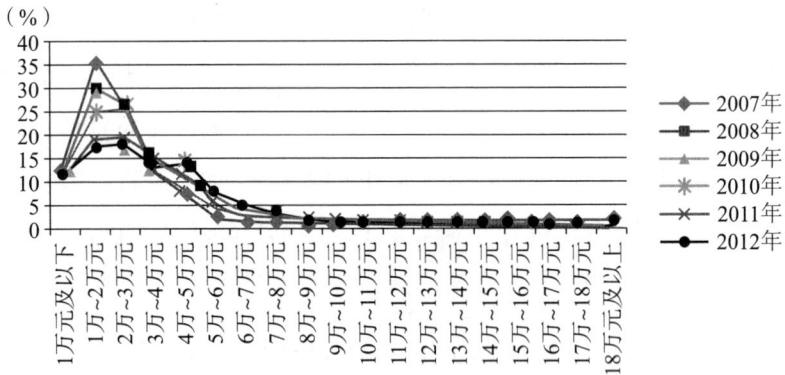

图 2-1　年工资收入分布情况

（3）收入差距仍在扩大。

表 2-2 显示，近年来的行业收入差距仍在扩大。2009 年，人均工资收入最高的金融业与最低的住宿餐饮业相比，中位数收入之比是 3.5，平

均数收入之比是 3.4，这两个行业自身的中位数收入与平均数收入也比较接近，金融业相差 0.87 万元，住宿餐饮业相差 0.33 万元。到 2012 年，人均工资收入最高的金融业与最低的住宿餐饮业相比，中位数收入之比是 3.1，差距有所缩小，平均数收入之比是 4.0，差距扩大，这两个行业自身的中位数收入与平均数收入差距也有变化，金融业的差距达 5.39 万元，住宿餐饮业的差距也略增，为 0.57 万元。这说明金融业内部发生了较为严重的分化，个人间的收入差距也在扩大，高收入者的增加拉高了平均数。

从在岗职工总体工资收入情况看，中位数收入的年均增长率低于平均数收入的年均增长率，存在着收入增长不均衡、高收入者收入增长更快的问题。2007 年，平均数收入仅比中位数收入高 0.3 万元，高 14.7%；2009 年，平均数收入比中位数收入高 0.49 万元，高 21.4%；到 2012 年，则高出 0.97 万元，高 30.2%。这种平均数与中位数差距不断扩大的结果，应该是由高收入者收入增长更快拉动所致，说明总体的收入差距仍在扩大。

表 2-2　不同行业在岗职工工资收入的中位数与平均数比较

行　　业	2009 年		2012 年		2012 年比 2009 年	
	中位数（万元）	平均数（万元）	中位数（万元）	平均数（万元）	中位数年均增长率（%）	平均数年均增长率（%）
均　　值	2.29	2.78	3.21	4.18	11.9	14.6
农林牧渔	2.95	2.50	5.67	4.96	24.3	25.6
采矿	2.48	2.47	4.51	4.51	22.0	22.2
制造	2.42	2.91	4.44	4.91	22.3	19.0
电力燃气	3.42	4.39	5.28	6.51	15.6	14.1
建筑	2.81	3.20	4.13	4.62	13.7	13.1
交运仓储	3.14	4.19	7.45	8.59	33.3	27.0
信息软件	5.76	6.11	8.77	9.61	15.0	16.3
批发零售	2.62	3.32	4.28	5.19	17.7	16.1

续表

行　业	2009 年		2012 年		2012 年比 2009 年	
	中位数（万元）	平均数（万元）	中位数（万元）	平均数（万元）	中位数年均增长率（%）	平均数年均增长率（%）
住宿餐饮	1.82	2.15	3.21	3.78	20.8	20.7
金融	6.44	7.31	9.83	15.22	15.2	27.7
房地产	1.89	2.81	3.63	4.81	24.4	19.7
租赁商务	2.30	2.62	3.61	4.44	16.3	19.1
科研技术	4.22	4.90	6.34	10.56	14.6	29.2
水利环境	3.07	3.18	4.36	4.49	12.3	12.2
居民服务	2.37	3.02	4.16	4.67	20.5	15.6
教育	4.92	5.09	6.15	6.96	7.7	11.0
卫生和社会	4.45	4.46	5.91	6.61	9.9	14.1
文体娱乐	4.75	5.60	5.94	6.38	7.7	4.5
公共管理	5.17	5.18	6.06	6.33	5.4	6.9
最高行业	金融	金融	金融	金融	交运仓储	科研技术
最低行业	住宿餐饮	住宿餐饮	住宿餐饮	住宿餐饮	公共管理	文体娱乐
最低最高比	1：3.5	1：3.4	1：3.1	1：4.0	1：6.2	1：6.5

（4）工资增长不均衡，企事业单位高收入者增加较快。

企业的工资收入增长较快，机关职工工资收入增长缓慢。表 2-3 显示，从经济性质上看，集体单位的收入增长最快，中位数收入和平均数收入年均增长率分别为 24.7%和 23.2%；其次是其他经济成分，中位数收入和平均数收入分别增长 10.1%和 14.5%；最后则是国有单位，中位数收入和平均数收入分别增长 9.7%和 14.2%。但从绝对数上看，仍然保持国有高于集体、集体高于其他的格局。从单位性质上看，企业的工资增长最快，中位数收入和平均数收入年均增长率分别是 10.9%和 15.6%；其次是事业单位，分别增长 7.8%和 11.4%；最后是机关，分别为 5.5%和7.1%。从绝对数上看，中位数收入仍然保持多年来机关高于事业、事业高于企业的格局；但从 2012 年平均数上看，则是事业高于机关、机关高于企业的格局。事业单位的工资平均数高于机关，是近年来的首次，与中位数间的差距比较，说明事业单位的工资收入差距在扩大。

同时，我们也计算了年收入 12 万元以上的人数比例，由 2007 年的 0.3％增加到了 2012 年的 2.8％，增长了 8.3 倍，主要是企业和事业单位职工，机关人员很少。

表 2-3　在岗职工工资收入的中位数与平均数的比较

	2007 年		2009 年		2012 年		2012 年比 2009 年	
	中位数（万元）	平均数（万元）	中位数（万元）	平均数（万元）	中位数（万元）	平均数（万元）	中位数年均增长率（％）	平均数年均增长率（％）
平均	2.04	2.34	2.29	2.78	3.21	4.18	11.9	14.6
机关	—	—	5.26	5.23	6.18	6.42	5.5	7.1
事业	—	—	4.70	4.88	5.89	6.75	7.8	11.4
企业	—	—	2.12	2.53	2.90	3.91	10.9	15.6
国有	—	—	4.64	4.86	6.12	7.25	9.7	14.2
集体	—	—	2.14	2.41	4.16	4.51	24.7	23.2
其他	—	—	2.06	2.41	2.75	3.62	10.1	14.5

2.1.2　经营性收入分布变化情况

（1）从事经营活动的人员数量在增加，但经营性收入在居民收入中的占比较低。

从事经营活动的人员在增加，2008 年企业和个体工商业户共计 70 764 户，2012 年增加到了 99 335 户，增加了 28 571 户，增长 40.4％，年均增长 8.9％，说明大连市取得经营性收入的人数在增加，见表 2-4。但是，大连市居民的经营性收入较少，2006 年，经营性收入在居民可支配收入中的占比只有 4.2％，到 2011 年占比上升到了 5.9％，但一直低于全国平均水平。

表 2-4　经营业户数增长情况

	2008 年	2009 年	2010 年	2011 年	2012 年	2012 年比 2008 年增长
业户数	70 764	77 726	89 209	95 197	99 335	40.4%
增长率	——	9.8%	14.8%	6.7%	4.3%	年均 8.9%

（2）微利和亏损业户占比太大，受高房价、过头税等因素拖累。

在从事经营性活动的人数增加的同时，大连的微利和亏损业户占比也在增大，且占比一直较大。2008 年企业所得税后年利润 15 万元以下的业户占总业户数的 91.7%，到 2012 年则上升至 93.2%。与此同时，年利润 225 万元以上的明星业户占比则由 1.9% 降为 1.5%，参见表 2-5。

表 2-5　亏损业户、微利业户和明星业户的占比分析（%）

业户类型	2008 年	2009 年	2010 年	2011 年	2012 年
亏损业户	38.1	33.7	27.8	19.4	21.2
微利业户（年利润 0～15 万元）	53.6	58.2	64.1	72.6	72.0
明星业户（年利润 225 万元以上）	1.9	1.9	1.9	1.8	1.5

与全国大部分城市一样，大连近年的房价上涨得很快，已经购房者的财富溢价收益非常可观。但这也相应地推高了企业的经营成本，不论是房租成本还是房屋折旧，都增加得很快，减少了企业的经营利润，降低了居民的经营性收入。并且，高房价把社会资金吸引到了房地产业，如下一章中表 3-10 所示，从已购房者的财富溢值年盈利率看，它在 2007 年、2008 年均保持 13.5% 的水平，远高于近年 7%、8% 的社会平均利润率。

大连是一个老工业基地，在历史上一直是一个财政上解地区，1994 年分税制以 1993 年为基数的做法，令大连的地方财力水平偏低，并持续近 20 年之久。表 2-6 显示，大连市地区财政总收入中中央财政所占的份额一直高于全国平均水平，高出 1.0 到 8.5 个百分点不等。同时，大连作为计划单列市，除直接向中央上缴财政收入外，还向辽宁省单独上解资金

（以 2 亿元为基数，从 2003 年起，每年按全省一般预算收入实际增幅环比递增）。但中央的许多转移支付是面对省一级政府的，经过省级调配，多数转移支付资金分配到大连的指标就变成了零，这些财力加总起来也是一个不小的数额。

表 2－6　一般预算收入的分配比例（％）

		2007 年	2008 年	2009 年	2010 年	2011 年	2012 年
大连	中央比例	55.1	57.5	58.0	59.6	56.6	55.8
	地方比例	44.9	42.4	41.9	40.4	43.4	44.2
全国	中央比例	54.1	53.3	52.4	51.1	49.4	47.9
	地方比例	45.9	46.7	47.6	48.9	50.6	52.1
大连比全国	中央比例	＋1.0	＋4.2	＋5.6	＋8.5	＋7.2	＋7.9

近年地方政府片面追求税收增长，导致税务机关征收"过头税"的问题比较严重。过头税的一种形式是"寅吃卯粮"，把企业未来若干年份的房产税、土地使用税等提前征收上来；另一种形式就是"核定征收"，把亏损企业当作盈利企业来征收企业所得税。如表 2－5 中的亏损业户和微利业户合计，2008 年为 91.7％，2012 年略增至 93.2％；但亏损业户从 2008 年的 38.1％降低到了 2012 年的 21.2％，微利业户从 2008 年的 53.6％增加到了 2012 年的 72％。从经济增长等相关指标看，近年能够促使企业扭亏增盈的利好因素不多，这种在亏损和微利业户总比例增加的同时亏损业户比重下降的非正常变化，应该与越来越多业户的企业所得税被核定征收有关。核定征收本来是针对会计核算不健全、无法准确计算盈亏的小微企业实行的，但在实践中，为完成税收任务，往往把 些会计核算健全、可以准确计算盈亏的小微企业也纳入了核定征收范围，把亏损企业当盈利企业对待，变相加重了企业的税收负担，减少了居民的经营性收入。

2.1.3 转移性收入分布变化情况

居民的转移性收入主要有养老金收入和救济金（亦称低保）收入。

（1）转移性收入在居民可支配收入中占比较高，近年增长较快。

在大连市居民可支配收入构成中，转移性收入占比一直较高，达30%左右，这与大连属于老工业基地、纳入养老保险体系的人员比重较大有关。大连市居民养老金由 2006 年的人均 4 543 元增长到了 2011 年的8 304 元，年均增长 12.8%，略高于人均可支配总收入的增长水平。表 2-7 也显示，大连市年养老金收入 3 万元以下人员占比由 2007 年的97.2%下降到 2012 年的 80.4%，说明养老金收入得到了普遍提高。

表 2-7　年养老金收入 3 万元以下人员占比情况

年份	2007	2008	2009	2010	2011	2012
3 万元以下人员占比	97.2%	94.5%	88.0%	87.0%	84.0%	80.4%

2012 年大连市享受城市低保的人数有 69 133 人，做到了应保尽保。人均获得救助由 2007 年的 135.62 元/月提高到了 2012 年的 374.73 元/月，参见表 2-8。

表 2-8　城市低保人员人数、标准、人均获得救助情况统计

年份	人数	标准（元/月）	人均获得救助（元/月）
2007	96 768	280	135.62
2008	94 751	320	164.81
2009	89 411	360	187.77
2010	85 841	380	213.55
2011	77 739	420	303.36
2012	69 133	480	374.73
2013	—	530	—

（2）转移性支付水平仍然总体偏低。

无论是救济金收入还是养老金收入，相对于生活需要和社会整体收入水平，都处于低水平状态。

图 2-2 是大连市养老金收入分布图，无论是 2007 年还是 2012 年，都属于明显的左偏峰分布，绝大多数人的收入在 3 万元以下。对于老年人来说，每年 3 万元以下的收入只能维持低水平的日常生活，如果生病医治，还会挤占生活费用。

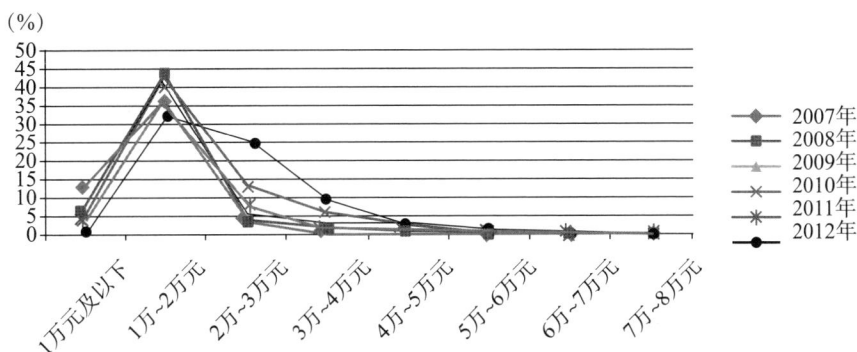

图 2-2　居民养老金收入分布情况

虽然大连市不断提高低保金的水平，但总体水平仍然偏低。以城市的三口之家为例，按 2013 年 4 月起实行的 530 元/月标准计，一家三口的全部救助额也只有 1 590 元/月。在目前的物价水平下，还是难以满足一个家庭的基本生活需要。

大连市的养老金执行辽宁省统一标准，而辽宁省是一个典型的老工业基地，养老负担比较重。在目前由省级政府统筹的情况下，省与省之间的养老负担差距很大。

2.1.4　主要财产分布情况

我国居民的财产性收入一直偏低，大连市居民的财产性收入更是低于全国平均水平。2006 年，财产性收入占居民可支配收入的 2.1%，到 2011 年，降至了 1.7%。而且，财产性收入过于隐蔽，获取资料的难度大，在总收入中所占的比重也低，因此我们只调研了大连市房产存量和居民银行储蓄存款（包括理财投资性存款）这两项主要居民财产的分布情况。

（1）居民住房资产的分布情况。

①近年居民房产增量较大，居民的住房条件进一步改善。

2007 年大连居民房产单元面积集中在 30～105 平方米，占总套数的 81%；到 2012 年，房产单元面积则集中在 30～130 平方米，占总套数的 89%，70～90 平方米面积段的住房增加明显，表示有更多居民的住房条件得到了改善。图 2-3 也显示，与 2007 年相比，2012 年房产分布的双峰状比较明显，第一峰在 50～80 平方米，第二个小峰则在 85～100 平方米，说明更多居民的住房面积扩大了。我们收回的调研问卷也显示，46% 的人表示"在近年新购置了房子"，并有 35% 的人表示"有一定数额的贷款、债务"。

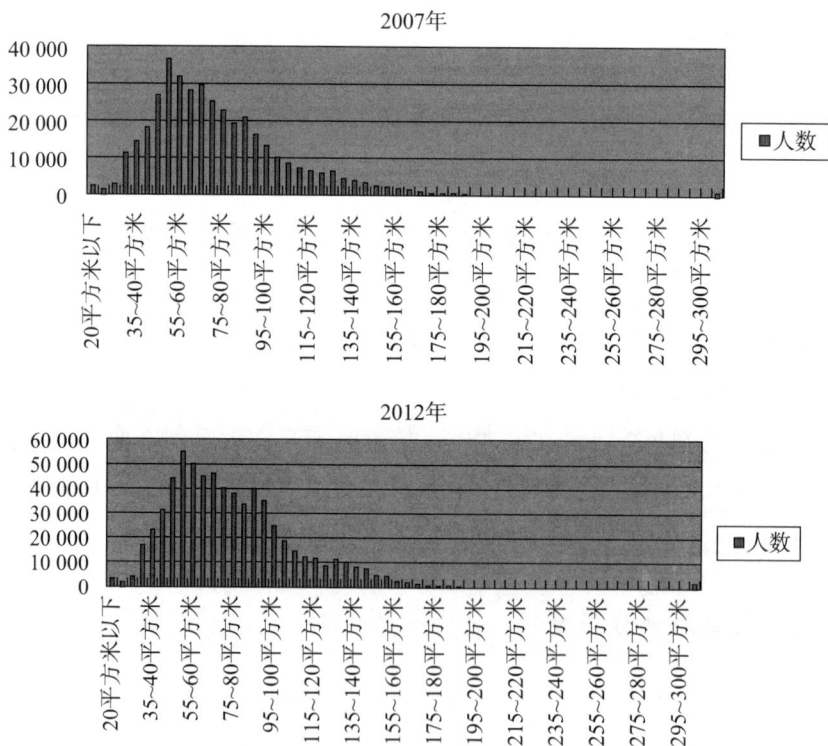

图 2-3 居民房产分布情况（按人数）

②以居住性住房为主，外地户籍人员占比较大。

从单元面积看，以50～105平方米的住房为主，图2-3也显示出明显的向左偏状态。我们的调研显示，本地户籍居民通过福利性住房、经济适用房、廉租房、公租房和住房补贴等途径都解决了住房问题；外地户籍人员购房占比较大，在市内四区购房者中占30%以上。因自2011年起实行限购政策，这一比重逐步下降至23.3%，2012年又降至15.3%。而且，外地人购房的位置普遍较好，均价高于本地人的购房均价10个百分点；在有房人中，拥有二套以上住房的个人占比很小，2007年为1%，2012年增至1.4%，表示住房在居民中的分布比较均衡，以居住性住房为主，主要发挥生活资料的作用。

（2）居民金融资产分布情况。

调研结果显示，居民金融资产的差距很大。我们对某商业银行大连市分行进行的典型调查显示，银行的客户结构差距很大，见图2-4。2007—2012年，万元以下存款额的客户一直在55万人左右，占总客户数的80%左右。对于银行来说，这55万人的存款贡献量不足一个100万元的存款户，这也意味着银行存款的财富分布分化严重。如果考虑到目前居民会在多个银行开户，小额账户多的情况，总体上的财富分布情况可能略好于单个银行数据。

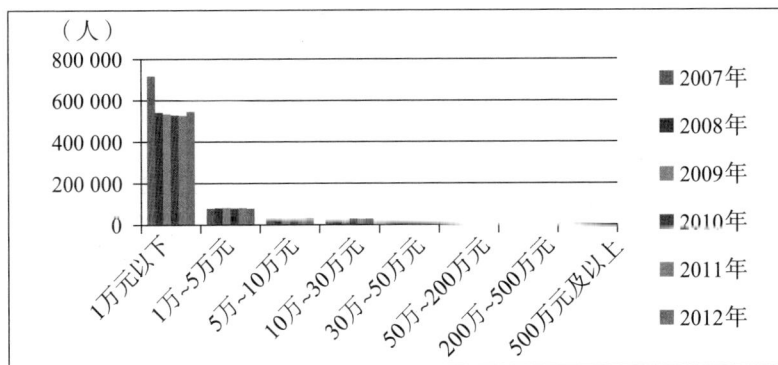

图2-4　银行存款分布结构图

2.2 收入分布的总体变化——沃尔夫森极化

严格意义上的收入分布是指包含工资性收入、经营性收入、财产性收入和转移性收入在内的总收入的分布，但受可获得性因素的影响，我们以工资性收入＋经营性收入＋转移性收入三项收入合计为样本进行分析，以判断收入分布是否出现了沃尔夫森极化问题。

2.2.1 从基尼系数看收入差距扩大但有拐点

我们分别计算了"工资性收入""工资性收入＋经营性收入""工资性收入＋经营性收入＋转移性收入""房产""银行存款"的基尼系数，见表2-9。工资性收入＋经营性收入＋转移性收入三项收入合计[①]的基尼系数，从2007年的0.403扩大到2012年的0.465，扩大了6.2个百分点。2012年的基尼系数为0.465，与国家统计局课题组公布的2012年的基尼系数0.474非常接近。

表2-9 收入与财产的基尼系数

		2007年	2008年	2009年	2010年	2011年	2012年
工资性收入		0.323	0.350	0.369	0.383	0.419	0.436
工资性收入＋经营性收入		0.388	0.425	0.437	0.448	0.464	0.468
工资性收入＋经营性收入＋转移性收入		0.403	0.429	0.437	0.450	0.470	0.465
财产	房产	0.256	—	—	—	—	0.263
	银行存款	0.730	0.755	0.781	0.802	0.807	0.812

从分项分析看，整个收入分配差距的基础性项目是工资性收入分配差距。2007年，工资性收入的基尼系数是0.323，到2012年扩大到了

---

① 由于财产性收入比较隐蔽，相关数据不易获得，本书谨以工资性收入＋经营性收入＋转移性收入三项收入合计替代总收入进行分析，在书中简称为"三项收入合计"。

0.436，增加了 0.113，且没有拐点。加入经营性收入后，大量的低收入经营业户增加了低收入者基数，恶化了收入分配。从纵向上看，"工资性收入＋经营性收入"的基尼系数从 2007 年的 0.388 扩大到了 2012 年的0.468，增加了 8 个百分点，且没有拐点。房产的基尼系数很小，变化也小，且没有拐点。而银行存款的基尼系数是最大的，2007 年为 0.730，2012 年扩大到了 0.812，增加了 8.2 个百分点，且没有拐点。只有工资性收入＋经营性收入＋转移性收入三项收入合计的基尼系数有拐点，2011年为 0.470，到 2012 年降低到 0.465，虽然只下降了 0.05，但也改变了基尼系数一路上扬的趋势，参见表 2-9 和图 2-5。这种变化应该与政府提高养老金支付标准有关，万元以下的养老金领取者到 2012 年首次降至 8万人，而在这之前一直在 12 万人以上，2007 年达 23 万人之巨。

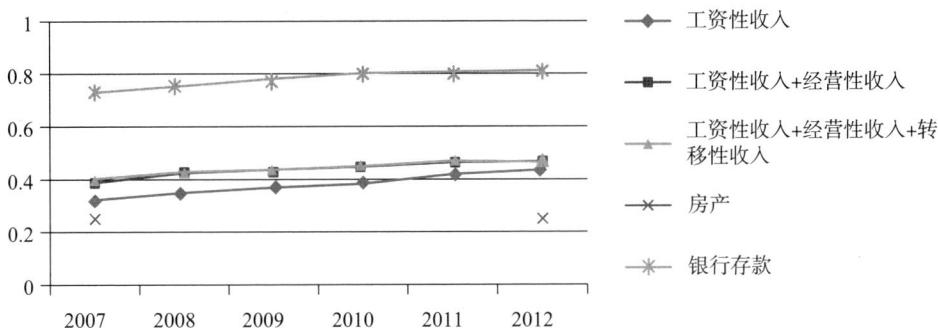

图 2-5　各项收入和财产的基尼系数比较

2.2.2　从 W 指数看沃尔夫森极化速度快于收入分配差距扩大的速度

我们计算了工资性收入、经营性收入、转移性收入、房产和银行存款分布的沃尔夫森极化指数（简称 W 指数），结果显示：

从 W 指数看，所有的收入和资产都在发生极化，除经营性收入和房产外，都在 2011 年出现了一个小的拐点。

工资性收入的 W 指数从 2007 年的 0.326 扩大到 2012 年的 0.385，增加了 5.9 个百分点，在 2011 年有拐点；工资性收入＋经营性收入的 W 指数从 2007 年的 0.290 扩大到 2012 年的 0.380，增加了 9 个百分点，没有拐点；工资性收入＋经营性收入＋转移性收入的 W 指数从 2007 年的 0.320 扩大到 2012 年的 0.395，增加了 7.5 个百分点，在 2011 年有拐点；房产的变化很小；银行存款的变化是最大的，其 W 指数由 2007 年的 0.297 扩大到 2012 年的 0.697，增加了 40 个百分点，在 2011 年有拐点，参见表 2-10。

从数值上看，几项收入的 W 指数在 0.3～0.4 之间，并不算高，也并没有意味着社会已经发生了收入极化。但是，我们不得不注意的是，所有收入和资产的 W 指数都在提高，说明各种收入和资产的分布变化均显示收入极化正在发生，尤其是银行存款的极化达到了 0.697，约等于 0.7 的高点。这说明，从阳光收入看，收入极化的程度很低，但极化的趋势非常明显，尤其是受黑色收入和灰色收入驱动的银行存款，极化速度很快。

表 2-10　收入与主要资产的 W 指数

		2007 年	2008 年	2009 年	2010 年	2011 年	2012 年	2012 年比 2007 年增减
工资性收入		0.326	0.300	0.305	0.313	0.391	0.385	0.059
工资性收入＋经营性收入		0.290	0.298	0.305	0.332	0.378	0.380	0.090
工资性收入＋经营性收入＋转移性收入		0.320	0.383	0.383	0.369	0.399	0.395	0.075
财产	房产	0.205	—	—	—	—	0.208	0.003
	银行存款	0.297	0.442	0.538	0.691	0.704	0.697	0.400

从 W 指数变化的幅度上看，工资性收入奠定了收入极化的基石；加入经营性收入后，极化速度加快，工资性收入＋经营性收入所增加的 9 个百分点是收入极化中增加幅度最大的，这也与市场经济活动拉大经营性收入差距从而拉大整个收入分配差距、引起极化的客观规律相符，因为不同

的企业、不同的个人适应市场经济的能力不同，经营性收入的差距就会很大；在工资性收入＋经营性收入的基础上再加入转移性收入后，W 指数的上升走势趋缓，参见图 2-6，并且重新出现了拐点，说明转移性收入提高有效地改善了收入分配结构、抑制了收入极化。银行存款的 W 指数上升最快，竟达 40 个百分点，这既有通货膨胀、金融危机后人们的投资渠道收窄从而转化为银行存款的原因，也说明黑色收入、灰色收入和财产性收入向小部分人聚集，引起了严重的收入极化问题。

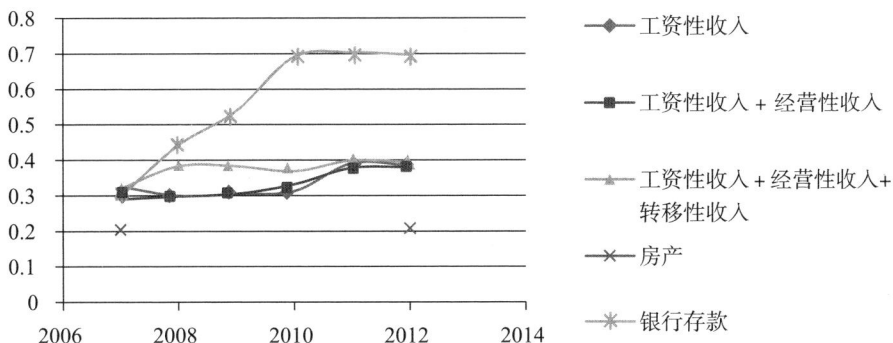

图 2-6　收入与主要资产的 W 指数走势图

2.2.3　从 ER 指数看收入和资产都处于严重极化状态

从 ER 指数看，除工资性收入尚处于较严重的极化状态外，其余收入和资产都处于严重极化状态。

工资性收入的 ER 指数从 2007 年的 0.097 增加到 2012 年的 0.098，变化很小，在 2009 年有一个拐点；工资性收入＋经营性收入从 2007 年的 0.113 降低到 2012 年的 0.107，降低了 0.6 个百分点，拐点也是在 2009 年；工资性收入＋经营性收入＋转移性收入从 2007 年的 0.115 增加到 2012 年的 0.116，变化极小，但也是在 2009 年有拐点；房产的变化很小，可资分析的信息不多；银行存款的 ER 指数是变化最大的，从 2007 年

0.583 的高点进一步扩大到 2012 年的 0.983，增加了 40 个百分点，一路上扬没有拐点，参见表 2-11。

表 2-11　收入与主要资产的 ER 指数

		2007 年	2008 年	2009 年	2010 年	2011 年	2012 年	2012 年比 2007 年增减
工资性收入		0.097	0.097	0.101	0.099	0.096	0.098	0.001
工资性收入＋经营性收入		0.113	0.116	0.119	0.116	0.108	0.107	−0.006
工资性收入＋经营性收入＋转移性收入		0.115	0.124	0.125	0.124	0.120	0.116	0.001
财产	房产	0.199	—	—	—	—	0.194	−0.005
	银行存款	0.583	0.661	0.774	0.918	0.943	0.983	0.400

从数值上看，对于 ER 指数来说，只要大于 0.1 就属于严重的收入极化，结果说明组间的疏离很严重。但大于 0.1 以后的指数变化也会为我们提供一些可资分析的信息，有助于我们了解社会成员间的疏离与认同关系变化。比较而言，工资性收入的 ER 指数是最低的，在大多数年份不到 0.1，尚算比较严重的程度，但相对于其他收入和资产的 ER 指数来说，工资性收入的组间认同关系较强；工资性收入＋经营性收入的 ER 指数是下降的，尤其是从 2009 年的极点到 2012 年下降了 1.2 个百分点，幅度较大，这意味着经营性收入的组间认同关系是比较强的；与收入的 ER 指数有拐点不同，银行存款的 ER 指数是一路上扬的，没有拐点，见图 2-7，而且在收入出现拐点的 2009—2010 年，银行存款的 ER 指数反而大幅度跃升，这可能是金融危机之后投资渠道收窄，大量的资金变成了银行存款或购买了银行推荐的理财产品，令组间的疏离关系急速上升所致。与基尼系数和 W 指数不同，收入的 ER 指数拐点不在 2011 年，而是在 2009 年，说明近年来提高养老金水平、增加居民的转移性收入并没能有效地增强收入组间的认同，反而可能是金融危机引起的收入结构变化让组间的认同感增强，抑或是金融危机以后高收入者的收入得到了一定程度的抑制，或者

是在劳动力短缺、物价上涨等多因素作用下蓝领岗位职工收入增长速度较快，这还需要进一步深入探讨。

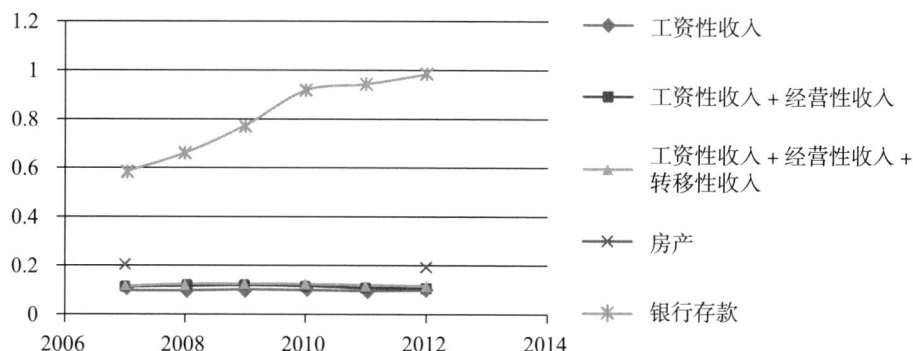

图 2-7　收入与主要资产的 ER 指数走势图

2.2.4　三项指标比较显示沃尔夫森极化指数的增长幅度最大

　　表 2-12 是工资性收入＋经营性收入＋转移性收入的三项指标的比较，结果显示：首先，沃尔夫森极化指数（W 指数）上升的幅度最大，由 2007 年的 0.320 上升到 2012 年的 0.395，年均增长率为 4.3％，比基尼系数的年均增长率 2.9％和 ER 指数的年均增长率 0.1％都要高，这说明尽管目前收入极化问题还不像基尼系数所反映的收入分配差距那么严重，但收入极化的速度需要引起关注。其次，ER 指数虽然变化不大，但一直处于极化严重的指标状态，说明组间的认同感弱而疏离感强，这也是收入分配差距大和收入极化的一种表现。再次，基尼系数仍在扩大，由 2007 年的 0.403 上升到 2012 年的 0.465，年均上升 2.9％，但上升的速度有所减缓。改革开放以前，我国曾经是世界上收入最均等的国家之一，1978 年的基尼系数为 0.22，到 1998 年则上升到了 0.41①，1 年上升 1 个百分点。三项指标相比，沃尔夫森极化指数的变化幅度最大，速度最快，说明近年来的收入分配差距扩大惯性要弱于收入极化的力度，收入分布状况变化以沃尔夫森极化为主要特点。

───────────

① 美国中央情报局（CIA）公布的数据。

表 2-13 是银行存款的三项指标比较，结果显示：单纯反映收入分配差距的基尼系数年均上升 2.2%，略低于三项收入的基尼系数上升速度；反映收入极化的 W 指数是三项指标中年均上升速度最快的指标，达 18.6% 之高；同样反映收入极化的 ER 指数的上升速度也达到年均上升 11% 的高水平，说明收入极化引起的资产分布极化速度需要引起人们足够的关注。

表 2-12　工资性收入＋经营性收入＋转移性收入的三项指标的比较

	2007 年	2008 年	2009 年	2010 年	2011 年	2012 年	年均变化
基尼系数	0.403	0.429	0.437	0.450	0.470	0.465	＋2.9%
W 指数	0.320	0.383	0.383	0.369	0.399	0.395	＋4.3%
ER 指数	0.115	0.124	0.125	0.124	0.120	0.116	＋0.1%

表 2-13　银行存款的三项指标比较

	2007 年	2008 年	2009 年	2010 年	2011 年	2012 年	年均变化
基尼系数	0.730	0.755	0.781	0.802	0.807	0.812	＋2.2%
W 指数	0.297	0.442	0.538	0.691	0.704	0.697	＋18.6%
ER 指数	0.583	0.661	0.774	0.918	0.943	0.983	＋11.0%

虽然收入的 ER 指数几乎没有上升，但银行存款的 ER 指数上升较快，说明除工资性收入、经营性收入和转移性收入这些阳光收入外，黑色收入、灰色收入和财产性收入这些"无法阳光"或"不够阳光"的收入最终在银行存款等资产上体现出了其影响力。

2.2.5　从收入结构散点图可见明显的收入极化趋势

从收入结构散点图可以看出收入极化的趋势比较明显，其中，工资性收入起基础性作用。

在工资性收入＋经营性收入＋财产性收入三项收入合计的散点图中，我们清晰地看到了社会结构向收入极化转化的过程，如图 2-8 所示，社会结构由 2007 年的金字塔形结构出发，逐渐向 X 形结构过渡，至 2012年，X 形结构已小有雏形。

图 2-9 是工资性收入的散点图，其形状和结构与三项收入合计的散

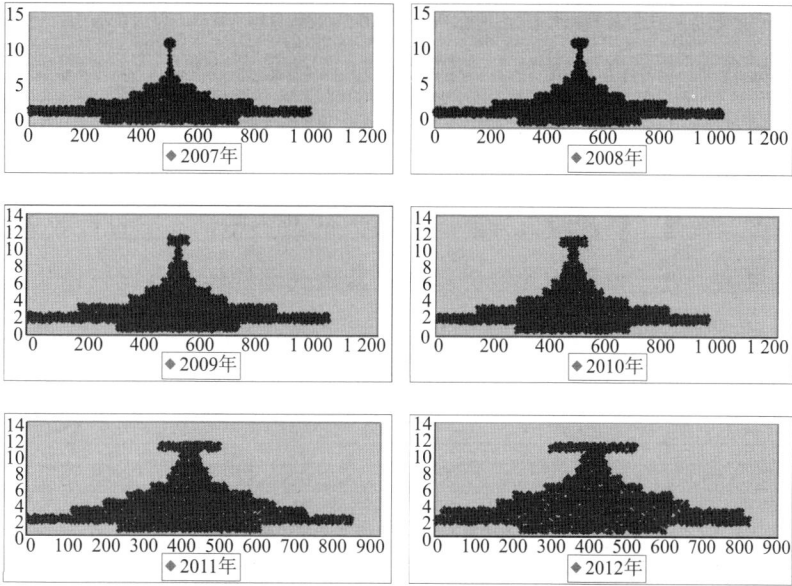

图 2-8 工资性收入＋经营性收入＋转移性收入三项收入合计散点图（2007—2012 年）

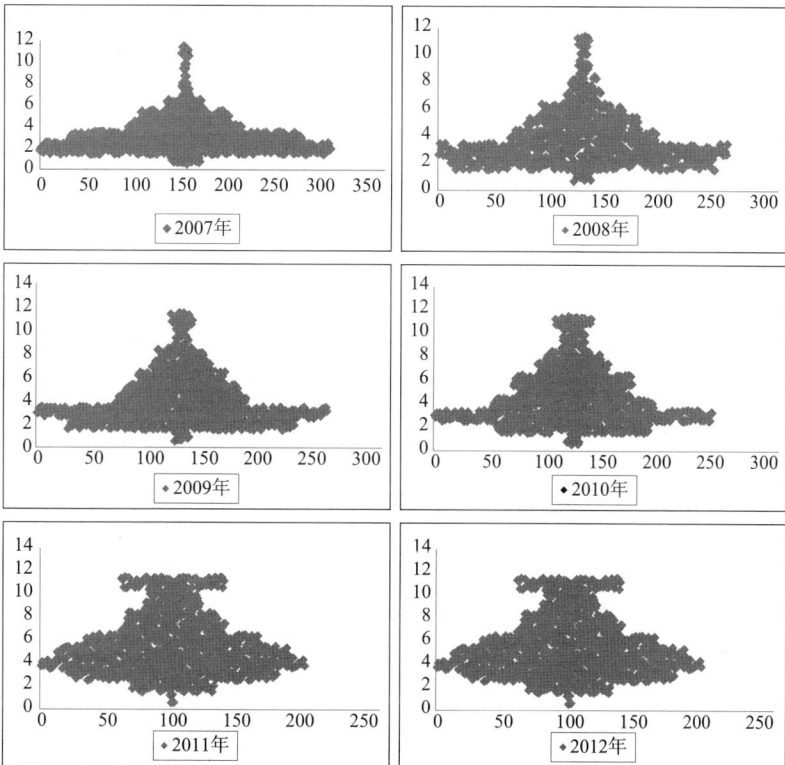

图 2-9 工资性收入散点图（2007—2012 年）

点图非常接近，这说明在推动收入极化的因素中，工资性收入是主力，发挥基础性作用，是高工资收入人群的增加拉动了整个收入分布的极化。由于我国居民的工资水平整体偏低，所以这种收入极化也是一种处于低水平状态的极化。

图 2-10 是工资性收入＋经营性收入的散点图，与工资性收入相比，样本量更大、处于低层的人数更多，尤其是底部的样本点比较密集，应该是由大量微利企业和个体业户的经营性收入很低所致。2007—2012 年，极化的趋势比较明显。

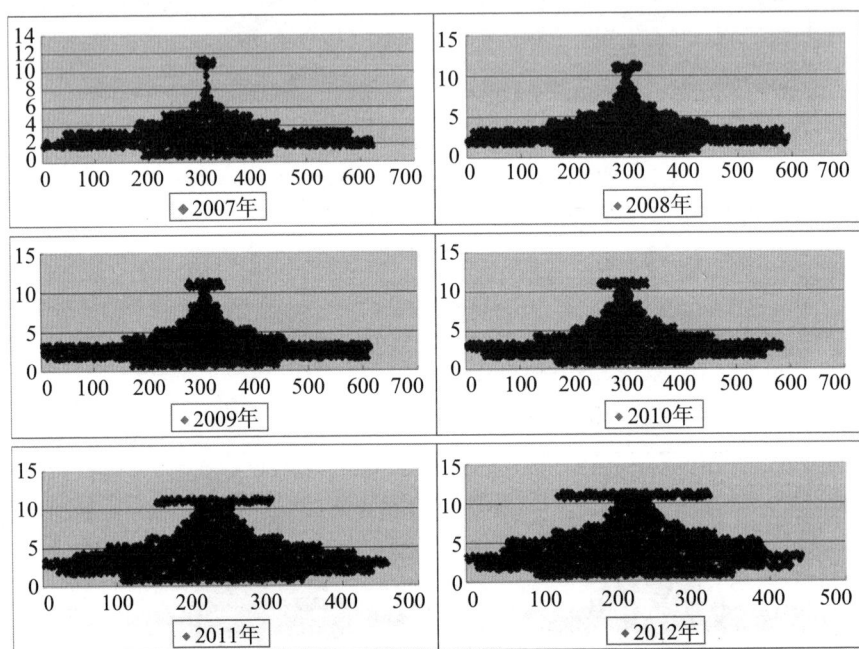

图 2-10　工资性收入＋经营性收入散点图（2007—2012 年）

2.2.6　推动沃尔夫森极化的几个因素

（1）垄断行业贡献度高。

数据显示，金融业的工资增长幅度最大，占 12 万元以上高收入群体就业行业的主体，其次是高科技含量的科学技术、信息产业，而制造业、建筑业和餐饮业这些对 GDP 贡献大、就业人数多的行业收入增长缓慢，教育业有小幅增长，公共管理业基本无增长。我们利用转换成本和行业吸引力两个维度静态地衡量客观垄断程度（张春龙，2006），结果显示：高收入者比例与行业的垄断程度相关度高，与科技含量、对从业者智能要求和行业创新要求等因素的相关度偏低。

（2）国有经济的推动力巨大。

从表 2-3 可知，从经济成分看，国有单位的平均数收入和中位数收入都是最高的，是近年来推动收入极化的重要力量；从单位性质看，事业单位的中位数收入和平均数收入最高，也是近年来推动收入极化的重要力量。即国有经济、行政事业单位是形成右峰的主力，也是推动收入极化的主力。

2.3　刘易斯拐点及其对收入分布的影响

一直以来，刘易斯拐点是一个关于就业状况变化的概念。但我们以为，刘易斯拐点既是一个就业问题，也是一个收入分配问题，因为任何社会变革、任何一种制度重新安排都是一种收入的再分配。经济社会变迁也是一个收入分布变迁问题。在其他条件不变的情况下，刘易斯拐点可以推动低收入群体的工资收入水平提高。在我国，低收入群体的主力军为农村进城务工人员，农村进城务工人员的收入提高可以显著缩小收入分配差距，改善收入分配结构。那么，我国的刘易斯拐点是否到来了，改善收入分配的能力如何？对此，我们将讨论两个问题：一是刘易斯拐点是否已经到来；二是比较和评估刘易斯拐点改善收入分配的力量与沃尔夫森极化恶化收入分配的力量，从而判断我国的收入分布变化趋势。

我国是否进入了刘易斯拐点是很受国内经济学界关注的热点之一。赞同者大多是依据劳动力短缺来判断的，如蔡昉（2007，2010）、钱明亮（2014）等从自 2003 年以来中国沿海甚至部分内陆地区陆续出现的"民工荒"现象得出中国已经出现刘易斯拐点的结论；张黎娜、夏海勇（2013）

还建立了一个空间集聚模型的分析框架，系统地分析了"刘易斯第一拐点"和"刘易斯第二拐点"对城市集聚的影响机制，并认为中国目前正处于两个拐点之间。反对者的论证角度则比较多元，如余宇新和张平（2011）从资本收益与劳动力工资变动相互联系的视角出发，利用大样本企业微观数据对我国刘易斯拐点问题进行了探讨，认为刘易斯拐点已经到来的说法并不完全可靠；李刚（2012）依据两部门实际收入差距和劳动生产率的变化，得出了中国刘易斯拐点尚未到来的结论；李文溥和熊英（2015）甚至从产品市场的视角对刘易斯拐点进行了理论证伪，认为无论是在封闭经济还是在开放经济下，刘易斯拐点都是不存在的。

在反对者的研究中，一个重要的依据是近年来我国收入分配状况没有得到改善。如周建锋（2014）利用马克思劳动力价值实现程度的相关理论对我国劳动力供求状况进行分析，得出了我国并未出现刘易斯拐点的结论，其实证研究的数据资料是城乡收入差距等收入指标，并得出了没有进入刘易斯拐点状态的结论。那么，整体收入分配状况恶化就必然意味着刘易斯拐点没有到来吗？在我国，劳动力短缺不可以再作为判断刘易斯拐点是否到来的依据吗？

关于我国是否出现刘易斯拐点的研究还一直停留在对劳动力供求的简易观察上，没有从农村转移劳动力的工资收入变化及其对社会结构的影响上进行实证研究。针对上述问题，我们对样本数据进行了如下角度的分析：①在考察三项收入合计分配状况变化的前提下，重点观测刘易斯拐点影响较大的工资性收入；②依据农村进城务工人员进入的难易程度、政府的管制程度，借鉴张春龙（2006）的转换成本和行业吸引力两个维度，静态地衡量客观垄断程度，将目前统计口径下的19个行业划分为完全竞争行业和不完全竞争行业两大类①，重点考察刘易斯拐点影响较大的完全竞争行业；③针对刘易斯拐点推动低收入人群工资收入上升的特点，我们

---

① 我们把电力、燃气及水的生产和供应业，金融业，房地产业，教育、卫生社会保障和社会组织，文化、体育和娱乐业，公共管理和社会组织这6个行业归为竞争不充分的不完全竞争行业；把其他13个行业归为完全竞争行业。

以年 5 万元为界①，将样本人群划分为中高收入人群和低收入人群，重点观察低收入群体的情况变化；④对样本的收入分配变化和社会结构变化进行观察，可借助基尼系数、W 指数、ER 指数和社会结构散点图进行分析。

2.3.1 工资收入分配视阈下的刘易斯拐点验证

刘易斯拐点是一个劳动力由过剩向短缺转折的问题，也是一个收入分配问题，表现在：①在农村富余劳动力逐渐减少并最终达到瓶颈状态的过程中，处于劳动力市场底端的农村进城务工人员的收入会逐步提高；②农村进城务工人员收入的提高是实质性的，名义收入增长率高于物价上涨率；③农村进城务工人员收入的提高幅度大于同类城市劳动力的收入上涨幅度；④农村进城务工人员收入的逐步提高，会推动低端劳动力市场的整体工资水平缓慢上升。

因此，如果我国进入了刘易斯拐点状态，在收入分配上会有如下表现：①收入分配状况会改善，应该在基尼系数、W 指数或 ER 指数上都有所体现；②有所改善的指数越多，我国进入了刘易斯拐点状态的结论越确定；③相关指数改善幅度越大，我国进入了刘易斯拐点状态的结论越确定；④完全竞争行业的相关指标变化，较不完全竞争行业的同类指标变化，更能反映刘易斯拐点的问题；⑤农村进城务工人员的主要收入形式是工资，因此，依据工资性收入计算相关指标比依据总收入计算的准确性更高。

由于农村进城务工人员的主要收入是工资性收入，刘易斯拐点对收入分配的影响也主要体现在对工资性收入分配状况的影响上。同样，我们将全部行业分为完全竞争与不完全竞争两大类，按竞争程度划分的工资性收入的基尼系数、W 指数和 ER 指数参见表 2-14。

---

① 我们的调研显示，农村进城务工人员的一般年收入以 3 万～4 万元为主。

表 2-14　按竞争程度划分的工资性收入三项指标变化情况比较

基尼系数

	2007 年	2008 年	2009 年	2010 年	2011 年	2012 年	2012 年比 2007 年增减	年均增减率
完全竞争	0.298	0.323	0.294	0.294	0.407	0.416	0.118	6.94%
不完全竞争	0.286	0.286	0.286	0.246	0.305	0.352	0.066	4.25%
全部	0.344	0.352	0.311	0.310	0.419	0.436	0.092	4.83%

W 指数

	2007 年	2008 年	2009 年	2010 年	2011 年	2012 年	2012 年比 2007 年增减	年均增减率
完全竞争	0.317	0.281	0.258	0.247	0.338	0.371	0.054	3.17%
不完全竞争	0.201	0.201	0.201	0.153	0.222	0.247	0.046	4.22%
全部	0.302	0.288	0.292	0.262	0.391	0.385	0.083	4.95%

ER 指数

	2007 年	2008 年	2009 年	2010 年	2011 年	2012 年	2012 年比 2007 年增减	年均增减率
完全竞争	0.096	0.097	0.102	0.098	0.098	0.097	0.001	0.38%
不完全竞争	0.091	0.091	0.091	0.093	0.096	0.116	0.025	5.03%
全部	0.102	0.099	0.098	0.094	0.096	0.098	−0.004	−0.75%

在表 2-14 反映 2012 年相对于 2007 年收入分配状况变化的年均增减率中，表示收入分配状况恶化的正指标有 8 个，表示改善的负指标有 1 个，且负指标的幅度很小，仅有 0.004 的降幅，可以据此做出收入分配状况恶化、没有进入刘易斯拐点状态的结论。

2.3.2　低收入和中高收入群体的分别考察

刘易斯拐点的主要影响人群是低收入群体，但要观察到这种影响，在刘易斯拐点影响力较大时，仅考察全部成员的收入分配和社会结构变化情况就可以做出明确判断；如果刘易斯拐点的影响力较弱，又有其他力量抵消影响时，仅仅考察全部成员的收入分配和社会结构变化情况是不够的。

为此，我们按照收入水平高低，将全体成员划分为低收入和中高收入两类，分别考察其收入分配和社会结构变化情况，以便得出更加准确的结论。

依据中位数收入、农村进城务工人员主要从业行业的收入分布特征等因素，我们以年收入 50 000 元为界，将全体成员划分为两大群体，年收入 50 000 元以下（包括 50 000 元）者为低收入群体，年收入 50 001 元以上者为中高收入群体，利用基尼系数、W 指数和 ER 指数三项指标分别考察两个群体内部的收入分配和社会结构变化，以辅助我们的判断。

（1）低收入群体的相关指标变化。

对于年收入低于 5 万元的群体来说，如果出现刘易斯拐点，农村进城务工人员收入提高时会令该人群中的"高收入"人数增加，工资性收入差距会扩大、社会结构会有向上流动的表现，社会成员间的亲和关系会增强。表 2-15 和表 2-16 分别是年收入 5 万元以下人群的三项收入合计和工资性收入的三项指标变化情况。

表 2-15 5 万元以下人群工资性收入＋经营性收入＋转移性收入三项收入合计的三项指标变化

基尼系数

	2007 年	2008 年	2009 年	2010 年	2011 年	2012 年	2012 年比 2007 年增减	年均增减率
完全竞争	0.303	0.292	0.278	0.273	0.298	0.289	−0.015	−0.99%
不完全竞争	0.341	0.300	0.306	0.290	0.291	0.259	−0.082	−5.35%
全部	0.307	0.295	0.280	0.275	0.298	0.288	−0.019	−1.24%

W 指数

	2007 年	2008 年	2009 年	2010 年	2011 年	2012 年	2012 年比 2007 年增减	年均增减率
完全竞争	0.262	0.269	0.338	0.294	0.329	0.267	0.005	0.37%
不完全竞争	0.216	0.146	0.174	0.159	0.220	0.269	0.052	4.44%
全部	0.282	0.289	0.323	0.291	0.319	0.262	−0.019	−1.40%

续表

ER 指数

	2007 年	2008 年	2009 年	2010 年	2011 年	2012 年	2012 年比 2007 年增减	年均增减率
完全竞争	0.093	0.093	0.096	0.093	0.091	0.089	−0.004	−0.84%
不完全竞争	0.111	0.111	0.114	0.106	0.103	0.093	−0.018	−3.56%
全部	0.093	0.093	0.096	0.094	0.091	0.089	−0.004	−0.85%

表 2-16　5 万元以下人群工资性收入的三项指标变化

基尼系数

	2007 年	2008 年	2009 年	2010 年	2011 年	2012 年	2012 年比 2007 年增减	年均增减率
完全竞争	0.274	0.274	0.212	0.196	0.297	0.305	0.032	2.21%
不完全竞争	0.203	0.203	0.203	0.167	0.147	0.140	−0.063	−7.21%
全部	0.278	0.277	0.215	0.198	0.294	0.301	0.023	1.60%

W 指数

	2007 年	2008 年	2009 年	2010 年	2011 年	2012 年	2012 年比 2007 年增减	年均增减率
完全竞争	0.301	0.285	0.184	0.189	0.275	0.292	−0.009	−0.61%
不完全竞争	0.190	0.190	0.190	0.147	0.170	0.172	−0.018	−2.01%
全部	0.303	0.272	0.200	0.204	0.268	0.284	−0.019	−1.32%

ER 系数

	2007 年	2008 年	2009 年	2010 年	2011 年	2012 年	2012 年比 2007 年增减	年均增减率
完全竞争	0.092	0.090	0.094	0.091	0.089	0.092	0.000	0
不完全竞争	0.113	0.113	0.113	0.116	0.121	0.126	0.013	2.23%
全部	0.092	0.090	0.095	0.091	0.089	0.093	0.001	0.16%

表 2-15 和表 2-16 的结果显示，只有表 2-16 中的完全竞争行业的工资性收入的指标变化情况符合上述推测，符合刘易斯拐点到来后在低收入人群中引起的变化的特征，如基尼系数以 2.21% 的速度扩大，W 指数

在改善，ER指数没有变化。而其他情况下的指标变化完全不符合推测，尤其是不完全竞争行业的指标变化，几乎全部都是反向的变化且幅度比较大，从而改变了整体的收入分配和社会结构变化趋势。

与工资性收入的指数变化相比，表2-15的三项收入合计的三项指标变化幅度较小，也不符合我们关于刘易斯拐点的推测。这应该是两个因素影响的结果：一是转移性收入改善了收入分配；二是经营性收入下滑普遍且幅度较大，抵消了工资性收入提高的影响。

（2）中高收入群体的相关指标变化。

收入相对较高的群体，受刘易斯拐点的影响较小。在收入分配和社会结构方面，刘易斯拐点的影响主要是出现刘易斯拐点后农村进城务工人员由原来的低收入阶层进入了中等收入阶层，甚至是较高收入阶层，但能够影响到相关指数变化的人数需要足够大，至少是刘易斯拐点推动向上流动的人数要超过那些因其他因素向下流动的人数。

表2-17和表2-18的结果显示，5万元以上人群完全竞争行业工资性收入的三项指标都在恶化，速度较快，基尼系数的年均增长率为9.13%，W指数的年均增长率为2.13%，ER指数的年均增长率为1.91%。而且，工资性收入的分化速度快于三项收入合计、不完全竞争行业快于完全竞争行业、5万元以上群体的分化速度快于全部群体的分化速度。

表2-17 5万元以上人群工资性收入＋经营性收入＋转移性收入

三项收入合计的三项指标变化

基尼系数								
	2007年	2008年	2009年	2010年	2011年	2012年	2012年比2007年增减	年均增减率
完全竞争	0.424	0.392	0.360	0.358	0.349	0.334	−0.090	−4.64%
不完全竞争	0.248	0.274	0.275	0.260	0.292	0.332	0.084	6.03%
全部	0.363	0.362	0.344	0.335	0.336	0.336	−0.027	−1.54%

续表

W 指数

完全竞争	1.542	1.084	0.855	0.838	0.758	0.844	−0.699	−11.37%
不完全竞争	0.949	0.940	0.879	0.639	0.701	0.734	−0.215	−5.01%
全部	1.104	0.942	0.805	0.805	0.721	0.782	−0.322	−6.65%

ER 指数

完全竞争	0.551	0.378	0.295	0.283	0.263	0.251	−0.300	−14.57%
不完全竞争	0.284	0.315	0.312	0.232	0.206	0.231	−0.053	−4.08%
全部	0.424	0.363	0.302	0.272	0.240	0.239	−0.185	−10.81%

表 2-18 5 万元以上人群工资性收入的三项指标变化

基尼系数

	2007 年	2008 年	2009 年	2010 年	2011 年	2012 年	2012 年比 2007 年增减	年均增减率
完全竞争	0.154	0.123	0.127	0.151	0.231	0.239	0.085	9.13%
不完全竞争	0.176	0.176	0.176	0.175	0.247	0.305	0.129	11.62%
全部	0.171	0.154	0.152	0.162	0.237	0.266	0.096	9.29%

W 指数

完全竞争	0.611	0.412	0.361	0.478	0.564	0.679	0.068	2.13%
不完全竞争	0.864	0.864	0.864	0.585	0.597	0.649	−0.215	−5.55%
全部	0.780	0.566	0.461	0.517	0.574	0.705	−0.075	−2.00%

ER 指数

完全竞争	0.163	0.115	0.109	0.124	0.167	0.179	0.016	1.91%
不完全竞争	0.201	0.201	0.201	0.161	0.160	0.194	−0.007	−0.72%
全部	0.190	0.153	0.136	0.139	0.163	0.184	−0.006	−0.61%

　　显然，低收入群体中因刘易斯拐点而改善的收入分配，被中高收入分化的影响所抵消。

（3）小结。

上述分析可以得出如下基本结论：首先，在2007—2012年期间我国还是出现了刘易斯拐点，并影响了社会结构，尤其是完全竞争行业的低收入群体向上流动更加明显，令社会结构由倒T形收敛成较典型的金字塔形，社会结构在中低阶层部分得到了改善。

其次，与收入分配相比，社会结构变化在判断刘易斯拐点问题上更加准确。从表象上看，刘易斯拐点描述的是劳动力短缺引起第一部门劳动力工资上升问题，是一个收入分配问题。但影响收入分配的不只是刘易斯拐点，还有诸如沃尔夫森极化等因素，2007—2012年期间我国收入分配恶化，就是刘易斯拐点的推动和沃尔夫森极化共同作用的结果，沃尔夫森极化的影响力超过了刘易斯拐点，就会令人得出刘易斯拐点没有出现的结论。收入分配的重要评价指标是基尼系数，而同一基尼系数会对应着多条洛伦茨曲线、多种社会结构。当低收入阶层的收入上涨改善了中低阶层的社会结构时，基尼系数并不一定会因此而下降，因此在判断刘易斯拐点时，社会结构更加直观准确。

再次，劳动力短缺还是可以作为判断刘易斯拐点出现的依据的。得出刘易斯拐点已到来结论的大多数研究是以劳动力短缺作为依据的。虽然我国的劳动力供求关系受到多重因素影响，但劳动力短缺这一现象还是可以有效而直接地反映出刘易斯拐点。周建锋（2014）通过分析劳动力供求状况得出了我国并未出现刘易斯拐点的结论，但他是利用马克思劳动力价值实现程度的相关理论对劳动力供求状况进行分析的，而且在分析中借助了包括城乡收入差距这样一些收入分配指标，因而并不能据此否定劳动力短缺在判断刘易斯拐点上的重要作用。

最后，刘易斯拐点在缩小收入分配差距、改善社会结构方面的有益作用应该受到肯定与推动，而不应以人口红利会消失等理由加以阻止。刘易斯拐点是众多农村进城务工人员增收脱贫的希望所在，也是城乡社会融合的重要路径，是值得期待和推动的事情。刘易斯拐点会加剧人口红利消失、使引进劳动力成本增加从而降低经济增长速度等借口不应成为阻止其发生的理由。

2.4 城乡居民经营性收入对接考察

限于数据的可获得性，多年来关于经营性收入的研究主要是针对农村居民的，极少涉及城市居民。王瑜瑾（2012）采用主成分回归分析法，分析了科技发展、财政投入、播种面积对农业收入的正向影响和就业人数对农业收入的负向影响；范金等（2010）采用动态经济计量方法研究了南京市农民家庭经营性收入与科技水平之间的相关性。关于城乡居民收入的研究则以包括工资性收入、经营性收入、财产性收入和转移性收入在内的总收入差距为主，如蔡昉（2000、2003）、李实和岳希明（2004）以及王兆君等（2012），很少区分收入来源和性质。白素霞等（2013）倒是从收入来源的视角研究了我国的城乡差距，认为家庭经营收入作为农村居民家庭的重要收入来源，在缩小城乡收入差距方面的优势逐渐丧失。该研究是相关研究的一种突破，但没有把城乡对接起来研究。

总体来看，目前的研究存在如下问题：（1）主要停留在笼统的城乡居民总体收入差距的研究上，没有针对经营性收入进行剖析，没有考虑经营性收入的特殊性；（2）针对城市居民经营性收入的研究极少；（3）没有把城市与农村对接起来研究，没能反映城乡居民经营性收入的整体情况。本书试图将城市和农村对接起来，就城乡居民经营性收入近年来的变化轨迹进行实证研究，以揭示在城乡居民收入差距缩小的同时，收入极化问题仍然存在的现实。

2.4.1 数据来源和指标选择

本书对大连市 10 万户企业、36 万个体户、11 万务农劳动力在 2007—2012 年期间的经营性收入进行了调研，依据不同规模企业的股东平均数进行了折合，构成了以劳动力个人为主体、以万元为级距的居民经营性收入分组资料，以分析居民经营性收入的分布。除 11 万务农劳动力经营性收入的样本外，关于农村居民经营性收入的资料还有：一是国家统计局公布的"农村居民家庭平均每人经营纯收入"的统计数据，以补充和完善我们的典型调研结果；二是近年来大连市农村人口的统计资料，对应于城市居民经营性收入的"普查性"调研样本。

在城乡收入对接研究中，一个难题就是数据的一致性问题。多年来，我们对城市居民采用"居民可支配收入"指标，对农村居民采用"农民纯收入"指标，这两个指标之间有一定的差异，该差异是影响城乡居民收入统一计量研究的重要因素。但在居民经营性收入的研究中，数据间的衔接基本没有上述障碍。经营性收入是人们通过经常性的生产经营活动而取得的收益①，国家统计局没有对城市居民的经营性收入进行定义，对农村采用的是"家庭经营收入"指标，定义为"农村住户以家庭为生产经营单位进行生产筹划和管理而获得的收入。农村住户家庭经营活动按行业划分为农业、林业、牧业、渔业、工业、建筑业、交通运输业、邮电业、批发和零售贸易业、餐饮业、社会服务业、文教卫生业和其他家庭经营"，与MBA智库的定义非常接近。② 在统计上，相对于城市，农村的家庭经营收入在计算农业经营收入时可能存在一定的漏损问题，但我们是以万元作为分组级距且样本量较大，遗漏部分不会显著影响我们的分析。在本书中，我们把家庭经营收入折合为按劳动力划分的经营性收入，实现了城乡口径一致。

2.4.2 城乡居民经营性收入现状与变化

（1）城市居民经营性收入现状与变化。

调研结果显示，城市居民经营性收入差距较大，2012 年的基尼系数为 0.521，处于差距较大的状态；W 指数为 0.434，处于开始分化的状态；ER 指数为 0.144，表示两极分化严重。评判城市居民经营性收入差距的

---

① MBA 智库·百科。
② "统计数据：指标解释"，国家统计局网站，2013 - 10 - 29.

标准应该与评判居民可支配收入差距的标准有所不同，在激烈的市场竞争下，居民的经营能力不同导致收入差距很大是正常的现象，该差距比工资性收入差距和转移性收入差距都要大，这也是市场竞争的正常结果，参见表 2-19。

表 2-19　城市居民经营性收入的三项指标

	2007 年	2008 年	2009 年	2010 年	2011 年	2012 年	2012 年比 2007 年增减
基尼系数	0.541	0.547	0.549	0.546	0.531	0.521	−0.020
W 指数	0.358	0.381	0.385	0.405	0.451	0.434	0.076
ER 指数	0.203	0.182	0.198	0.185	0.158	0.144	−0.059

表 2-19 还显示，2007—2012 年，城市居民的经营性收入差距呈缩小的趋势，基尼系数由 2007 年的 0.541 缩小到了 2012 年的 0.521，缩小了 2 个百分点。W 指数由 2007 年的 0.358 扩大到了 2012 年的 0.434，增加了 7.6 个百分点，是三项指标中唯一的扩大项。这说明在市场竞争下，企业间的分化在加剧。ER 指数从 2007 年的 0.203 下降到了 2012 年的 0.144，下降了 5.9 个百分点。虽然 ER 指数一直在 0.1 以上，都属于两极分化严重的状态，但考虑到 ER 指数是在 0~0.1 之间来判断极化的情况，5.9 个百分点是一个非常大的幅度，说明 2007—2012 年，组内成员的认同感与组间成员的疏离感相比，认同感逐渐超过疏离感，这种变化与市场经济发挥越来越大的作用，不同收入组间差距在缩小有关，是市场经济下人们之间的收入疏离感降低、竞争更加公平、相互间认同感更强的缘故。

（2）农村居民经营性收入现状与变化。

与城市居民经营性收入分配状况相比，农村居民经营性收入的差距要小很多。2012 年农村居民经营性收入的基尼系数为 0.341，对于经营性收入来说，这个差距水平还是非常小的；W 指数为 0.331，分化程度也很低，与市场竞争下一般会有很大的分化明显不同；ER 指数为 0.018，为两极分化不显著的状态，参见表 2-20。

表 2-20　农村居民经营性收入的三项指标①

	2002 年	2005 年	2007 年	2008 年	2009 年	2010 年	2011 年	2012 年	2012 年比 2002 年增减
基尼系数	0.260	0.285	0.299	0.311	0.328	0.317	0.348	0.341	0.082
W 指数	0.256	0.285	0.295	0.298	0.337	0.329	0.345	0.331	0.075
ER 指数	0.007	0.009	0.011	0.012	0.013	0.014	0.018	0.018	0.011

表 2-20 还显示，在 2002—2012 年间，农村居民的经营性收入差距也呈扩大的趋势，基尼系数由 2002 年的 0.260 扩大到了 2012 年的 0.341，增加了 8.2 个百分点；W 指数由 2002 年的 0.256 扩大到了 2012 年的 0.331，增加了 7.5 个百分点，与基尼系数扩大的速度接近，也低于城市居民间的经营性收入差距的扩大速度；与城市的变化不同，农村的 ER 指数表现为扩大的状态，从 2002 年的 0.007 扩大到 2007 年的 0.011、2012 年的 0.018，但仍然属于两极分化不显著状态。

（3）城市与农村对接后的居民经营性收入现状与变化。

把城市和农村的居民经营性收入对接起来分析，结果显示收入差距要大得多。2012 年，城乡居民经营性收入的基尼系数为 0.608，处于差距较大的状态，且比城市和农村单独计算的基尼系数都要高，这说明是城乡差距把基尼系数比城市内部的 0.521 拉高了 8.7 个百分点；W 指数为 0.631，极化程度比较高，比城市内部的 0.434 高出 19.7 个百分点；ER 指数为 0.187，比城市内部的 0.144 高出 4.3 个百分点，说明城乡差距是收入极化的重要影响因素，参见表 2-21。

表 2-21　城乡居民经营性收入三项指标

	2007 年	2008 年	2009 年	2010 年	2011 年	2012 年	2012 年比 2007 年增减
基尼系数	0.649	0.654	0.650	0.647	0.628	0.608	—0.041

---

① 本表依据国家统计局网站公布的"农村居民家庭平均每人家庭经营纯收入"数据计算。

续表

	2007 年	2008 年	2009 年	2010 年	2011 年	2012 年	2012 年比2007 年增减
W 指数	0.668	0.718	0.642	0.637	0.648	0.631	−0.036
ER 指数	0.289	0.301	0.283	0.277	0.219	0.187	−0.103

表 2-21 还显示，在 2007—2012 年间，城乡居民的经营性收入差距呈缩小的趋势。基尼系数由 2007 年的 0.649 缩小到了 2012 年的 0.608，虽然只缩小了 4.1 个百分点，也反映出城乡差距在收缩的良好势头；W 指数由 2007 年的 0.668 缩小到了 2012 年的 0.631，下降了 3.6 个百分点；ER 指数却下降了 10.3 个百分点，从 2007 年的 0.289 下降到了 2012 年的 0.187，是下降幅度最大的指标，虽然仍属于两极分化严重的状态，但这也说明城乡收入组间差距有较大幅度的下降，疏离感在下降，认同感在增强。

2.4.3　居民经营性收入角度下的社会结构变化

（1）从城市居民经营性收入看城市经营活动人群的社会结构变化。

城市居民经营性收入所反映的社会结构变化如图 2-11 所示。

在 2007—2012 年间，从事经营活动的人数增加较快，高收入人数增加，但低经营性收入人员增加更多，体现为基尼系数的下降；从形状上看，2007 年是非常典型的金字塔形结构，之后人数在增加，低收入和高收入人数都有增加，有逐渐向漏斗形过渡的趋势，表现为 W 指数在上升；在社会结构的变化中，处于底部的原来占比最大的人数在逐渐收缩，并整体向上流动，疏离感让位于认同感，具有明显的市场经济下平等竞争的特征，表现为 ER 指数在降低。

（2）从农村居民经营性收入看农村经营活动人群的社会结构变化。

农村居民经营性收入角度下的社会结构变化在图 2-12 中有直观的展示。在 2002—2012 年，农村居民经营性收入分布一直呈梯形结构，看似

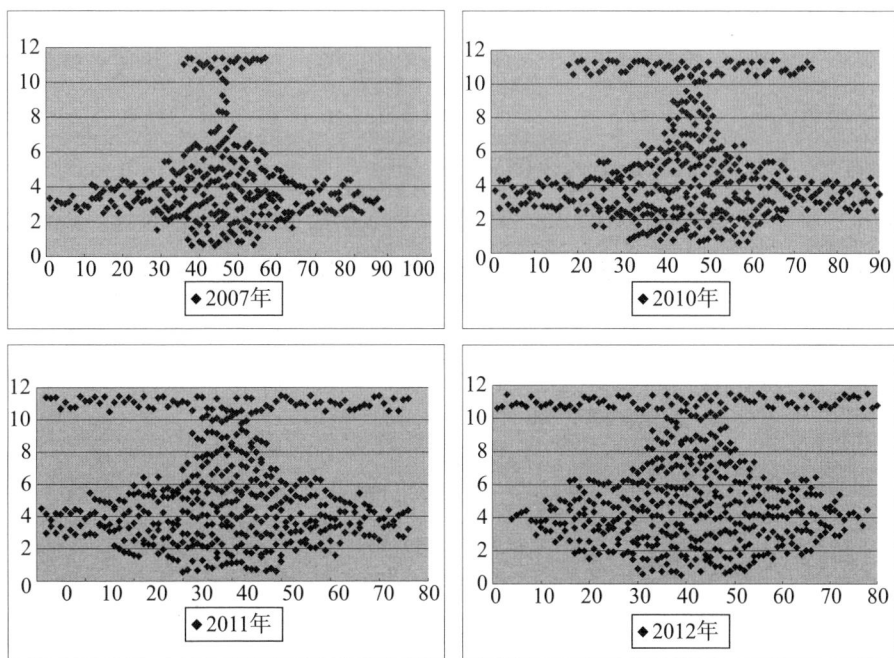

图 2-11　城市居民经营性收入分布散点图

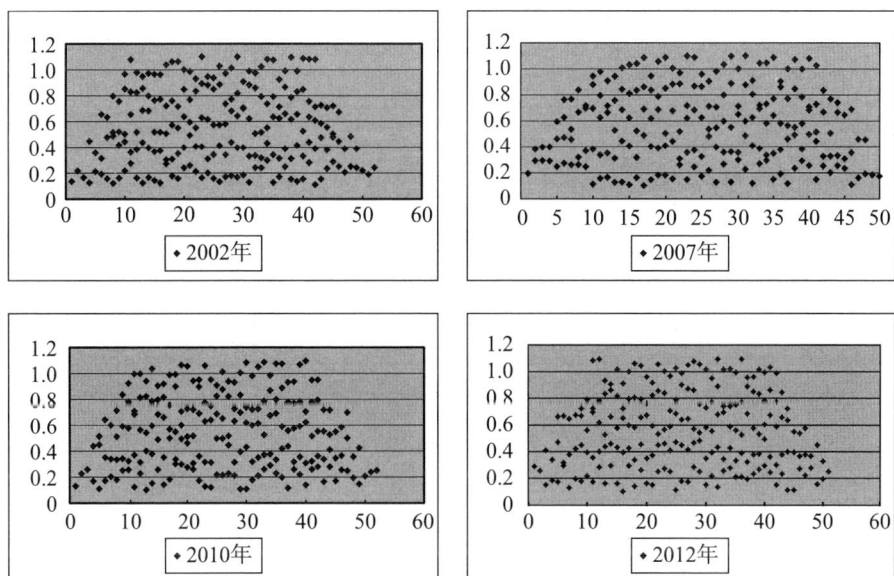

图 2-12　农村居民经营性收入分布散点图

毫无变化，但结合统计数字不难发现，这种梯形结构是一种在收入水平不断提高的前提下所保持的"动态平衡"。2002年，农村居民家庭平均每人家庭经营纯收入为1 487元，2012年为3 533元；农村居民高收入户人均家庭经营纯收入，2002年为3 013元，2012年为8 500元；高收入与平均收入之比从2002年的2.3∶1扩大到了2012年的2.8∶1[①]，因此表现出基尼系数、W指数和ER指数都在增加，但增加的速度较为缓慢的状态。

（3）从城乡居民经营性收入看城乡经营活动人群的社会结构变化。

城乡居民经营性收入角度下的社会结构变化在图2-13中有直观的展

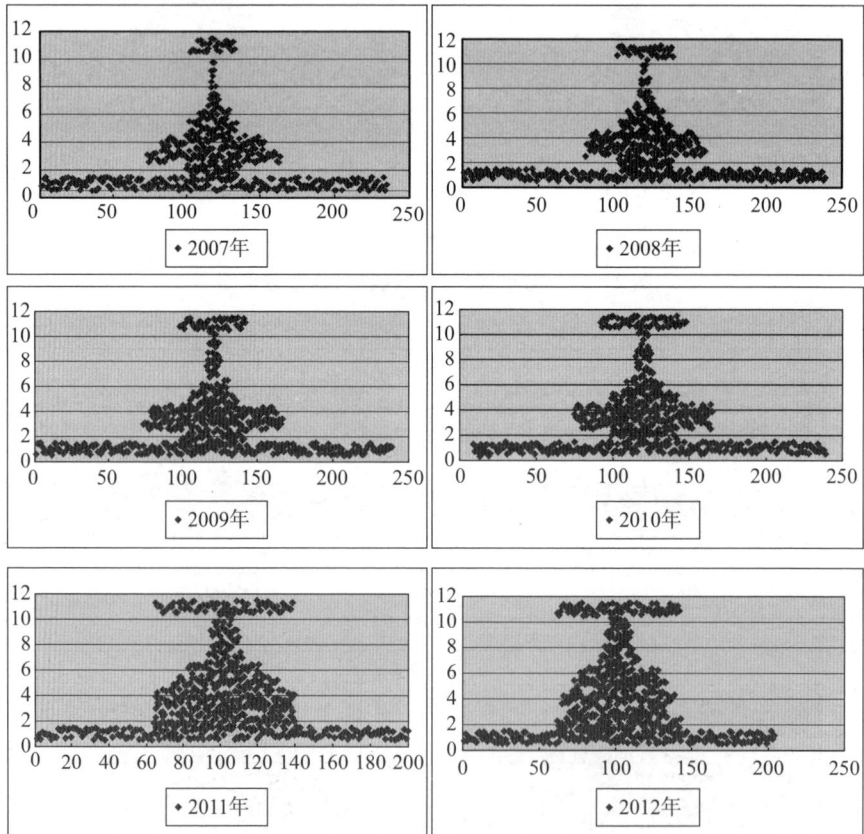

图2-13　城乡居民经营性收入分布散点图

———————

示。在 2007—2012 年间，高收入人数增加很快，底层的人群也在快速地向上流动，并逐渐弥补底部的断层，最后融合在一起，表现为基尼系数的下降；从形状上看，2007 年的金字塔形结构下端有一个"断层"，应该是城乡差距的直观图形体现，像一个隔离带一样，把城市和农村分开。但随着底部的收入向上涌动，社会结构越来越紧密，断层越来越不明显，直至基本融合在一起，说明农村居民的高收入在接近城市的低收入，并逐渐交织融合，共同构成城乡收入结构的底端，表现为 W 指数在降低，社会分化程度在下降；农村居民经营性收入水平提高得益于现代农业的发展，这与城市底端的市场模式有越来越强的认同感，ER 指数在下降，并且幅度很大，达 5 个百分点。

2.4.4　城乡差距缩小但收入极化的速度很快

在城市居民经营性收入缩小和农村居民经营性收入扩大的双重作用下，城乡居民经营性收入对接后显示出差距缩小的状态。如不考虑其他因素，从居民经营性收入角度看，城乡差距在缩小，并且由原来断裂的状态逐渐融为一体，但农村居民仍然处于金字塔的底部。这显然与白素霞等（2013）的"家庭经营性收入作为农村居民家庭的重要收入来源，在缩小城乡收入差距方面的优势逐渐丧失"的结论有出入。城乡差距缩小，一方面得益于农村居民的收入提高，得益于政府的惠农政策；另一方面则是由城市企业的经营环境恶化，城市居民的经营性收入增长缓慢甚至总体有所下降所致。

但是，相关指数和散点图显示，收入极化问题存在，并且扩大速度很快。

2.5　小　结

2.5.1　我国正在发生沃尔夫森极化且速度很快

无论是比较基尼系数、W 指数、ER 指数，还是直接观察散点图的变化，都显示出我国正在发生收入极化，且速度很快。收入极化的速度快于收入分配差距扩大的速度。

2.5.2 刘易斯拐点在改善收入分配，但力量很弱

我们从收入分配和社会结构的角度分别考察刘易斯拐点，确定它确实存在过。刘易斯拐点可以改善收入分配，可以抑制收入极化，但其力量很弱，尤其是在面对强大的沃尔夫森极化力量时，它改善收入分配的能力有限。

2.5.3 城乡居民经营性收入也在极化

对城乡居民经营性收入分布及其变化的实证研究显示，城乡差距在缩小但收入极化的速度很快，农村居民仍然处于金字塔的底部。同时，由于城市中小企业的经营环境恶化，城市居民经营性收入增长缓慢，甚至总体有所下降。

3 流量财富归集路径的收入极化影响

我国的流量财富归集路径有市场分配、财政分配，以及既有流量财富又有存量财富的腐败。其中，市场分配路径又分为完全竞争市场分配和不完全竞争市场分配。

财富有流量财富和存量财富之分。流量财富如工资、利润、利息和地租等，是我们关于收入分配讨论的主要对象，一直是社会和学界关注的重点。但关注的角度不同，对流量财富的划分视角也不同。

大量的西方相关研究将收入分配与个人的素质因素挂钩，如专业技能、受教育程度、性别、身体条件、家庭初始财富等，研究上述因素的影响和相应的社会政策。影响收入分配差距的还有社会性因素，比如经济发展水平、金融市场效率、社会排斥等。本课题则是从财政社会的角度，依据中国财富转移路径来剖析影响收入极化的财政原因、影响程度与财政制度。在中国的财富转移路径中，流量财富的转移路径有市场分配、财政分配，以及既有流量财富又有存量财富的腐败。其中，市场分配路径又有完全竞争市场分配和不完全竞争市场分配之分。

3.1 市场分配的收入极化影响

现代发达国家都是市场经济国家，在市场经济下，参与市场初次分配的主要资源是劳动力、资本、土地等，获得收入的形式有工资、利润、利息、租金等。由于每个社会成员的能力、受教育程度、技术水平、拥有的财富资源不同，收入差距很大。但在市场分配中，完全竞争下的市场分配和不完全竞争下的市场分配还是不同的。

3.1.1 完全竞争市场的收入极化影响

在以完全竞争为基本特征的现代市场经济中，完全竞争所达到的收入分布是一种"原生态"的初次分配。在初次分配以后，可利用财政再分配和政府公共政策的调节达到收入分配均等的目标。

（1）完全竞争市场的收入极化影响的实证研究。

在以完全竞争为基本特征的现代市场经济中，完全竞争所达到的收入分布是一种"原生态"的初次分配。在初次分配以后，通过财政再分配和政府公共政策的调节，达到收入分配均等的目标。

按照目前的统计口径，行业被分为19个大类，分别是农、林、牧、副、渔业，采矿业，制造业，电力、燃气及水的生产和供应业，建筑业，交通运输业，仓储和邮政业，信息传输、计算机服务和软件业，批发和零售业，住宿和餐饮业，金融业，房地产业，租赁和商务服务业，科学研究、技术服务和地质勘查业，水利、环境和公共设施管理业，居民服务和其他服务业，教育、卫生社会保障和社会组织，文化、体育和娱乐业，公共管理和社会组织。

依据政府的管制程度，借鉴张春龙（2006）的转换成本和行业吸引力两个维度，静态地衡量客观垄断程度，我们把电力、燃气及水的生产和供应业，金融业，房地产业，教育、卫生社会保障和社会组织，文化、体育和娱乐业，以及公共管理和社会组织这6个行业视为不完全竞争行业，其余13个行业则为完全竞争行业，即它们在此被视为竞争比较充分的行业，用来分析完全竞争下市场分配的结果。

①三项指标。三项指标结果显示，被我们当做收入分布"原生态"的完全竞争行业的收入分配差距较大，收入极化低于综合水平，蓝领人员与白领人员、管理人员之间的收入疏离多、亲和少。

我们依据"13 个完全竞争行业的工资性收入＋经营性收入＋转移性收入"计算三项指标，结果如下：2007 年的基尼系数是 0.406，到 2012 年扩大到了 0.451，增加了 0.045，在 2011 年有拐点；2007 年的 W 指数是0.300，到 2012 年扩大到了 0.336，增加了 0.036，拐点也在 2011 年；ER指数在 2007 年为 0.119，到 2012 年略降，为 0.117，其拐点在 2009 年，参见表 3-1。

表 3-1　13 个完全竞争行业的三项指标

	2007 年	2008 年	2009 年	2010 年	2011 年	2012 年	增减	年均增长率
基尼系数	0.406	0.424	0.434	0.444	0.465	0.451	0.045	2.12％
W 指数	0.300	0.338	0.348	0.333	0.361	0.336	0.036	2.29％
ER 指数	0.119	0.128	0.134	0.131	0.124	0.117	−0.002	−0.34％

表 3-1 是完全竞争下的收入分布及变化情况，它反映了完全竞争下收入分布的基本情况。但这种情况与全部的收入分布状况相比很有特点，参见表 3-2。

表 3-2　13 个完全竞争行业的三项指标与全部收入三项指标比较

		2007 年	2008 年	2009 年	2010 年	2011 年	2012 年	年均增减率
基尼系数	完全竞争	0.406	0.424	0.434	0.444	0.465	0.451	2.12％
	全部	0.403	0.429	0.437	0.450	0.470	0.465	2.90％
	比较	0.003	−0.005	−0.003	−0.006	−0.005	−0.014	
W 指数	完全竞争	0.300	0.338	0.348	0.333	0.361	0.336	2.29％
	全部	0.320	0.383	0.383	0.369	0.399	0.395	4.30％
	比较	−0.020	−0.045	−0.035	−0.036	−0.038	−0.059	
ER 指数	完全竞争	0.119	0.128	0.134	0.131	0.124	0.117	−0.34％
	全部	0.115	0.124	0.125	0.124	0.120	0.116	0.17％
	比较	0.004	0.004	0.009	0.007	0.004	0.001	

A. 从基尼系数看，完全竞争行业自身的收入分配差距比较大，但略低于综合水平。除 2007 年外，其余年份的完全竞争行业基尼系数均低于

综合水平，且低于综合水平的幅度在增大，这应该是竞争越来越充分、提高最低工资水平政策的实行、劳动力短缺、刘易斯拐点、提高养老金标准等因素共同作用的结果。

B. 从 W 指数看，完全竞争行业的极化现象好于综合水平。W 指数是三项指标中唯一全部低于综合水平的指标，虽然总体收入的 W 指数在 0.3 和 0.4 之间，也不算太高，但总体的 W 指数的扩大速度是三项指标中最快的，说明不完全竞争在收入极化问题上的推动能力是很强的，需要引起关注。

C. 从 ER 指数看，完全竞争行业与综合水平相近，都属于极化严重状态，但指数略高。这可能是由于我们并没有加入财产性收入，没有考虑赡养收入，离退休人员单纯依靠养老金，致使在职职工与离退休人员组间的收入疏离多、亲和少，ER 指数达到了严重极化状态。

②散点图。散点图显示完全竞争行业的收入分布与总体收入分布非常接近，说明完全竞争行业的收入分布奠定了总体收入分布的基础，但二者之间的差距也非常明显，参见图 3－1。

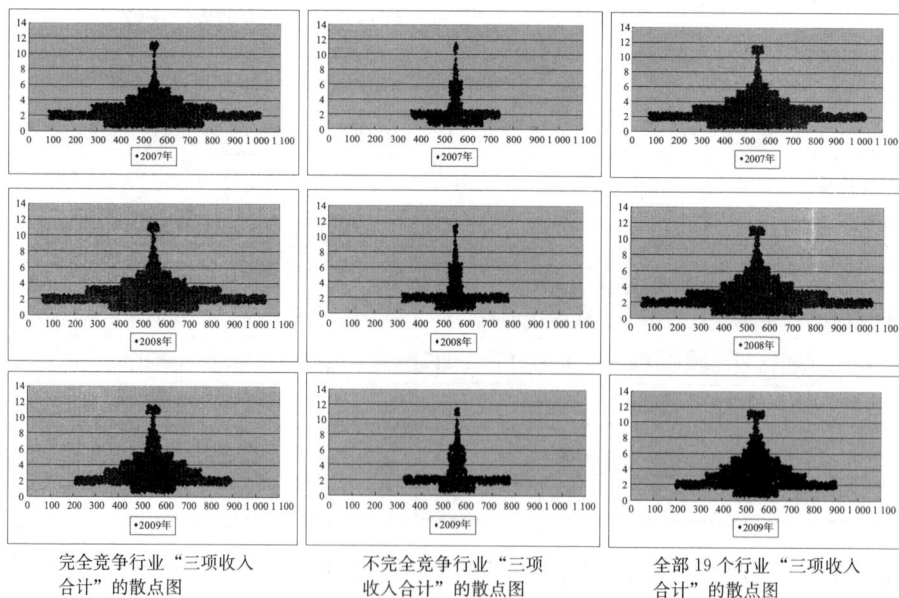

完全竞争行业"三项收入合计"的散点图　　不完全竞争行业"三项收入合计"的散点图　　全部 19 个行业"三项收入合计"的散点图

图 3－1　按竞争程度划分的"三项收入合计"散点图比较

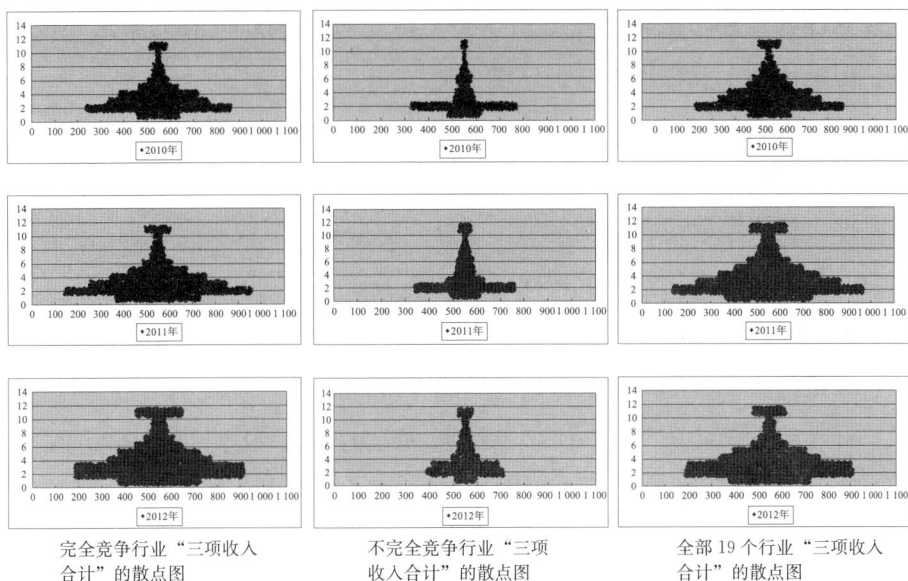

完全竞争行业"三项收入　　不完全竞争行业"三项　　全部19个行业"三项收入
合计"的散点图　　　　　　　收入合计"的散点图　　　　　合计"的散点图

图 3-1　按竞争程度划分的"三项收入合计"散点图比较（续）

A. 总体形状非常接近，说明完全竞争行业收入加转移性收入的收入分布是总体收入分布的基础。由于我们不容易测算出比完全竞争市场分配更"原生态"的收入分布状况，所以我们选择了"13 个完全竞争行业的工资性收入＋经营性收入"合计为数字依据，结果也显示这个"原生态"的收入分布与总体状况非常接近，印证了我们的事先评估。

B. 从图 3-1 可见，完全竞争行业的中间力量略显单薄，这应该与不完全竞争行业职工工资收入为中等收入阶层的主要人群相关。不完全竞争行业职工收入较完全竞争行业职工收入为高，可以说他们是中等收入阶层的主要力量，因此，把不完全竞争行业剥离后，完全竞争行业的中间力量就显得比较薄弱，基尼系数也相应较高。

C. 完全竞争行业的底部较大，这应该与完全竞争行业的低收入者较多有关。从 2007—2012 年的变化来看，底部的人数比例有下降的趋势，应该得益于最低工资水平提高、劳动力短缺及刘易斯拐点的作用。完全竞争行业的高收入者虽低于总体比例，但数量很大，应该是其他经济成分

（如外企）中的高薪人员和竞争领域的一些规模以上企业所有者的较高水平经营性收入共同推动所致。在 2007—2012 年，高收入者的增加速度较快，但从比例上看，仍然低于总体水平。

（2）税收是完全竞争市场的财政收益方式。

在完全竞争市场下，税收是最主要的财政收入方式，其次便是公债收入，即以税收型财政收入制度为主，以公债型财政收入制度为辅。除取得财政收益维护政府运转外，现代市场经济国家的税收还被赋予了调节收入分配的职能，对市场经济造成的收入分配差距扩大、收入极化问题进行调节，以抵消市场分配的后果或改变市场分配的前提。

针对市场分配中"富者愈富，贫者愈贫"的马太效应，现代市场经济国家会动用包括歧视性税收、转移支付、教育支出、公共工程等在内的财政工具来调节收入分配。也就是说，现代国家的税收服务于市场经济的公平竞争，也立足于市场经济的机会均等，只有在完善的市场经济下，税收才能有效地发挥调节收入分配的作用。西方的实践也证明，在规范的市场经济下，在机会均等的公平竞争下，这种抵消市场后果的再分配是很有效果的。

（3）福利评价：公平视角与财政社会学视角。

①公平视角。

尽管市场经济不够完善，存在着诸如资源配置失灵、收入分配差距扩大、宏观经济运行不稳定等问题，但市场经济还是有利于公平的。首先，完全竞争市场经济的自由竞争会使市场自动出清，均衡于帕累托最优，使经济在现有资源的约束下达到产出最大，逼近潜在产出水平。丰富的物质财富可以为解决贫困问题提供物质支持，也为缩小收入分配差距提供物质保障。其次，完全竞争下的机会均等是实现社会公平的客观基础。在机会均等的前提下，收入流动性越强，就说明每个人都有机会改变目前的收入状况，至少那些最低收入阶层不会永远被"锁定"在最低收入阶层，而最高收入者也不可能永远处于高收入者的位置。但是，收入分配的机会均等与一个国家的市场经济以及社会公共政策的完善程度之间具有密切的内在关系；在完善的市场经济条件下，政府通过实施公共政策，进而提供公正和机会均等的制度和社会环境，才能够保证不同收入阶层之间的居民收入产生正常的并且较快的流动性。再次，共赢的合作关系。共赢是市场经济的天然原则和目的，它要求市场经济的各运行主体共处同一个平台，政府亦不例外。各运行主体之间的所有利益通过交换来实现，平等的交换没有强制，没有强权，自愿自由，其结果是每一个参与者都能得到好处，而不会向某一方利益单独倾斜。共赢的合作是共同富裕的必要路径。最后，市场经济下的收入分配差距不够均等但比较公平。完善市场经济的核心是机会均等。在公平竞争下，人们的收入与个人能力高度相关，专业技能、受教育程度、性别、是否党员等，是个人收入水平的决定性因素。这符合收入分配公平的基本标准——个人的收入要与个人能力挂钩。在学术研究中，学者们引入了基尼系数、中位数收入、平均数收入等指标，用于衡量收入分配的整体状况，评价收入分配是否公平。但这些指标具有综合性的特点，更多的是从均等性入手，如基尼系数，它关心的是同等比例的人群是否获得了同等比例的收入，关注的是均等问题。均等与公平是两个相互关联又截然不同的概念，极度的不均等是一种不公平，但均等不等于公平，不均等也并不意味着不公平。也就是说，当一个人占有全部收入而其他人的收入几乎为零时，这是既不均等又不公平的；当两个能力不同的人获得了相同的收入时，这也绝不能说是公平的；只有在存在适度的收入差距，能力强者的收入适度地高于能力弱者时，才是社会可接受的。由自由竞争、机会决定的生产要素配置决定了人们的收入水平尽量地与其能力水平接近，可能基尼系数等指标显示差距较大、不够均等，但比较公平，可以实现个人的收入与其个人能力大体相当的目标。

②财政社会学视角。

税收型财政收入制度是现代西方国家的主要财政收入制度。自 20 世纪以来，最主要的财政国家是税收国家、自产国家和租金国家。税收国家的财政收入主要来自私人部门缴纳的税收；自产国家主要是指那些实行计划经济体制的国家，在这些国家，广泛的国家所有制使得国家的财政收入主要来源于国有企业上缴的利润；租金国家是指那些主要依靠国家垄断的自然资源出口而获取租金收入的国家。在不同的财政国家，国家和社会的关系是不同的，财政国家的转型意味着重新构建这一关系，这最终将导致社会和政治的变迁。[①] 税收型财政收入制度的基础是自由竞争、私营部门发展、私有制，并伴随着"税收讨价还价-政治民主模式"，在代议制下，税收政策由政治精英的讨价还价形成，但政治精英的政治生命又受制于选民，虽然不乏特殊的优惠，但尚能保持基本的公平性。在财政社会学的分析框架中，财政收入类型的变迁也是财政国家的转型，即从一种类型的财政国家转向另一种类型的财政国家。

3.1.2 不完全竞争经济的收入极化影响

由于市场毕竟是靠激发人性中的贪婪和其他阴暗要素来创造财富的，市场机制作用下财富的"幂律"分布特征明显（汪丁丁，2011），能力强弱对比使收入差距不断扩大，因此对市场的警惕非常有必要。现实经验和相关研究一再证明，经济中的不完全竞争所带来的不平等比完全竞争导致的收入分配差距更严重，如不合理的行业差距、不合理的职业差距、不合理的所有制差距等，其负面影响是指标数字所不能体现的。

（1）不完全竞争市场分配对收入极化影响的实证研究。

按照目前的统计口径，行业被分为 19 个大类。借鉴张春龙（2006）的转换成本和行业吸引力两个维度，静态地衡量客观垄断程度，我们把电力、燃气及水的生产和供应业，金融业，房地产业，教育、卫生社会保障和社会组织，文化、体育和娱乐业，以及公共管理和社会组织这 6 个行业视为不完全竞争行业，其余 13 个行业则为完全竞争行业。我们将这 6 个行业的"工资性收入＋经营性收入"合计作为数字依据，作为不完全竞争的样本来分析在存在不完全竞争时的市场分配结果。

①三项指标。三项指标结果显示，收入分配差距持续扩大，收入极化呈收敛态势。

---

① 马骏.中国财政国家转型：走向税收国家.吉林大学社会科学学报，2011（1）：18－30.

表 3-3 是 6 个不完全竞争行业的三项指标，结果显示：2007 年的基尼系数是 0.337，到 2012 年扩大到了 0.391，增加了 0.054，在 2010 年有一个凹点，然后继续上扬。这应该与金融危机下国有企业受到更大影响，或者国有部门员工工资福利收入上涨的政策影响有关。2007 年的 W 指数是 0.212，到 2012 年上升到了 0.270，上升了 0.058，同样是在 2010 年有一个凹点，然后继续上扬。ER 指数在 2007 年为 0.103，到 2012 年升为 0.127。虽然一直是严重分化状态，但也显示出收入组间的疏离在加剧。

表 3-3　6 个不完全竞争行业的三项指标

	2007 年	2008 年	2009 年	2010 年	2011 年	2012 年	2012 年比 2007 年增减	年均增减率
基尼系数	0.337	0.361	0.371	0.335	0.359	0.391	0.054	3.02%
W 指数	0.212	0.219	0.222	0.180	0.246	0.270	0.058	4.96%
ER 指数	0.103	0.109	0.112	0.118	0.109	0.127	0.024	4.28%

表 3-3 是不完全竞争下的收入分布及变化情况，它反映了不完全竞争下收入分布的基本情况。但这种情况与全部的收入分布状况相比（参见表 3-4），具有如下特点：

A. 从基尼系数看，不完全竞争行业自身的收入分配差距较小，明显低于综合水平。在金融危机之后的 2010—2011 年期间，低于综合水平的幅度非常明显。不完全竞争行业的基尼系数低于综合水平，除金融危机的影响外，政府的限薪政策也应该是重要的影响因素。

在不完全竞争行业自身的收入分配差距中，一部分不享受体制内待遇的从业人员拉大了这一领域的收入分配差距，否则，该领域的差距会更小。我国的行政事业单位、国有企业中存在大量非公职但从事着公职事务的人员，即所谓的"临时工"。这些"临时工"的权益很难得到保护，他们的收入水平很低，甚至低于私人部门的从业人员。这是由于：首先，他们就职于国有部门，是政府"雇员"，费用由政府财政支付，要提高其薪资，需要纳入政府预算，需要多程序、多机构审批；其次，在一些地区，这些"临时工"的工资收入低于政府制定的最低工资水平线；最后，保护从业人员权益的劳动部门可能对部分政府机构侵害从业人员权益的问题没有足够重视。这些从业人员的数量比较大，在一定程度上扩大了基尼系数。

B. 从 W 指数看，不完全竞争行业自身处于没有分化状态，阳光性的收入非常均等，因为职务待遇、特权等不在我们的统计范围之内。2007—2012 年，不完全竞争行业的 W 指数一直低于综合水平，尤其是 2008—2011 年期间，二者的差距最大，最高达 18.9 个百分点。这应该与金融危机后，中央对国有单位的员工收入加强了监管有关，但并不排除隐性收入和变相福利的问题。

C. 从 ER 指数看，不完全竞争行业的极化水平略好于综合水平，虽然都属于严重极化状态，但不完全竞争行业的 ER 指数在上升，这与综合水平下 ER 指数的水平性波动不同，不完全竞争行业的 ER 指数一路上扬，说明国有部门内部收入组间的疏离感在增强。

表 3-4　6 个不完全竞争行业的三项指标与全部收入三项指标比较

		2007 年	2008 年	2009 年	2010 年	2011 年	2012 年	年均增减率
基尼系数	不完全竞争	0.337	0.361	0.371	0.335	0.359	0.391	3.02％
	全部	0.403	0.429	0.437	0.450	0.470	0.465	2.90％
	比较	−0.066	−0.068	−0.066	−0.115	−0.111	−0.074	—
W 指数	不完全竞争	0.212	0.219	0.222	0.180	0.246	0.270	4.96％
	全部	0.320	0.383	0.383	0.369	0.399	0.395	4.30％
	比较	−0.108	−0.164	−0.161	−0.189	−0.153	−0.125	—
ER 指数	不完全竞争	0.103	0.109	0.112	0.118	0.109	0.127	4.28％
	全部	0.115	0.124	0.125	0.124	0.120	0.116	0.17％
	比较	−0.012	−0.015	−0.013	−0.006	−0.011	0.011	—

②散点图。

A. "三项收入合计"散点图变化。"三项收入合计"散点图显示，不完全竞争行业的收入分布与总体收入分布差别很大，呈现出由橄榄形向漏斗形过渡的特点，参见图 3-1。

从结构上看，不完全竞争行业的"中间力量"非常强大，尤其是2010 年以前，以中等收入为主体的橄榄形结构非常显著，这与不完全竞争行业职工的工资性收入较高，他们成为中等收入阶层的主要力量有关。因此，不完全竞争行业的收入分布的中间部分比较集中，尤其是在2007—2010 年，中等收入人群非常集中，甚至呈现出菱形结构，是典型的单峰状分布。2010 年之后，高收入的人数增长很快，高收入的人数占总人数的比重越来越大，与完全竞争行业的收入分布相比，高收入的人数占比明显偏高。

与人们对不完全竞争行业的收入普遍偏高的预期不同，不完全竞争行业也有许多低收入者，导致收入分配差距较大。从图 3-1 不难看出，在不完全竞争行业的散点图中，一直有相当大数量的低收入人员，基层工作人员、临时工和新入职人员是其主要组成部分，这说明需要关注基层公职人员的收入状况，加快机构改革，减少政府临时工，推进政府购买公共服务的改革。

B. 工资性收入的散点图变化。剔除物价上涨因素对工资性收入的影响后，我们同样将工资性收入分为完全竞争和不完全竞争两大类行业，并重点观察完全竞争行业的散点图所反映的社会结构变化情况，结果参见图3-2。

由图 3-2 可见，完全竞争行业、不完全竞争行业和全部 19 个行业的工资性收入都在向上流动；尤其是 2 万～3 万元级次的人群，向上流动的特征非常明显；完全竞争行业向上流动的人数更多，社会结构由倒 T 形收敛成较典型的金字塔形，这应该是刘易斯拐点的影响痕迹。

（2）不完全竞争市场下的财政收益与制度维护。

在不完全竞争市场下，国有企业利润上缴、专卖专营收入是其主要的财政贡献形式，属于利润型财政收入。当然，利润型财政收入需要制度维护。政府通过国有企业利润上缴获取财政收入需要国有企业制度维护，专卖专营收入则严格执行行政垄断。

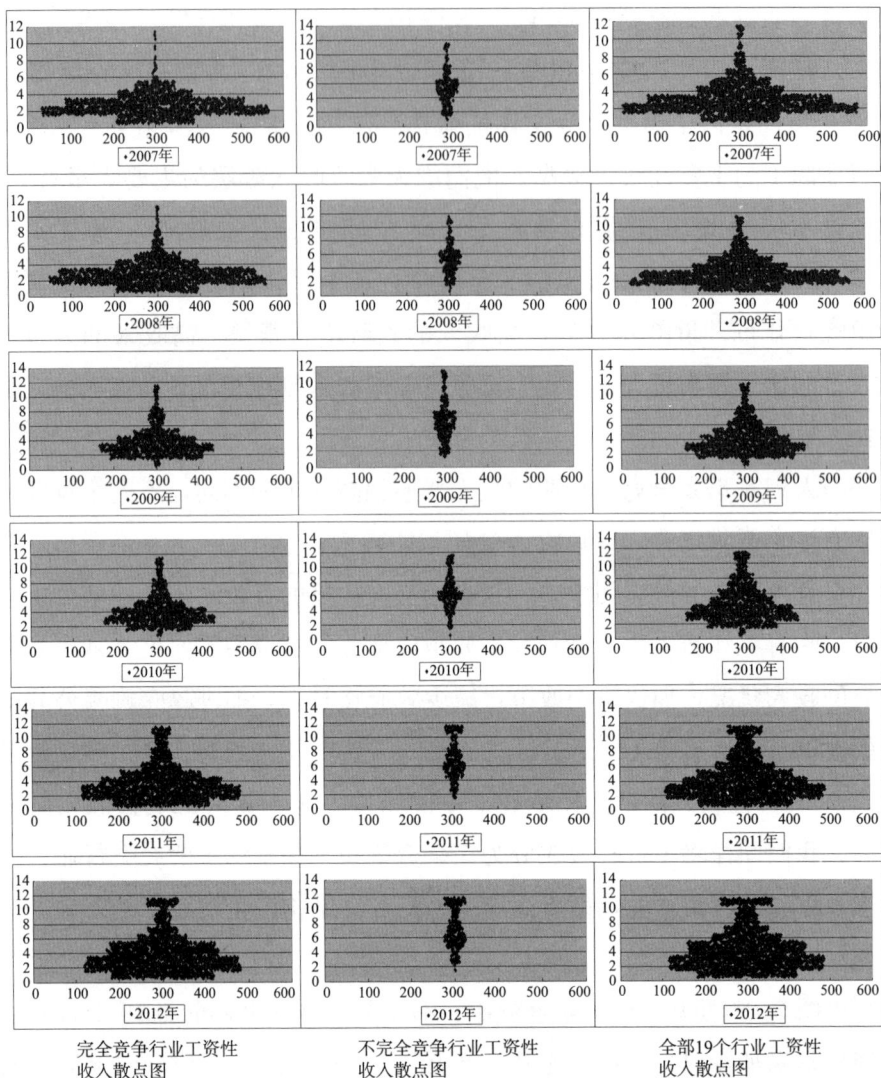

图 3-2　工资性收入散点图比较

完全竞争行业工资性
收入散点图

不完全竞争行业工资性
收入散点图

全部19个行业工资性
收入散点图

　　利润型财政收入在我国的不同时期占有的份额不同。在计划经济时期，国有企业利润上缴收入占财政收入的一半以上，在房地产业尚不发达的 20 世纪 90 年代，烟草企业和制酒企业常年占据着全国利税大户排名前 10 的位置。虽然烟草酒业的利润是以税收的形式上缴国库，亦不能改变其专卖专营的性质，不能改变其利润型财政收入的性质。专卖专营收入严格依赖于行政垄断，是行业准入禁止、特许经营许可等制度带来的财政收益。国有企业利润既可能来源于行政垄断，也可能来源于资源垄断。也就是说，垄断包括行政垄断和资源垄断，是政府利润型财政收入的主要制度基础。这种制度保障相当于在帕累托最优均衡中加入约束条件，通过约束条件使利润向某些产业或某些企业流动，从而为政府收入提供源泉。这时的经济早已不再是完全竞争的经济，资源配置机制发生了扭曲，资源使用效率不可避免地降低。

（3）福利评价：自由视角、财政社会学视角和财政收益漏损视角。

①自由视角。Acemoglu（2009）认为，人均 GDP 在 1 000 美元或 2 000 美元的阶段，GDP 增长会出现一个分岔，民主化市场经济的社会演化路径是向上的，独裁垄断经济的社会演化路径则会向下，后者的 GDP 增长达到前者的一半左右，即垄断会把经济"困"在一个"陷阱"里，其实际产出水平总是无法达到其潜在产出水平，即使是最好、最繁荣的时期，也会在一个远低于潜在产出水平的状态下运行。这种经济无效率状态是古老的财政收入制度的一个必然结果，这个结果反过来又会强化财政对古老制度的依赖，无论是依靠垄断经济生存的员工，还是依靠利润型财政收入维持的政府，都会维护这种竞争不足经济，二者相互依存，互为因果。从自由的视角看，不完全竞争的经济是一个充满约束的经济。这种为取得非税收入而设的垄断，除导致经济社会效率下降、国民财富增长不足外，还有另一个后果就是扩大了收入分配差距，这种差距又不容易通过单个社会成员的努力而逾越，或者说，这是绝大多数社会成员都难以跨越的障碍，会增加国民痛苦，降低国民福利。不完全竞争下的收入分配差距、贫富差距问题是深刻而不可逆的。这种在初次分配中就不公平的状况是很难通过税收调节的。

②财政社会学视角。完善的市场经济是一个能够实现收入流动的经济，是一个最大限度地允许个人通过自身努力实现向上流动的经济，整个社会通过向上流动大于向下流动来改善收入分配不平等，其核心是机会均等。在机会均等的前提下，收入流动性越强，说明每个人都有机会改变目前的收入状况，低收入者不会永远被"锁定"在社会底层，高收入者也不

可能永远处于高端。收入流动可以有效缓解收入不平等所带来的社会压力，降低社会反应的激烈程度。但在不完全竞争下，个人的收入不是与个人能力、技术水平、受教育程度、性别等因素挂钩的，而是与单位的性质、所有制成分、行业归属、地域位置等非个人因素关系密切，这是市场经济不完善的重要体现。由于政府尚未退出竞争性市场，行政壁垒把市场分割成不同的"池子"，"池子"不同，收入水平不同，这种因不完善的市场经济所造成的扭曲，是税收调节工具力不能及的。垄断行业的管理者和职工在自身利益最大化的强烈冲动下，设法把高额垄断利润转化为管理者和职工的非货币性收入，非货币性收入比较隐蔽、不易计量且形式多样，是税收调节不易介入的领域。

自中国实行市场经济改革以来，尽管国企在经济结构中的比重开始下降，但国家并没有采取大规模私有化政策，国企仍在经济中占有举足轻重的地位并向国家缴纳相当大数量的税收。相对于来自私人部门的税收来说，由于行政隶属关系的存在，国家能以比较低的讨价还价成本和监督成本从国企征税，降低国家对私人部门的依赖。因此，对于税收国家转型来说，不仅要看税收在国家财政收入中的比重，而且要看税收在多大程度上来自私人部门。[①]

在自产国家，国家对经济资源的垄断使国家赖以生存的经济资源很少被控制在其他个人和社会团体手中。恰恰相反，广泛的国有或公有制使几乎所有个人和社会团体赖以生存的经济资源都被国家控制。其结果不是国家依赖于社会，而是社会依赖于国家。无论是国家还是人民都容易形成一种自产国家独有的"财政幻觉"，即"国家养人民"。人民因此就很难形成参与政治、影响国家收支政策的要求以及国家财政必须对社会公开、对公民负责的要求。尽管从短期来看自产国家是一种最佳的财政收入汲取模式，但是从长远来看，这种模式是存在风险甚至危机的。一方面，在自产国家，由于经济资源高度集中于国家，人民的福利乃至生存都高度依赖于

---

① 马骏．中国财政国家转型：走向税收国家．吉林大学社会科学学报，2011（1）．

国家财政支出，因此，这种支出责任是极其刚性的。另一方面，由于无法建立有效的激励机制和成本较低的监督机制，从长期来看，自产国家必然会出现经济总产出下滑进而财政收入锐减的风险。总之，过去的历史经验证明，作为一种财政收入生产模式，自产国家是低效率的。[①]

③财政收益漏损视角。垄断利润往往转化为个人的隐性福利，而政府财政收益很少，甚至需要财政补贴。市场经济改革使得国企面临前所未有的挑战，在激烈的市场竞争中，国企经营管理机制的低效率问题暴露无遗，加之国企改革一直处于探索阶段，国企本身无所适从，国企的盈利能力减弱，其对国家财政的贡献大幅下降。20世纪90年代末期的国企改革提高了国企的盈利能力及其对国家财政收入的贡献。但由于国有资产监管问题一直没有解决，一些国有企业隐藏盈利，将其转为内部人的隐性福利，造成巨额的财政收益漏损。

垄断分为自然垄断、资源垄断和行政垄断，自然垄断和资源垄断是困扰西方国家的垄断形式，扼制这两种垄断的呼声持续不断。而我国却保留了很多行政垄断，使限制资源垄断和自然垄断很难达成。新古典经济学高度赞赏完全竞争市场，认为只有完全竞争的企业，才能够兼容生产者剩余最大化、消费者剩余最大化和社会福利最大化，实现多赢。而垄断则不然，无论是国有垄断还是私人垄断，垄断者及其垄断市场地位都对消费者剩余造成侵占、对其他企业的机会形成剥夺，对生产者剩余造成挤压，抑制市场活力，限制市场规模，浪费社会资源，减少社会福利。

3.2 财政分配的收入极化影响

3.2.1 财政分配收入极化影响的实证研究——以个人所得之工薪所得为例

个人所得税是西方社会调节收入分配的主要手段，一般以累进税率、

[①] 马骏. 中国财政国家转型：走向税收国家. 吉林大学社会科学学报，2011（1）.

可以采用家庭申报制为特征，较好地满足了税收的获得性和公平性——纵向公平和横向公平，量能征税，有效"调高"。个人所得税是税收调节的直接调节税种，由于个人所得税从根本上体现了对高收入者多课税，对低收入者少课税或者不课税的量能课税原则，因而能有效地缩小收入分配差距，达到调节收入分配差距的目的，因而它被广泛运用。

但在我国，个人所得税占比一直偏低，从表 3-5 不难看出，在 2003—2012 年间，个人所得税在各项税收中占比最高的年份为 2005 年，但只有 7.28%，调节收入分配的作用受到严重的限制。

表 3-5　我国个人所得税占各项税收合计的比重情况

	2003 年	2004 年	2005 年	2006 年	2007 年
个人所得税（亿元）	1 418.03	1 737.06	2 094.91	2 453.71	3 185.58
各项税收（亿元）	20 017.31	24 165.68	28 778.54	34 804.35	45 621.97
比　重	7.08%	7.19%	7.28%	7.05%	6.98%
	2008 年	2009 年	2010 年	2011 年	2012 年
个人所得税（亿元）	3 722.31	3 949.35	4 837.27	6 054.11	5 820.28
各项税收（亿元）	54 223.79	59 521.59	73 210.79	89 738.39	100 614.28
比　重	6.86%	6.64%	6.61%	6.75%	5.78%

资料来源：本表依据国家统计局网站的年度数据整理而得。

为测算个人所得税对收入分配的影响，我们以征收个人所得税的工资薪金所得为例，依据工资性收入的分组资料，计算计征个人所得税后工资薪金所得的三项指标，结果参见表 3-6。

表 3-6　扣除个人所得税后工资薪金所得的三项指标

	2007 年	2008 年	2009 年	2010 年	2011 年	2012 年
基尼系数	0.399	0.426	0.432	0.443	0.453	0.443
W 指数	0.319	0.382	0.382	0.365	0.392	0.390
ER 指数	0.114	0.123	0.123	0.122	0.115	0.108

比较个人所得税税前和税后收入的三项指标，税后的收入分布状况明显改善，参见表3-7。通过征收个人所得税，基尼系数的降幅最大，2012年为2.2个百分点；W指数的降幅最小，2012年为0.5个百分点；ER指数的降幅居中，2012年为0.7个百分点，考虑到ER指数的敏感性，0.7个百分点也算是一个很大的幅度了。

表3-7　个人所得税税后与税前收入三项指标的比较

		2007年	2008年	2009年	2010年	2011年	2012年
基尼系数	税后	0.399	0.426	0.432	0.443	0.453	0.443
	税前	0.403	0.429	0.437	0.450	0.470	0.465
	比较	−0.003	−0.003	−0.005	−0.007	−0.017	−0.022
W指数	税后	0.319	0.382	0.382	0.365	0.392	0.390
	税前	0.320	0.383	0.383	0.369	0.399	0.395
	比较	0.000	−0.001	−0.001	−0.004	−0.008	−0.005
ER指数	税后	0.114	0.123	0.123	0.122	0.115	0.108
	税前	0.115	0.124	0.125	0.124	0.120	0.116
	比较	−0.001	−0.001	−0.002	−0.003	−0.006	−0.007

我国从2011年9月实行个人所得税制度调整，2012年为完全实行新制度的时间，因此不难看到，2012年的调整幅度和2011年之前相比一般更大，说明修正后的个人所得税制度调节收入分配的能力有所增强。

3.2.2　财政分配顺调节作用之福利分析

我国财政分配发挥了顺调节作用，扩大了收入分配差距。这主要是由于：

（1）在以间接税为主的税制结构下，低收入者比高收入者承担了更重的税负。

我国的税收收入中间接税收入占一半以上，尤其是增值税。增值税是附着在商品上的税收，并随商品的销售和消费最终转移到消费者身上，边际消费倾向较高的低收入者的消费支出又以购买商品为主，实际承担的增值税税负也就更重。刘怡等（2009）也认为间接税恶化了收入分配，尽管这种影响不是非常显著。① 与此同时，能够均衡收入分配的所得税却在财政收入中比重很小，无法有效调节收入分配。

（2）个人所得税的公平作用弱。

个人所得税以货币收入为计税基数，没有将构成个人实质性收入的福利和职务消费等纳入征税范围，加大了科层制差别。有福利和无福利、高福利和低福利、有职务和无职务之间的税收不平等，造成了收入低、税负重的不公平状况。

（3）以购买性支出为主的财政支出结构有利于能力强者。

数十年来，政府财政支出中的大部分是购买性支出，用于购买商品或劳务，由于要遵循等价交换原则，竞争能力强的个人或单位更容易获得政府的购买，因此可以获得更多的好处。

（4）财政支出中用于转移支付的比例在逐步提高，但区域间差距巨大。

在政府间转移支付方面，王绍光在 2002 年的研究结论至今依然有一定的适用性，即在我国决定转移支付的因素中，经济因素权重低于政治因素权重，致使许多不发达地区获得的转移支付资金反而低于经济发达地区。②

实现收入公平分配是财政的重要职能。财政是现代社会用于对抗市场分配马太效应的重要工具，是抵制市场强大的收入极化能力从而减缓收入极化速度的最后一道防线。我国财政应避免推动极化，影响经济社会均衡发展。

---

① 刘怡，等．增值税和营业税对收入分配的不同影响研究．财贸经济，2009（6）．
② 王绍光．中国财政转移支付的政治逻辑．战略与管理，2002（3）．

3.3 腐败的收入极化影响

腐败是一个既包括存量财富直接转移又包括流量财富分配不公的路径，为方便起见，我们将它放在流量财富路径里分析。

3.3.1 从资产变化看腐败的收入极化影响

腐败是一项"地下"活动，隐蔽性强，不易获得收入信息，而且，腐败收入本身是不合规、不合法的，无法用客观的市场标准去衡量。腐败收入可能是现金、银行存款、购物卡、金银财宝、文物字画，也可能是一个工厂、一块地皮、一栋或几栋建筑，五花八门，很难用准确的价格标准去衡量，但是腐败活动的最终结果是腐败者的资产大量增加，我们所调研的房产和银行存款可以一定程度地从侧面反映腐败对资产分布从而对收入分布产生的极化影响。

（1）房产的分布与影响。

表 3-8 是房产的三项指标，结果显示房产的基尼系数和 W 指数都很低，表示分布非常均衡，完全没有极化，也显示出房产还是被作为消费品来看待，作为资本品囤积的成分较小。ER 指数一直处于严重分化的状态，说明房产单元面积从 20 平方米以下到 300 平方米以上不等确实是一个很大幅度的差距。但该指数 2012 年较 2007 年有所下降，应该与小面积住房供给增加有关。就大连籍的居民来说，他们基本通过福利性住房、经济适用房、廉租房、公租房和住房补贴等途径解决了住房问题，只是人均住房面积的大小不同而已。

表 3-8　房产的三项指标

	2007 年	2012 年
基尼系数	0.256	0.263
W 指数	0.205	0.208
ER 指数	0.199	0.194

①居民的住房条件进一步改善，以居住为主。由图3-3可见，2007年居民房产单元面积集中在30～105平方米，占总套数的81％；到2012年，房产单元面积则集中在30～130平方米，占总套数的89％，70～90平方米面积段的住房增加明显，表示有更多居民的住房条件得到了改善。与2007年相比，2012年的房产分布是双峰状，第一峰在50～80平方米，

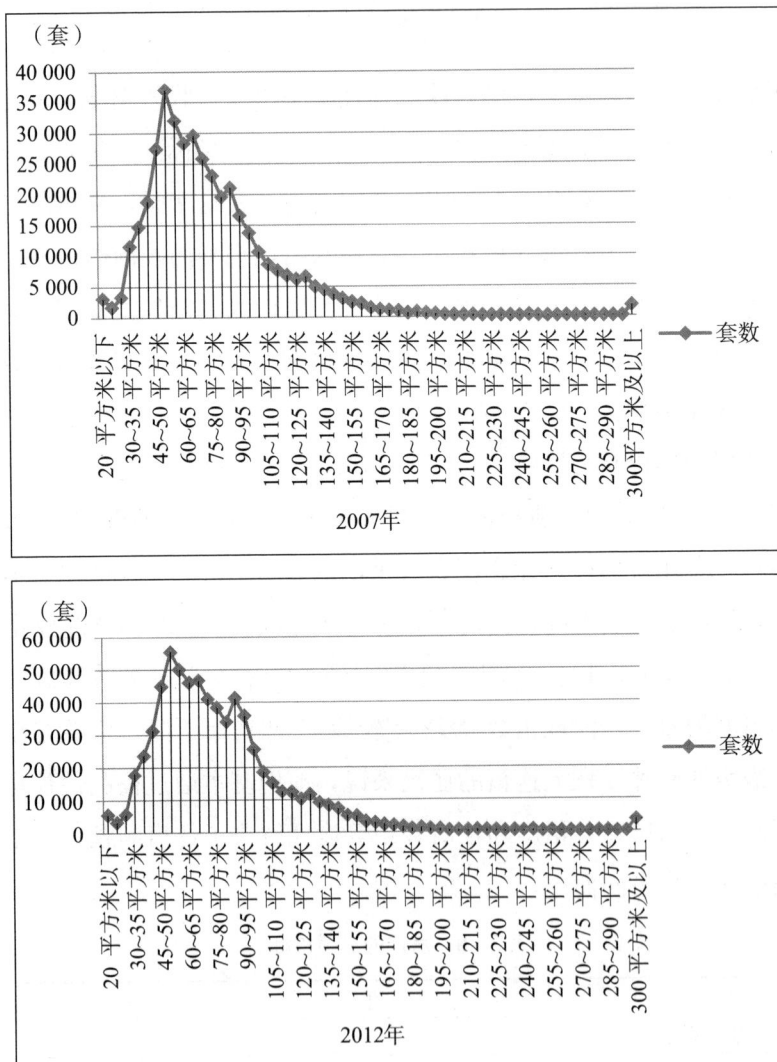

图3-3 居民房产分布情况（按套数）

第二个小峰则在 85～100 平方米，说明更多居民的住房面积扩大了。我们收回的调研问卷也显示，46％的回答者在近年新购置了房子，并有 35％的人回答"有一定数额的贷款、债务"，主要是房贷，这些回答支持了这一观点。

②有两套以上住房的人数占比不大，但拥有大面积住房且在两套以上的情况不容忽视。我们对有两套以上住房的人数进行了统计，结果显示有两套以上住房的人数在总人数中占比很小，2007 年为 0.98％，2012 年为 1.40％，表明住房在居民中的分布比较均衡。况且，我国家庭内部的"转移支付"情况很多，虽然名下有两套房子，但可能是用于长辈或晚辈居住，不过是改善了居住环境而已，房子仍然属居住性质，属消费品。

但我们的调研也显示，有相当大数量的人拥有大面积住房，且人数增加较快，参见图 3-4，说明大面积住房被"储存"为资本品。从图 3-4 可见，两套房还是集中在 100 平方米以内，以 20 平方米以内的小面积为多，但在 300 平方米及以上的大面积住房中，有两套以上住房的人数仍然可观。依据大连市 2007—2012 年间的房屋价格，通过阳光收入购得多套大面积住房比较困难，灰色收入和黑色收入应该是一个重要的中坚力量，即腐败收入转化为房产的概率很大。

在调研中我们还发现，面对日益恶化的经营环境，许多中小型企业主关闭了企业，将资金转移出来购买了多套住房并将其用于出租，所购房屋以中小户型为多。

③购房者中外地户籍人员占比较大。

从购房者的构成看，多年来，外地户籍人员购房占比一直较大，在大连市内四区购房者中占到 30％以上。自 2011 年起，大连实行限购政策，这一比重逐步下降，2011 年为 23.3％，2012 年为 15.3％，参见表 3-9。同时，外地人购房的位置普遍较好，购房均价高于本地人 10 个百分点，故有"外地人住大连，大连人住大大连"的说法。

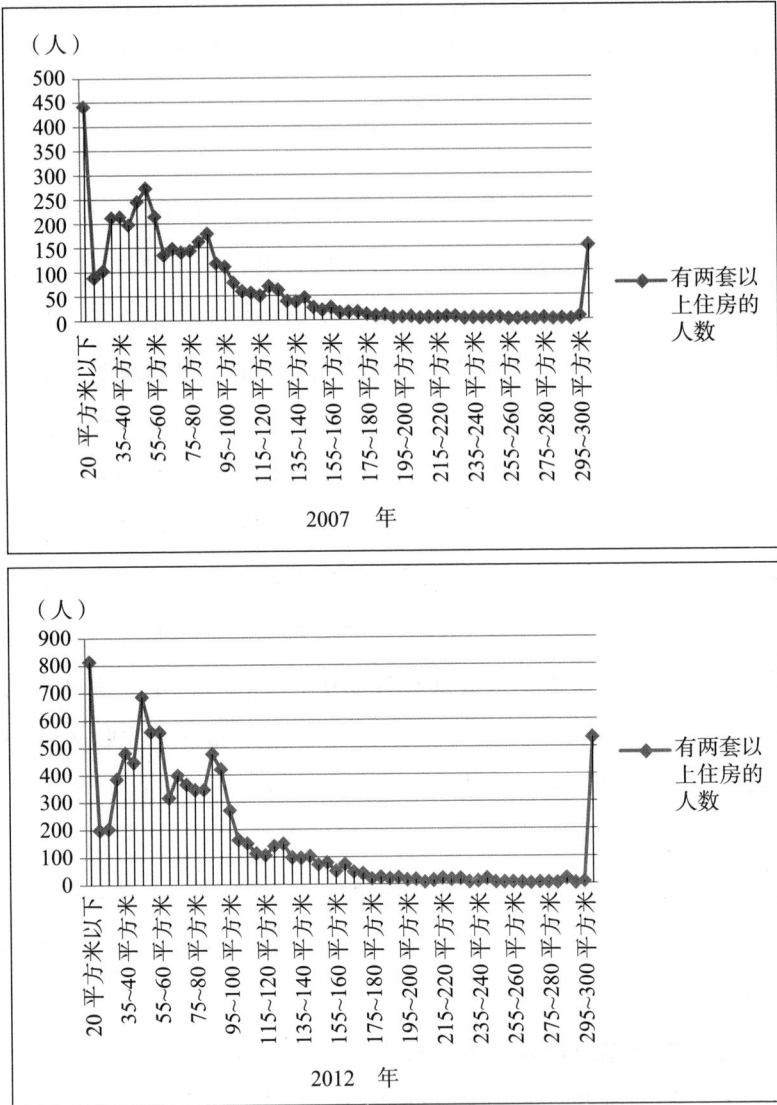

图 3-4　有两套以上住房居民的分布情况

表 3-9　外地人购房情况

	2008 年	2009 年	2010 年	2011 年	2012 年
面积（万平方米）	75.36	131.68	100.63	48.49	37.13
比重	30.8%	30.4%	31.3%	23.3%	15.3%

由于存在大量外地人购房的情况，从全国来看，有两套以上住房的人数的比例就要高于图3-4所显示的人数，高于1.0%（2007年）和1.4%（2012年），这其中缘由应该包括黑色收入和灰色收入的转移。

我们对居民拥有的房产进行的调研显示，受房价上涨的影响，房产的财富溢值很大，远超过通货膨胀水平。如表3-10所示，至2012年，2007年的购房者人均财富增值45.3万元，2008年的购房者人均财富增值38.7万元，2009年的购房者人均财富增值28.3万元，2010年的购房者人均财富增值5.8万元，2011年的房屋均价比2012年高，人均财富减值3.4万元，但2013年房价又在上涨，所以2011年的购房者也并未发生实际的亏损。从财富溢值的年盈利率看，2007年和2008年均保持13.5%的水平，远高于近年7%、8%的社会平均利润率。2007—2012年期间，房价上涨5 685元/平方米，财富溢值总计4 735亿元，市民人均溢值23万元，财富效应显著。

表3-10　房价变化与居民财富溢值

	2007年	2008年	2009年	2010年	2011年	2012年
房屋均价（元/平方米）	6 457	7 316	8 635	11 426	12 551	12 142
到2012年人均财富增值（万元）	45.3	38.7	28.3	5.8	−3.4	0
年盈利率（%）	13.5	13.5	12.0	3.1	−3.3	—

（2）银行存款的分布与影响。

我们的调研结果显示，居民金融资产的差距很大。我们对某商业银行大连市分行进行的典型调查显示，银行的客户结构差距很大。2007—2012年，万元以下存款额的客户一直在55万人左右，占总客户数的80%左右。对于银行来说，这55万人的存款贡献量不足一个100万元的存款户，这也意味着银行存款的财富分布分化严重。如果考虑到目前居民均会在多个银行开户、小额账户多的情况，总体上的财富分布情况要好于单个银行的数据。

表 3-11 是银行存款分布的三项指标，结果显示：银行存款分布的基尼系数非常高，达 0.812（2012 年），且上升的速度很快，由 2007 年的 0.730 扩大到 2012 年的 0.812，上升了 8.2 个百分点；W 指数也很高，达 0.697（2012 年），为严重极化状态，而且极化的速度非常快，从 2007 年的 0.297 到 2012 年的 0.697 只用了 5 年时间，上升了 40 个百分点！ER 指数一直处于严重极化状态，也是大幅上升，从 2007 年的 0.583 增加到 2012 年的 0.983，上升了 40 个百分点！对于敏感的 ER 指数来说，40 个百分点是一个"天文数字"，说明极化问题非常严重，组间的疏离严重。这种变化既与通货膨胀、实体经济萎缩、许多企业套现后转而购买理财产品有关，也与腐败严重、腐败金额较大关系密切。

表 3-11　银行存款分布的三项指标

	2007 年	2008 年	2009 年	2010 年	2011 年	2012 年
基尼系数	0.730	0.755	0.781	0.802	0.807	0.812
W 指数	0.297	0.442	0.538	0.691	0.704	0.697
ER 指数	0.583	0.661	0.774	0.918	0.943	0.983

资产差距大，财产性收入的差距大；资产出现了严重的极化，财产性收入自然也极化严重。在这种差距中，腐败的作用不容忽视。

3.3.2　福利评价：财政社会学视角和社会公正视角

（1）财政社会学视角。

腐败收入无法创造财政贡献，这是由其非法非正常性决定的，但在国有企业利润上缴、国企改制、圈地运动等这些可以创造财政贡献的路径中都有腐败的影子。腐败收入是非法收入，人情为表象、腐败为实质的非法非正常收入是造成贫富差距扩大的主要原因之一（陈宗胜和周云波，2001）[①]，腐败的程度决定着贫富差距扩大的程度。腐败，这一兼有流量

---

① 陈宗胜，周云波. 非法非正常收入对居民收入差别的影响及其经济学解释. 经济研究，2001（4）.

财富归集和存量财富转移的复合型路径，往往会将财富由地位低的人向地位高的人转移，由政治资源贫乏者向政治资源充分者转移，由低收入人群向高收入人群转移，推动收入极化。因而，腐败的过程是贫富差距扩大的过程，也是拥有公权力者将政治资源转化为经济资源的过程，需要高度警惕。

权力和权利的关系是人类公共秩序的基本问题，在掌握公共权力者的行为得不到有效限制和制约时，便会产生腐败。"绝对的权力意味着绝对的腐败"，绝对的腐败也就意味着绝对的贫富差距。在我国的财富归集路径中，除自由竞争市场外，其余的路径都有可能寄生腐败。从财政收入制度的划分看，除税收型收入制度和公债型收入制度外，其余制度下都充满了腐败机会，从依赖于垄断的利润型财政收入制度到依赖于土地垄断的租金型财政收入制度，都为腐败提供了良好的温床，在为政府提供财政收入的同时，也以寻租、腐败、利益失衡等问题破坏社会秩序与公正，阻止社会的进步与转型。

（2）社会公正视角。

利益冲突作为一个伦理困境，是一个非常重要的腐败根源，在近年来广受关注。因而，治理利益冲突被认为是维护政府清廉、预防官员腐败的一项重要措施。

公私关系模糊是发生腐败的一个非伦理条件，腐败最容易发生在利益冲突情境中。在该情境中，公务员陷入了多重角色的矛盾。一方面，他们作为国家公共权力的代表，有义务实现公共责任和公共利益，这是公务员的公共角色要求。另一方面，他们作为家庭、社会、工作单位之中的成员，受到家庭、组织、单位利益要求的影响，这是公务员的私人角色。在社会转型期，公共领域与私人领域开始分化，但分化的程度又不十分充分，在这种情况下，这两者之间的界限仍不清晰，更容易在观念上和行为上导致公务员的利益冲突。在市场经济发育以后，各种利益需求更是相互交错，各种利益关系相互激荡，公务员不断受到各种经济利益的诱惑和各种利益关系的困扰，包括亲人的、朋友的和自己的。政府内部的权力结构和委托代理关系的失灵状态，政府外部的社会关系网络、人情世故、族群观念等因素都会使公务员产生错觉，错误地认为其行为取向是符合社会最高伦理规范要求的。利益冲突情境一旦激发起公务员作为政治理性人的自利本性，就会引发个人伦理观念和道德素质的蜕变。由此，公务员将会逐渐把私人利益置于公共利益之上，对权力的欲望取代对公共责任的追求，公共权力不再代表社会公众的意志。进而，潜在的利益冲突情境变成现实的利益冲突行为，再蜕变成赤裸裸的腐败行为。①

腐败是一种政治分赃，会严重影响行政效率和政治中立，使公务员沦为官僚机器，不利于他们产生职业态度和伦理观念，在自我交易、施加影响、任人唯亲、兼职、泄密、送礼、赚演讲费等各种情况下，他们作为公共利益代理人的受托关系与公民对公共决策公正性的信任轰然瓦解。

在腐败盛行的经济体中，社会福利会以两种方式受到严重损害：一是低效率的经济活动引起国民产出水平低下，资源不能充分利用，降低国民财富水平，制约国民福利的提高；二是腐败影响社会公平公正。公务员在履行公共职责时掺杂了个人私利，那么必然会使其掌握的公共权力和资源偏离公共目标，沦为谋取个人私利的工具，纳税人在缴纳税款以后，仍然无法获得公正的政府服务，甚至被公共权力合法地伤害，福利损失则自不必说。

---

① 庄德水. 利益冲突视角下的腐败与反腐败. 广东行政学院学报，2009（6）.

4 存量财富路径的收入极化影响

在存量财富归集的路径中，我们将介绍国企改制、农地征用和城市房屋拆迁问题。

4.1 国企改制的收入极化影响

4.1.1 国企改制的收入极化影响的实证研究

在以往的实践中，由于监管不力，国企改制促成了巨大的贫富差距。一方面，国有资产流失严重；另一方面，职工下岗失业，安排不当，社会保障不力，大量下岗职工陷入贫困。改制企业职工承担了大部分改制成本，他们之中的大多数人难以重回主流社会，获得的补偿极少，成为贫困者。与此形成鲜明对照的是企业管理者和个别官员合作，在改制中一夜暴富，收入极化效应直观而明显。

我们就国有企业改制前后相关人员收入变化情况进行了调研，结果显示：大部分国企职工在改制后的收入低于改制以前，也有极个别的人员在改制后的收入高于改制以前。为了更好地反映这种变化，可借用马尔可夫链来展示。马尔可夫链是一个被广泛应用的随机过程模型，对一个系统由一种状态转移到另一种状态的现状提出了定量分析，也是分析随机事件未来发展趋势及可能结果的一种预测方法。在这里，我们做了适度的改造，由原来的"可数无限状态空间"改变为"可数无限状态"，以马尔可夫链的一步转移概率矩阵来反映经过国企改制后，相关人员的收入变化概率。

表4-1是2007年的国企改制对相关人员收入影响的马尔可夫链一步转移概率矩阵，矩阵显示：2007年改制的国企员工，原年收入在1万~2万元者，只有0.385的概率能够维持原来的收入水平，0.615的概率下滑至年收入1万元以下；原年收入在2万~3万元者，有0.414的概率会提升到3万~4万元，有0.096的概率维持原来的收入水平，有0.278的概率下滑至1万~2万元，甚至有0.212的概率会下滑至1万元以下；原年收入在3万~4万元者，有0.510的概率会提升到5万~6万元，有0.092的概率会提升到4万~5万元，有0.010的概率维持原来的收入水平，有0.133的概率会下滑至2万~3万元，有0.255的概率会下滑至1万~2万元；原年收入在4万~5万元者，有0.526的概率会提升到8万元及以上，有0.105的概率会提升到7万~8万元，有0.105的概率会提升到6万~7万元，有0.263的概率维持原来的收入水平。

可见，原收入较低者收入下滑的概率显著大于维持原水平的概率；而原收入较高者收入上升的概率大于维持原水平的概率。从我们调研的样本看，原收入较低者占比很大，远远超出了原收入较高者。

表4-1　国企改制收入影响的马尔可夫链一步转移概率矩阵（2007年）

	1万元以下	1万~2万元	2万~3万元	3万~4万元	4万~5万元	5万~6万元	6万~7万元	7万~8万元	8万元及以上
1万元以下									
1万~2万元	0.615	0.385							
2万~3万元	0.212	0.278	0.096	0.414					
3万~4万元		0.255	0.133	0.010	0.092	0.510			
4万~5万元					0.263		0.105	0.105	0.526

续表

	1万元以下	1万～2万元	2万～3万元	3万～4万元	4万～5万元	5万～6万元	6万～7万元	7万～8万元	8万元及以上
5万～6万元									1.000
6万元及以上									

表4-2是2008年的国企改制对相关人员收入影响的马尔可夫链一步转移概率矩阵，矩阵显示：2008年的改制企业职工，收入得到提升的，在3万～4万元收入段中有0.018的概率提升至7万～8万元，在4万～5万元收入段中有0.182的概率提升至8万元及以上，有0.273的概率提升至6万～7万元，在5万～6万元收入段中全部升至8万元及以上，其余样本全部是维持和下滑，且下滑远大于维持的概率。

表4-2 国企改制收入影响的马尔可夫链一步转移概率矩阵（2008年）

	1万元以下	1万～2万元	2万～3万元	3万～4万元	4万～5万元	5万～6万元	6万～7万元	7万～8万元	8万元及以上
1万元以下									
1万～2万元	0.688	0.313							
2万～3万元	0.089	0.884	0.027						
3万～4万元	0.175	0.544	0.263					0.018	0
4万～5万元			0.364	0.182			0.273		0.182
5万～6万元									1.000
6万元及以上									

表4-3是2009年的国企改制对相关人员收入影响的马尔可夫链一步

转移概率矩阵，表4-4是2010年的国企改制对相关人员收入影响的马尔可夫链一步转移概率矩阵，2011年无改制样本，表4-5是2012年的国企改制对相关人员收入影响的马尔可夫链一步转移概率矩阵，结果均显示：国企改制对员工的收入影响很大，改制前后的收入变化较大，有提升、维持和下滑，总体上下滑的概率大于提升的概率。

表4-3　国企改制收入影响的马尔可夫链一步转移概率矩阵（2009年）

	1万元以下	1万～2万元	2万～3万元	3万～4万元	4万～5万元	5万～6万元	6万～7万元	7万～8万元	8万元及以上
1万元以下	1.000								
1万～2万元	1.000								
2万～3万元	0.071	0.886	0.043						
3万～4万元	0.179	0.464	0.250		0.071		0.036		
4万～5万元		0.313	0.656					0.031	
5万～6万元									1.000
6万元及以上									

表4-4　国企改制收入影响的马尔可夫链一步转移概率矩阵（2010年）

	1万元以下	1万～2万元	2万～3万元	3万～4万元	4万～5万元	5万～6万元	6万～7万元	7万～8万元	8万元及以上
1万元以下	1.000								
1万～2万元	0.571	0.429							
2万～3万元	0.429	0.571							

续表

	1万元以下	1万~2万元	2万~3万元	3万~4万元	4万~5万元	5万~6万元	6万~7万元	7万~8万元	8万元及以上
3万~4万元	0.286		0.714						
4万~5万元						0.833	0.167		
5万~6万元									1.000
6万元及以上									

表4-5 国企改制收入影响的马尔可夫链一步转移概率矩阵（2012年）

	1万元以下	1万~2万元	2万~3万元	3万~4万元	4万~5万元	5万~6万元	6万~7万元	7万~8万元	8万元及以上
1万元以下									
1万~2万元	0.900	0.100							
2万~3万元		0.851	0.149						
3万~4万元			0.714				0.286		
4万~5万元							1.000		
5万~6万元									1.000
6万元及以上									

设定每个参与者的权重都是1，则收入下滑的概率远大于收入提升的概率，即国企改制对于绝大部分参与者来说，都会造成一定程度的收入损失，而且原收入较高者，提升的概率较大，原收入较低者，损失的概率较大。

4.1.2　国企改制的财政缘由

国企的民营化是现代西方国家的主流主张，可以优化资源配置、提高经济效益，并有全球化的趋势。但与西方民营化的动机不同，中国的国企民营化更多的是在财政压力下推动的。在竞争激烈的市场经济下，国有企业固有的经营机制缺陷问题日益凸显，严重的科层制结构令其难以适应激烈的竞争，国企由盈变亏，政府财政补贴负担沉重。为减少财政补贴，经过 20 世纪 90 年代后期的大规模改制，财政补贴由 1985 年的 507 亿元减少为 2005 年的 193 亿元，降低了 62%。国企改制的另一个财政原因是民营化以后企业的绩效明显改善，显著提高了改制企业的纳税水平（韩朝华，2007），增加了政府财政收入。

自 2010 年之后，地方政府推进国企改制的动因有所变化，已不再是减少补贴和增加税收的问题了，而是土地财政。经过几十年的大规模城市建设，原来偏远的工厂如今成了城市中心，改制可以将原工业用地盘活，转为商服用地或住宅用地，为地方政府带来更大的财政收益。这种改制使地方政府拥有实际控制权的国有土地转让交易合约与改制前后国企和民企之间的社会负担转嫁合约（如再就业、失业补偿等）捆绑在一起，实现了一种非货币化的物物交易（汤玉刚，2011），土地"沉淀利益"的影子价格越高，可供改制决策主体（地方政府与企业）分割的"蛋糕"就越大，双边的改制激励就越高，地方政府的财政收益就越大。在这种改制中，职工是一个"哑元"，仍然容易在物物交易中受损，贫富分化直观而明确。

4.2　农地征用的收入极化影响

4.2.1　农地征用收入极化影响的实证研究

我们就农地征用所引起的存量财富损失进行了调研，并测算了这些损失对未来收入的影响，结果显示：大部分农民在土地被征用后的正常收入（不包括征地补偿的一次性收入）低于征地前，也有极个别人员在征地后的收入会高于征地前。为了更好地反映这种变化，我们仍然借用马尔可夫链来展示。

表4-6是2007年的农地征用对相关人员收入影响的马尔可夫链一步转移概率矩阵，矩阵显示：2007年被征土地的农民，原年收入在1万元以下者，仍然保留低水平；1万～2万元者只有0.013的概率能够维持原来的收入水平，有0.987的概率会下滑至1万元以下；原年收入在2万～3万元者，有0.049的概率会提升到4万～5万元，有0.054的概率维持原来的收入水平，有0.434的概率下滑至年收入1万～2万元，甚至有0.463的概率会下滑至1万元以下；原年收入在3万～4万元者，有0.064的概率会提升到6万～7万元，有0.064的概率会提升到4～5万元，有0.045的概率会维持原来的收入水平，有0.064的概率会下滑到2万～3万元，甚至有0.764的概率会下滑至年收入1万～2万元；原年收入在4万～5万元者，有0.106的概率会提升到6万～7万元，有0.035的概率会提升到5万～6万元，有0.149的概率会维持原来的收入水平，有0.355的概率会下滑到3万～4万元，甚至有0.355的概率会下滑到1万元以下；原年收入在5万～6万元者，有0.038的概率会提升到8万元及以上，有0.038的概率会提升到6万～7万元的水平，有0.008的概率会维持原来的收入水平，有0.146的概率会下滑到4万～5万元，甚至有0.769的概率会下滑到1万元以下；原年收入在6万～7万元者，有0.048的概率会维持原来的收入水平，有0.355的概率会下滑到5万～6万元，有0.274的概率会下滑到4万～5万元，甚至有0.323的概率会下滑到1万元以下；原收入在7万～8万元者全部维持了原来的收入水平；原年收入在8万元及以上者，有0.083的概率维持了原来的收入水平，有0.333的概率下滑到了7万～8万元，有0.584的概率下滑到了6万～7万元。

总体看来，设定每个参与者的权重均是1，则收入下滑的概率远大于收入提升的概率，即农地征用对大部分参与者来说，都会带来收入（一次性征地补偿收入除外）的损失。

表4-6　农地征用收入影响的马尔可夫链一步转移概率矩阵（2007年）

	1万元以下	1万~2万元	2万~3万元	3万~4万元	4万~5万元	5万~6万元	6万~7万元	7万~8万元	8万元及以上
1万元以下	1.000								
1万~2万元	0.987	0.013							
2万~3万元	0.463	0.434	0.054	0.049					
3万~4万元		0.764	0.064	0.045	0.064		0.064		
4万~5万元	0.355			0.355	0.149	0.035	0.106		
5万~6万元	0.769				0.146	0.008	0.038		0.038
6万~7万元	0.323				0.274	0.355	0.048		
7万~8万元								1.000	
8万元及以上							0.584	0.333	0.083

　　表4-7是2008年的农地征用对相关人员收入影响的马尔可夫链一步转移概率矩阵，矩阵显示：2008年被征土地的农民，收入提升的，在1万~2万元收入段中有0.034的概率提升到了2万~3万元，在2万~3万元收入段中，有0.037的概率提升到了3万~4万元，在4万~5万元收入段中，有0.024的概率提升到了6万~7万元，有0.120的概率提升到了5万~6万元，其余均为维持和下滑，且下滑的概率远大于维持的概率。

表 4-7　农地征用收入影响的马尔可夫链一步转移概率矩阵（2008 年）

	1万元以下	1万~2万元	2万~3万元	3万~4万元	4万~5万元	5万~6万元	6万~7万元	7万~8万元	8万元及以上
1万元以下	1.000								
1万~2万元	0.625	0.341	0.034						
2万~3万元	0.370	0.278	0.315	0.037					
3万~4万元	0.857			0.143					
4万~5万元		0.181	0.277	0.337	0.060	0.120	0.024		
5万~6万元			0.400	0.600					
6万~7万元				0.100	0.400	0.500			
7万~8万元					0.267		0.600	0.133	
8万元及以上						0.500	0.500		

　　表 4-8 是 2009 年农地征用收入影响的马尔可夫链一步转移概率矩阵，也呈现出提升少、下滑多的特点。而且，越是低收入者，下滑的概率越大。表 4-9 的 2010 年农地征用收入影响的马尔可夫链一步转移概率矩阵，表 4-10 的 2011 年农地征用收入影响的马尔可夫链一步转移概率矩阵，表 4-11 的 2012 年农地征用收入影响的马尔可夫链一步转移概率矩阵，都显示出经过征用农地后，参与者收入下滑的概率远远大于提升的概率。

表4-8　农地征用收入影响的马尔可夫链一步转移概率矩阵（2009年）

	1万元以下	1万～2万元	2万～3万元	3万～4万元	4万～5万元	5万～6万元	6万～7万元	7万～8万元	8万元及以上
1万元以下	1.000								
1万～2万元	0.828	0.172							
2万～3万元	0.098	0.732	0.112	0.049	0.010				
3万～4万元		0.303	0.470	0.152	0.076				
4万～5万元			0.129	0.355	0.258	0.161	0.097		
5万～6万元				0.026	0.897	0.077			
6万～7万元						0.500	0.250	0.250	
7万～8万元						0.088	0.789	0.088	0.035
8万元及以上								0.500	0.500

表4-9　农地征用收入影响的马尔可夫链一步转移概率矩阵（2010年）

	1万元以下	1万～2万元	2万～3万元	3万～4万元	4万～5万元	5万～6万元	6万～7万元	7万～8万元	8万元及以上
1万元以下	0.306	0.694							
1万～2万元	0.573	0.412		0.008	0.008				
2万～3万元	0.189	0.094	0.528	0.189					
3万～4万元		0.455	0.091	0.136	0.227	0.091			

续表

	1万元以下	1万~2万元	2万~3万元	3万~4万元	4万~5万元	5万~6万元	6万~7万元	7万~8万元	8万元及以上
4万~5万元			0.231	0.324	0.139	0.185	0.046	0.074	
5万~6万元					0.600	0.200	0.200		
6万~7万元							0.238	0.762	
7万~8万元					0.037	0.111		0.259	0.593
8万元及以上							0.200		0.800

表4-10 农地征用收入影响的马尔可夫链一步转移概率矩阵（2011年）

	1万元以下	1万~2万元	2万~3万元	3万~4万元	4万~5万元	5万~6万元	6万~7万元	7万~8万元	8万元及以上
1万元以下	1.000								
1万~2万元	0.709	0.223	0.068						
2万~3万元	0.500	0.000	0.213	0.288					
3万~4万元		0.183	0.220	0.415	0.183				
4万~5万元			0.269	0.385	0.269	0.077			
5万~6万元				0.227	0.545	0.091	0.136		
6万~7万元					0.244	0.244	0.024	0.366	0.122
7万~8万元								0.577	0.423
8万元及以上									1.000

表 4 - 11   农地征用收入影响的马尔可夫链一步转移概率矩阵（2012 年）

	1万元以下	1万~2万元	2万~3万元	3万~4万元	4万~5万元	5万~6万元	6万~7万元	7万~8万元	8万元及以上
1万元以下	1.000								
1万~2万元	0.813	0.188							
2万~3万元	0.344	0.281	0.313	0.063					
3万~4万元	0.160	0.320	0.280	0.120		0.120			
4万~5万元		0.313	0.188	0.313	0.125	0.063			
5万~6万元						1.000			
6万~7万元					0.438	0.125	0.250		0.188
7万~8万元				0.250			0.500	0.250	0.000
8万元及以上							0.714		0.286

4.2.2 农地征用中的财政收益

我国的农地征用一直是通过政府征地实现的，这是唯一的合法途径。通常由地方政府给出征地补偿标准，在财政土地收益最大化冲动下，土地补偿普遍偏低，土地收益在地方政府商业化转让土地和对农民较低补偿之间形成，这被冠以"土地财政"之称。在"征地—卖地—收税收费—抵押—再征地"的模式下，开发商、银行和地方政府都是受益者，在地区竞争和地方财政双重压力下，城市迅速扩张，农地过度非农化冲动强烈。

征收农地是实现城市扩张的必要路径，但地方政府征收农地的经济动力是多重的财政收益：一是土地出让净收益，一次性预收未来若干年的收益；二是税费收入，如耕地占用税、契税、征地管理费、各种税收附加及多种政府性基金收入等；三是土地抵押收入。地方政府将农地非农化然后再抵押出去，充盈当时的财政收入（陈燕等，2009）。

从土地为政府带来财政收入的角度看，西方国家也有土地财政，即源于土地房产的财产税收入是基层政府的主要收入形式，属于存量型土地财政，是从存量土地和房产取税。我国的土地财政是增量型的，是通过国有土地交易获取收入。西方国家也有国有土地，但一般不由政府直接经营。我国的土地垄断性较强，土地财政为地方政府带来了大量一次性土地出让金收入。

4.2.3 福利评价：公平视角与财政社会学视角

（1）公平视角。

低价征用农地的一个极其严重的后果是扩大了贫富差距，推动了农民利益向开发商和政府财政的直接转移，还有政府官员寻租行为夹杂其中，最终成为推动收入极化、促成财富由低收入者向高收入者转移的路径，严重破坏社会公平公正。随着城市化和土地市场化进程的推进，地方政府征地行为越来越频繁，被征地农民重新获得土地的机会越来越少，严重依赖土地补偿金。土地是农民的生产资料，而且还是其最终保障。征地补偿不足使农民陷入窘困，杨云彦等（2008）称之为"介入型贫困"。[①] 失地农民是存量财富的转出者，被转出财富又以企业利润和地方财政收入的形式转移，高收入人群更容易从这种转移中获益，恶化了收入分配。

如果补偿充足，农民获得足额的补偿金可以让他们在城市立足，从土地上解放出来，逐步融入城市社会，获得更多的发展机会，所以，充分的土地补偿非常重要。

（2）财政社会学视角。

土地财政是典型的租金型财政收入制度，也是一种古老的财政收入制

---

① 杨云彦，等．社会变迁、介入型贫困与能力再造．北京：中国社会科学出版社，2008.

度。欧洲中世纪，王室的土地收入是国家财政收入的主要形式，土地收入也是贵族的主要收入来源。在欧洲的传统中，平民必须缴纳一种叫"封地获取税"的特别捐税才能取得贵族的财产，贵族世袭领地和平民占有土地之间差异巨大。自 17 世纪以来，英国废除了这项捐税，缩小了贵族和平民土地之间的差异，也缩小了这两个阶级间的差距，为英国经济可持续发展、成为日不落帝国奠定了坚实的基础。

与此同时，法国一直固守这项税收，并随着国家财政日益空虚而不断提高这项税负。这项妨碍平民购买贵族土地的捐税，连贵族自己都想废除，但是国库的需求使它被保留了下来，并有增无减地不断积累，激化社会矛盾，拖累法国经济，最后促成了旧制度的瓦解。

英法这两个国家常常被用来做比较，这两个从同一起点出发的国度，因选择了不同的产权体系和政府收入制度而最终走出了两个不同的轨迹。尤其是法国大革命，持续时间之久、对社会影响之巨，在不断地提醒我们，财政收入制度不仅仅是一种收入，它对经济社会的影响超乎我们的想象。

4.3　城市房屋拆迁的收入极化影响

4.3.1　城市房屋拆迁收入极化影响的实证研究

我们就城市房屋拆迁所引起的存量财富损失进行了调研，并测算这些损失对未来收入的影响，结果显示：大部分农民在房屋被征用后的正常收入（不包括拆迁补偿的一次性收入）低于拆迁以前，也有极个别的人员在征地后的收入高于征地以前。为了更好地反映这种变化，我们仍然借用马尔可夫链来展示。

表 4-12 是 2007 年的城市房屋拆迁收入影响的马尔可夫链一步转移概率矩阵，矩阵显示：2007 年被拆迁的居民，原年收入在 1 万元以下者，仍然保留低收入水平；1 万～2 万元者，有 0.015 的概率能够提升至 2 万～3 万元，有 0.985 的概率会下滑至 1 万元以下；原年收入在 2 万～3

万元者，各有 0.010 的概率会提升到 4 万～5 万元和 5 万～6 万元，有 0.304 的概率下滑至 1 万～2 万元，有 0.676 的概率下滑至 1 万元以下；原年收入在 3 万～4 万元者，有 0.045 的概率下滑至 2 万～3 万元，有 0.446 的概率下滑至 1 万～2 万元，有 0.500 的概率下滑至 1 万元以下；原年收入在 4 万～5 万元者，有 0.091 的概率会提升到 8 万元及以上，有 0.045 的概率维持原来的收入水平，有 0.364 的概率下滑至 2 万～3 万元，有 0.045 的概率会下滑至 1 万～2 万元，有 0.455 的概率会下滑至 1 万元以下；原年收入在 5 万～6 万元者，有 0.286 的概率会提升到 8 万元及以上，有 0.571 的概率会下滑到 3 万～4 万元，有 0.143 的概率会下滑到 1 万～2 万元；原年收入在 6 万～7 万元者，有 0.024 的概率会提升到 7 万～8 万元，有 0.929 的概率会下滑到 5 万～6 万元，有 0.048 的概率会下滑到 4 万～5 万元；原年收入在 7 万～8 万元者会全部下滑到 5 万～6 万元；原年收入在 8 万元及以上者，有 0.333 的概率会维持原来的收入水平，有 0.333 的概率会下滑到 7 万～8 万元，有 0.333 的概率会下滑到 6 万～7 万元。

总体看来，设定每个参与者的权重均是 1，则收入下滑的概率远大于收入提升的概率，即城市房屋拆迁对大部分参与者来说都会有正常收入（一次性拆迁补偿收入除外）下滑的问题。

表 4-12　城市房屋拆迁收入影响的马尔可夫链一步转移概率矩阵（2007 年）

	1 万元以下	1 万～2 万元	2 万～3 万元	3 万～4 万元	4 万～5 万元	5 万～6 万元	6 万～7 万元	7 万～8 万元	8 万元及以上
1 万元以下	1.000								
1 万～2 万元	0.985		0.015						
2 万～3 万元	0.676	0.304			0.010	0.010			
3 万～4 万元	0.500	0.446	0.045						

续表

	1万元以下	1万~2万元	2万~3万元	3万~4万元	4万~5万元	5万~6万元	6万~7万元	7万~8万元	8万元及以上
4万~5万元	0.455	0.045	0.364		0.045				0.091
5万~6万元		0.143		0.571					0.286
6万~7万元					0.048	0.929		0.024	
7万~8万元						1.000			
8万元及以上							0.333	0.333	0.333

表4-13是2008年的城市房屋拆迁收入影响的马尔可夫链一步转移概率矩阵，矩阵显示：2008年被拆迁的居民，收入得到提升的，只有3万~4万元收入段中以0.047的概率升入5万~6万元，4万~5万元收入段中以0.400的概率提升到8万元及以上、以0.200的概率提升到6万~7万元，其余均为维持原水平或收入下滑，且下滑概率大于维持概率。

表4-13 城市房屋拆迁收入影响的马尔可夫链一步转移概率矩阵（2008年）

	1万元以下	1万~2万元	2万~3万元	3万~4万元	4万~5万元	5万~6万元	6万~7万元	7万~8万元	8万元及以上
1万元以下	1.000								
1万~2万元	1.000								
2万~3万元	1.000								
3万~4万元	0.875	0.063	0.016			0.047			
4万~5万元			0.200	0.200			0.200		0.400

续表

	1万元以下	1万～2万元	2万～3万元	3万～4万元	4万～5万元	5万～6万元	6万～7万元	7万～8万元	8万元及以上
5万～6万元						1.000			
6万～7万元				1.000					
7万～8万元								1.000	
8万元及以上									

表4-14是2009年的城市房屋拆迁收入影响的马尔可夫链一步转移概率矩阵，也呈现出提升少、下滑多的特点，而且，越是低收入者，下滑的概率越大。表4-15的2010年城市房屋拆迁收入影响的马尔可夫链一步转移概率矩阵，表4-16的2011年城市房屋拆迁收入影响的马尔可夫链一步转移概率矩阵，表4-17的2012年城市房屋拆迁收入影响的马尔可夫链一步转移概率矩阵，均显示出上述特征。

表4-14　城市房屋拆迁收入影响的马尔可夫链一步转移概率矩阵（2009年）

	1万元以下	1万～2万元	2万～3万元	3万～4万元	4万～5万元	5万～6万元	6万～7万元	7万～8万元	8万元及以上
1万元以下									
1万～2万元	1.000								
2万～3万元	0.828	0.172							
3万～4万元	0.448	0.128	0.328	0.016		0.040			0.040
4万～5万元	0.091	0.293	0.444	0.040	0.020		0.051	0.010	0.051
5万～6万元		0.138	0.385	0.292	0.092			0.015	0.077

续表

	1万元以下	1万~2万元	2万~3万元	3万~4万元	4万~5万元	5万~6万元	6万~7万元	7万~8万元	8万元及以上
6万~7万元					0.950	0.050			
7万~8万元						0.750	0.250		
8万元及以上							0.803	0.163	0.034

表4-15 城市房屋拆迁收入影响的马尔可夫链一步转移概率矩阵（2010年）

	1万元以下	1万~2万元	2万~3万元	3万~4万元	4万~5万元	5万~6万元	6万~7万元	7万~8万元	8万元及以上
1万元以下									
1万~2万元	1.000								
2万~3万元	0.972	0.028							
3万~4万元	0.840	0.099	0.038	0.023					
4万~5万元	0.011	0.784	0.091		0.114				
5万~6万元	0.125		0.766		0.078	0.016			0.016
6万~7万元							1.000		
7万~8万元									
8万元及以上									

表 4 - 16　城市房屋拆迁收入影响的马尔可夫链一步转移概率矩阵（2011 年）

	1万元以下	1万~2万元	2万~3万元	3万~4万元	4万~5万元	5万~6万元	6万~7万元	7万~8万元	8万元及以上
1万元以下									
1万~2万元	1.000								
2万~3万元	0.829	0.171							
3万~4万元	0.641	0.214	0.137	0.009					
4万~5万元	0.481	0.288		0.173	0.010		0.048		
5万~6万元	0.333	0.333			0.333				
6万~7万元			0.333	0.208				0.042	0.417
7万~8万元									
8万元及以上									

表 4 - 17　城市房屋拆迁收入影响的马尔可夫链一步转移概率矩阵（2012 年）

	1万元以下	1万~2万元	2万~3万元	3万~4万元	4万~5万元	5万~6万元	6万~7万元	7万~8万元	8万元及以上
1万元以下									
1万~2万元	1.000								
2万~3万元	0.284	0.358	0.281	0.026					
3万~4万元	0.350	0.036	0.286	0.214	0.071	0.007	0.036		
4万~5万元		0.286	0.143		0.571				

续表

	1万元以下	1万～2万元	2万～3万元	3万～4万元	4万～5万元	5万～6万元	6万～7万元	7万～8万元	8万元及以上
5万～6万元						1.000			
6万～7万元									
7万～8万元									
8万元及以上									

4.3.2 福利评价：财政社会学视角、社会风险视角和社会福利视角

（1）财政社会学视角。

由于补偿不足，拆迁损失对于被拆迁的引致移民来说是一种似税的负担，我们称其为"拆迁税"。我们一般所指的税收三性——强制性、无偿性和固定性，在拆迁损失面前都比较适用。对于被拆迁的引致移民而言，被拆迁是强制性的；补偿不足造成损失，拆迁是配合和支持经济建设和发展的行为；在地方政府可以事实上决定补偿标准的情况下，引致移民的损失是固定的。与一般的税收相比，"拆迁税"又具有或然性和非普适性的特点，与行为税类似。

拆迁补偿不足可以节约政府土地储备成本，增加政府土地收益，所以可以说"拆迁税"是土地租金收入的一种表现形式，是土地财政向城市居民的汲取，属于典型的租金型财政收入制度。与农地征用一样，"拆迁税"也依赖于土地垄断、限制交易、政府主导等一系列制度性限制，这些限制在帮助政府取得巨额财政收入的同时，也带来了腐败，侵害了部分市民的利益，推动了收入极化；也约束了经济活动，违背了市场经济赖以生存的契约，影响经济可持续发展，是一种严重的短期行为。

（2）社会风险视角。

"拆迁税"是一种很难转嫁的负担，在实践中，引致移民的努力也往往以失败告终，存在着严重的税负转嫁阻滞问题。遭遇转嫁阻滞、无法转嫁税负的被拆迁人与购买其房屋的开发商讨价还价的谈判砝码极其有限，绝大多数的引致移民无法拒绝拆迁，按照"用手投票、用脚投票、反叛"的谈判一般逻辑，刚性的补偿政策容易促成更多的冲突。

在拆迁中，有些开发商对居民财产及人身采取的行为不当，这一方面会破坏我们所崇尚的和谐、稳定、安全的社会价值，另一方面也会大大增加政府解决纠纷的成本。

（3）社会福利视角。

与农地征用的问题相同，"拆迁税"也属于典型的租金型财政收入制度。引致移民的拆迁损失成为开发商和政府的拆迁收益，这种再分配会导致如下社会福利损失：一是引致移民以低收入者为多，由于谈判能力不足，低收入者将在事实上承担更多的拆迁税负；二是同样面对拆迁，高收入引致移民比较容易获得更多的补偿，有时还会有超额补偿的情况，总体上看，低收入引致移民获得的补偿普遍低于高收入引致移民；三是拆迁容易恶化低收入者的就业状况，尤其是在旧居中从事小本生意的人群，他们会因拆迁而减少劳动收入；四是拆迁会对低收入家庭的子女造成不利影响，更容易传递代际贫困；五是拆迁会直接推动收入极化，加剧社会的不平等。

5 收入极化实证研究的综合
结果与治理经验总结

前述研究显示，在收入极化的各个路径中，财政都是一个重要的推动因素。而绝大部分极化路径又有腐败问题渗透其中，可以说腐败几乎渗透到了所有收入极化路径中。

自党的十八大以来，我国实施了一系列从严治党的政策措施，有效地阻止了多个极化路径，从而有效地治理了收入极化问题。

5.1 收入极化实证研究的综合结果

在 1.3.2 节，我们设计了一个福利函数，经过分解整理，最后可表达为（1-10）式：

$$f(q) = A'_0 + A_{m_i} Z^t_{m_i} f(m_i) + A_f Z^t_f f(f) + A_{s_s} Z^t_{s_s} f(s_s)$$
$$+ A_{s_l} Z^t_{s_l} f(s_l) + A_{s_h} Z^t_{s_h} f(s_h) + \eta \qquad (1-10)$$

在我们的模型中，$f(q)$ 表示公平分配的福利函数；$f(m_i)$ 表示不完全竞争市场（imperfectly competitive market）；$f(f)$ 表示财政分配（financial allocation）；$f(c)$ 表示腐败（corruption），$f(s_s)$ 表示国企改制（restructuring of state-owned enterprises），$f(s_l)$ 表示农地征用（rural land requisition），$f(s_h)$ 表示城市房屋拆迁（urban house demolition）；A'_0 为常

数，表示完全竞争市场（perfectly competitive market）与社会保障共同作用下的原生态收入分布状况；A_{m_i}、A_f、A_c、A_{s_s}、A_{s_l}、A_{s_h} 分别为不完全竞争市场、财政分配、腐败、国企改制、农地征用、城市房屋拆迁的影响系数；$Z_{m_i}^t$、Z_f^t、$Z_{s_s}^t$、$Z_{s_l}^t$、$Z_{s_h}^t$ 为虚拟变量，即

$$Z_{m_i}^t = \begin{cases} 1, & 若\ t\ 为不完全竞争市场 \\ 0, & 其他 \end{cases} \qquad Z_f^t = \begin{cases} 1, & 若\ t\ 为财政分配 \\ 0, & 其他 \end{cases}$$

$$Z_{s_s}^t = \begin{cases} 1, & 若\ t\ 为国企改制 \\ 0, & 其他 \end{cases} \qquad Z_{s_l}^t = \begin{cases} 1, & 若\ t\ 为农地征用 \\ 0, & 其他 \end{cases}$$

$$Z_{s_h}^t = \begin{cases} 1, & 若\ t\ 为城市房屋拆迁 \\ 0, & 其他 \end{cases}$$

η 为扰动项。

其经济含义是：影响收入极化的因素有完全竞争市场分配、不完全竞争市场分配、财政分配、国企改制、农地征用和城市房屋拆迁等，腐败是一个非常重要的路径，但由于信息太过隐蔽、收入不易衡量，我们暂且将其归入扰动项。

由于完全竞争是现代市场经济的基本特征，完全竞争所达到的收入分布是一种"原生态"，社会保障是市场经济的"双胞胎"，因此，我们将完全竞争与社会保障配合下的收入分布作为最原生态的初次分配结果 A_0'。在我国，市场经济尚不完善，既有完全竞争行业，又有大量的国有企业，形成不完全竞争，导致收入分配在"原生态"的基础上出现了扭曲；财政分配是现代西方国家缩小收入分配差距的主要工具，但在我国目前的财政分配中，财政缩小收入分配差距的作用很小，反而推动了收入分配差距的扩大。在本书中我们只测算了个人所得税的影响，以 $f(f_{pt})$ 表示，个人所得税对收入分配的影响是缩小差距，因而系数会表现为负数；国企改制、农地征用和城市房屋拆迁等存量财富转移因素也在影响着我们的收入分配变化，引起收入极化。本书所进行的实证研究基本都是围绕（1-10）

式的福利函数进行的。实证研究的综合结果①如下所述。

5.1.1 福利函数各因子的影响结果（基尼系数）

表 5-1 是各影响因子对基尼系数的影响程度的汇总性描述，结果显示：完全竞争加社会保障"原生态"下的收入分配差距较大，这其中既有市场经济的"马太效应"，也有劳动密集型产业的职工人数多、收入低，外企职员、私企所有者收入差距大等原因。但由于从业机会相对均等，收入分配与个人能力、职业技能、受教育水平相关度高，更加接近于公平，人们的抱怨较少；不完全竞争对基尼系数的影响，除 2007 年外，均为正数，即垄断扩大了收入分配差距，而且影响程度呈递增态势，由 2007 年的－0.004 增加到了 2012 年的 0.014；个人所得税缩小了基尼系数，改善了收入分配。并且，自 2011 年修订税制后，调节收入分配的能力在加强，达到了 0.022；国企改制对收入分配有恶化的作用，在 2007—2010 年均为0.001，在 2011 年和 2012 年为 0，这是由于这两个年份改制的国企几乎为零；农地征用在 2007 年和 2009 年的影响为 0.001，即有扩大收入分配差距的作用，但对总体状况的影响程度很小，其余年份为 0 是由于我们调研的大连市农地征用规模在 2007 年和 2009 年这两个年份的数量较大，其余年份较小，个别年份甚至接近于 0；城市房屋拆迁对基尼系数的影响在2007—2010 年间在 0.001 和 0.003 之间波动，也具有扩大收入分配差距的作用，但对总体状况的影响程度很小。2011 年和 2012 年这两年的影响为0，这与这两年的拆迁规模较小有关。

---

① 在分析不完全竞争对各项指数的影响时，我们是以 A'_0 与全部收入的三项指标之差为依据来确定的。这是由于我们获得的统计数据是把所有居民的收入按照 19 个大类行业划分的，13 个完全竞争行业与 6 个不完全竞争行业共同合成了 19 个行业。其经济意义是，由于加入了不完全竞争，完全竞争下的三项指标发生了变化。

表 5-1　福利函数各因子对基尼系数影响结果汇总表

	A_0'	$f(m_i)$	$f(f_{pt})$	$f(s)$		
				$f(s_s)$	$f(s_l)$	$f(s_h)$
2007 年	0.406	-0.004	-0.003	0.001	0.001	0.002
2008 年	0.424	0.005	-0.003	0.001	0.000	0.002
2009 年	0.434	0.003	-0.005	0.001	0.001	0.001
2010 年	0.444	0.006	-0.007	0.001	0.000	0.003
2011 年	0.465	0.005	-0.017	0.000	0.000	0.000
2012 年	0.451	0.014	-0.022	0.000	0.000	0.000

5.1.2　福利函数各因子的影响结果（W 指数）

表 5-2 是各影响因子对 W 指数的影响程度的汇总性描述，结果显示：完全竞争下的 W 指数不算太高，但从 0.300 到 0.336 体现出一种递增的态势；不完全竞争对 W 指数的影响全部为正数，而且影响程度大并逐年递增，由 2007 年的 0.020 增加到了 2012 年的 0.059，是所有因素中影响最大的；个人所得税可以减轻极化的程度，并且自 2011 年修订税制后，抑制收入极化的能力在增强，从 2008 年的 -0.001 到 2011 年的 -0.008，抑制的幅度越来越大；在员工利益无法得到有效维护的情况下，国企改制有推动收入极化的作用，除 2008 年为 -0.001 外，其余年份的影响为 0 或是正数，说明从总体上看，国企改制会推动收入极化，尽管就阳光收入看，这种影响的程度很小，但方向上是以扩大极化为主；农地征用的影响也是以扩大极化为主，除 2008 年为 -0.001 外，其余年份的影响为 0 或是正数，表示农地征用会推动收入极化，尽管就阳光收入看，这种影响的程度很小，但方向上是以扩大极化为主；城市房屋拆迁对 W 指数的影响一样，也是以扩大极化为主，除 2008 年为 -0.002 外，其余年份的影响为 0 或是正数，表示农地征用会推动收入极化，尽管就阳光收入看，这种影响的程度很小，但方向上是以扩大极化为主。

表5-2　福利函数各因子对 W 指数影响结果汇总表

	A'_0	$f(m_i)$	$f(f_{pt})$	$f(s)$		
				$f(s_s)$	$f(s_l)$	$f(s_h)$
2007 年	0.300	0.020	0.000	0.000	0.015	0.015
2008 年	0.338	0.045	−0.001	−0.001	−0.001	−0.002
2009 年	0.348	0.036	−0.001	0.003	0.005	0.004
2010 年	0.333	0.035	−0.004	0.002	0.000	0.007
2011 年	0.361	0.038	−0.008	0.000	0.000	0.000
2012 年	0.336	0.059	−0.005	0.000	0.000	0.000

5.1.3　福利函数各因子的影响结果（ER 指数）

表5-3 是各影响因子对 ER 指数的影响程度的汇总性描述，结果显示：完全竞争下的 ER 指数在近年来一直处于严重极化的状态，但在 2007—2012 年期间，指数总体变化不大，且略有下降，拐点在 2009 年，说明受金融危机和劳动力短缺的影响，收入组间的亲和感在增强；不完全竞争对 ER 指数的影响全部为负数，影响程度以 2009 年为最，为 0.008，应该是由于垄断行业以居于中间阶层的工薪人员为主，把这些行业加入进来后，减少了收入组间的疏离；个人所得税可以减少极化的程度，并且自 2011 年修订税制后，抑制收入极化的能力在增强，从 2008 年的−0.001 减少到 2012 年的−0.007，抑制的幅度越来越大，说明在经过个人所得税的调节后，收入组间更加亲和；国企改制、农地征用和城市房屋拆迁对 ER 指数的影响，从表5-3 看均为 0，如果保留的小数到 4 位数以上就可发现，绝大部分指数变化方向为正数，表示存量财富转移会推动收入极化，尽管就阳光收入看，这种影响的程度很小，但方向上是以推动极化为主。需要说明的是，ER 指数是一个比较敏感的指数，无论是垄断的影响−0.008（2009 年），还是个人所得税的影响−0.007（2012 年），都是一个不小的幅度。

表 5 - 3　福利函数各因子对 ER 指数影响结果汇总表

	A'_0	$f(m_i)$	$f(f_{pt})$	$f(s)$		
				$f(s_s)$	$f(s_l)$	$f(s_h)$
2007 年	0.119	−0.004	−0.001	0.000	0.000	0.000
2008 年	0.128	−0.004	−0.001	0.000	0.000	0.000
2009 年	0.134	−0.008	−0.002	0.000	0.000	0.000
2010 年	0.131	−0.006	−0.003	0.000	0.000	0.000
2011 年	0.124	−0.004	−0.006	0.000	0.000	0.000
2012 年	0.117	−0.001	−0.007	0.000	0.000	0.000

　　总之，在我国相对充分竞争的市场经济下，收入分配差距比较大，收入极化现象开始出现，极化状况为线性递增。不完全竞争会推动收入极化、恶化收入分配，在阳光收入的极化过程中，不完全竞争的影响是最大的。在财政分配中个人所得税会抑制收入极化，改善收入分配，但我国的个人所得税在总收入中占比很小，不到 8%，调节能力极其有限，加之我们的个人所得税实行的是个人申报制，严重约束了调节能力。财政收入中占主体地位的增值税和财政支出以购买性支出为主，对收入分配发挥着顺调节作用，会恶化收入分配，推动收入极化。国企改制、农地征用、城市房屋拆迁这三个存量财富转移路径对阳光收入总体分布的影响很小，这是由于这三项活动的参与人在总人口中占比很小，但在影响方向上以扩大收入分配、推动收入极化为主。同时，存量财富转移又与腐败密切相伴，表现为资产的严重极化，尤其是银行存款的 W 指数已经达到 0.697 的高点，基尼系数更是高达 0.812，说明存量财富转移虽然涉及的人员在总人口中占比较小，但它牵涉的财富总量很大，又是一种"看得见"的不平等，需要高度关注并治理。

5.2 自党的十八大以来治理收入极化的经验总结

虽然腐败渗透到了几乎所有的收入极化路径，但影响主要集中在不完全竞争、征用土地（包括农地征用和城市房屋拆迁）和国企改制三个路径上。由于国有企业本身就是不完全竞争的一种形式，所以我们把国企改制问题放进来一起分析。一系列改革和治理有效地遏制了腐败的蔓延势头，也有效地遏制了存量财富直接转移的顽疾，改变了收入极化路径。

5.2.1 从严治党、大力反腐有效地遏制了绝大部分收入极化路径

自党的十八大以来，党中央做出了全面从严治党的重大战略部署，它是"四个全面"战略布局的重要组成部分，也是全面建成小康社会、全面深化改革、全面依法治国顺利推进的根本保证。

自党的十八大以来，以习近平同志为核心的党中央身体力行、率先垂范，坚持思想建党、组织建党和制度治党紧密结合，践行"把权力关进笼子里"的改革理念，集中整饬党风，严厉惩治腐败，净化了党内政治生态，提高了政府治理水平。特别是党的十九届四中全会审议通过的《中共中央关于坚持和完善中国特色社会主义制度 推进国家治理体系和治理能力现代化若干重大问题的决定》，深刻回答了坚持和巩固什么、完善和发展什么等重大政治问题，集中体现了自党的十八大以来关于制度建设的重大理论和实践创新成果，标志着我们党对国家制度和国家治理体系的认识升华到了新高度、新视野、新水平，是完善和发展我国国家制度和治理体系的纲领性文件。

5.2.2 改革不完全竞争制度

在不完全竞争下，利润型财政收入是政府的主要收入形式，这种收入依赖于行政垄断，行政垄断的制度维护成本也比较高昂。自党的十八大以来，我国国有企业管理的改革有如下变化：

（1）对国企高管限薪。

限制国企高管薪酬是自党的十八大以来从严治党的重要举措，通过限制国企高管薪酬，可以有效缩小国企内部的收入分配差距，避免国有资产流失，但对国有企业与其他所有制企业间的差距影响不大。

（2）深化国有企业改革政策得到了逐步的落实，一些国企转制为民企或股份制企业。

从改革实践看，转制企业大多是经营管理过程中问题较多、市场竞争力不强的企业，转制前就已陷入经营困难，职工收入偏低，从收入分配的角度看，这类国企转制对收入极化的影响不大。

（3）在新常态下，一些国企的实力得到加强。

一方面，一些国企的实力有所增强，如现在许多央企进军房地产行业而成为业内龙头；另一方面，在宏观调控、房地产信贷紧缩等政策的影响下，大量民营房企破产，因而也有"国进民退"的说法。国企实力增强后，国有企业与其他所有制企业之间的收入差距将依然存在甚至会扩大。

（4）在国企改制中严防国有资产流失。

在大力反腐和从严治党的政策下，以往国企改制中广泛存在的国有资产流失问题得到了有效扼制，杜绝了国企改制引起的存量财富转移问题。

所有制差距将在一段时期内仍然是拉大收入分配差距、推动收入极化的路径，甚至是主要路径。

5.2.3 调整农地征用制度和城市房屋拆迁制度

低价征用农地和城市房屋低价拆迁制度是政府强制征地在农村和城市的不同体现，也被合称为"圈地运动"。圈地运动在发挥推动城市化建设积极作用的同时，也带来了收入极化等问题。为此，自党的十八大以后，中央采取了果断的措施来解决问题，地方政府从征用农地中获益的重要制度基础发生了如下变化：

（1）《中华人民共和国土地管理法》的修订。

2019年8月26日，十三届全国人大常委会第十二次会议表决通过关于修改《中华人民共和国土地管理法》（简称《土地管理法》）、《中华人民共和国城市房地产管理法》的决定。自 2020 年 1 月 1 日起施行的新《土地管理法》鼓励进城落户的村民依法自愿退出宅基地，集体经营性建设用地允许入市，利用此方法可以将闲置宅基地盘活利用，从而获得更高的收益。这次修订将会极大地影响到我国农地流转、农地入市和城市土地使用等方面，也会极大地影响收入分配，杜绝存量财富直接转移问题，改变收入极化路径。

（2）关于农村宅基地管理的新规定。

农村宅基地是农村的农户或个人用作住宅基地而占有、利用的本集体所有的土地。一直以来，我国对农村宅基地实行严格的"一户一宅"和流转制度，禁止城镇居民到农村购买宅基地，农村宅基地只有经过国家征用才可以转为城市建设用地。2019 年 9 月，中央农村工作领导小组办公室、农业农村部印发《关于进一步加强农村宅基地管理的通知》，鼓励村集体和农民盘活利用闲置宅基地和闲置住宅，通过自主经营、合作经营、委托经营等方式，依法依规发展农家乐、民宿、乡村旅游等，并于 2020 年明确城镇户口的子女可以继承父母的宅基地使用权。这些规定有利于保护农民利益，为农民维护财产收益提供了法律依据。

（3）对失地农民和被拆迁人的利益保护。

自党的十八大以来，党中央非常重视保护弱势群体的利益，把失地农民和被拆迁人的利益放在重要位置，极大地扼制了因征用农地和拆迁引起的农民和市民利益受损的问题，也扼制了由此引起的收入极化趋势。

第三篇

区域极化治理

6 区域极化及主要解释评析

6.1 我国区域极化的主要表现

改革开放以来，我国的区域间差距不断扩大，并呈现出向两极分化的态势，逐步形成了发达地区俱乐部和不发达地区俱乐部，而且在向两极分化的过程中形成了相背而行的几对组合，主要表现在两大组合上。

6.1.1 原来的东部沿海发达地区分化为东部沿海发达地区和东北地区

原来的东部沿海发达地区分化为东部沿海发达地区和东北地区之后，在表述上也由原来的东部地区、中部地区和西部地区的阶梯式区域划分变成了东部沿海地区、东北地区、中部地区和西部地区。以长三角和珠三角为核心的东部沿海发达省份崛起跃升，形成鲜明对比的则是东北地区的衰落，这也是区域格局变化中最为突出的一组对照，并且引起了人口的大规模流动。如在 1996—2019 年间，广东省常住人口增长了 52%，北京市增长了 71%；与此同时，东北地区的黑龙江、吉林和辽宁分别增长了 1%、3% 和 6%，远低于全国人口平均增长率 14% 的水平，人才外流严重。

这种变化是典型的区域极化趋势。区域极化并不纠结于最好地区与最差地区间的距离，而是关注区域向两极聚集的结构性变化问题，近年来受到较多的关注。区域极化是一个中等水平地区逐渐分化的过程，社会中的区域（以省或市县为单位），或者成为"富的"，或者成为"穷的"，呈现出区域内部日渐趋同而区域之间日益扩大的俱乐部状态，到完全极化时，中等水平区域会完全消失。区域极化是一个复杂的"系统工程"，关于区域差距、区域失衡、区域协调、俱乐部收敛、经济增长收敛或分化等范畴的研究，也就是对区域极化的研究。

6.1.2 不同级别的区域间都有不同程度的极化表现

区域极化在地区间、各省间、省内的市县间都有不同程度的表现，最突出的是长三角、珠三角地区经济遥遥领先与东北地区经济持续下滑并存；城市则分为一线城市、二线城市、三线城市等，一线的北、上、广、深与二线及以下城市的差距明显且在扩大；各省间差距有扩大、有收敛，呈俱乐部状，俱乐部间的差距又在扩大；省内发展也极不平衡，如"富可敌国"的广东，内部的贫富差距显著，"一面富得流油，一面穷得离谱"。而且，"富得流油"只是少数地方。[①] 如2019年，广东的GDP主要集中在深圳、广州、佛山和东莞4个城市当中，占广东GDP总额的70%，其余的17个城市占30%。

在极化的过程中，发达地区俱乐部和不发达地区俱乐部之间的差距在扩大，人口亦在大规模地向发达地区流动和聚集。企业、产业集中在发达地区优先发展有利于提升国家在世界上的竞争能力，也可以对其他地区发挥示范指导作用，促进改革，但这种集中带来的区域失衡的负面影响也是多方面的，除一线城市房价畸高、"大城市病"等表象问题外，还有地方政府间恶性竞争、抑制内需、资源浪费等问题，对宏观经济社会健康发展造成的损害深刻而长远，因此需要治理。

---

① 广东贫富差距已凸显，"富得流油"只是少数地方. 南方日报，2010－06－02.

6.2　区域极化成因的主要解释评析

关于区域极化的成因，最初认为是历史地形导致了地区差距，如程必定（1995）、马建堂（1996）等；后来的研究更多地从市场的角度进行研究，如蔡昉（2001）的劳动力市场、郭金龙（2003）的资本市场、林毅夫（2017）的用新结构经济学解决东北问题、吕大国等（2019）的市场规模，等等，开始关注人为因素的能动作用；周民良（1997）和赵勇（2015）等人倒是认为政府政策对区域差距的影响很重要，但更强调政府的区域政策；从财政角度的研究，王朝才（1998）比较了分税制前后的区域差距，王小鲁（2004）从多因素考察并兼顾了财政制度变革，张晓杰（2010）从基本公共服务的均等化角度研究缩小区域差距，等等；总体上看，从财政制度上解释区域差距的研究偏少。地区差距扩大最明显的对比是东南沿海地区的崛起和东北地区的衰落，这种对比也是社会关注的热点，社会上的解释除了市场经济之外，还有国有经济、产业结构、干部作风、文化观念等等。

这里我们主要辨析一下国有经济和文化观念这两个观点，用这两个观点解释东北地区的问题，如果能够很好地解释东北地区的衰落，也就能够解释中国的区域格局和区域极化。

6.2.1　国有经济占比过大的说法无法很好地解释东北问题

我们首先讨论国有经济挤出民间投资导致东北地区衰落从而扩大了其与东部其他省份的差距的说法。这种解释基于东北老工业基地的国有经济曾一度占据绝对支配地位的事实，依据国有经济会对民营经济产生挤出效应的经济学基本原理，得出了国有投资挤出民间投资，导致社会投资下降，最终经济、社会发展滞后的结论。按照这种解释，下面的逻辑应该成立：国有经济成分占比越大的省份，撤出的民间投资越多，经济状况越差；国有经济成分占比过大问题持续的时间越长的省份，民营经济越弱，经济状况越差；对国有经济依赖严重、国有经济利润贡献越大的省份，民营经济越不发达，该地区的经济增长就越乏力！

但是，我国地区间的比较并不支持这种推断。我们选择了北京、上海、天津、浙江、辽宁、江苏、广东、山东、重庆和年轻的计划单列市深圳，以辽宁代表东北，对上述地区进行比较。结果显示：

（1）比辽宁国有经济占比大的地区都是发达地区。

如果国有经济成分过大是拖累辽宁经济的主因的说法成立，那么应该是辽宁国有企业改制不力所致，国企数量大、冗员多、效益差，表现在统计上应该是国有经济占比高、降速低，甚至不降反升的特点。但图 6-1[①]并没有支持上述推测。

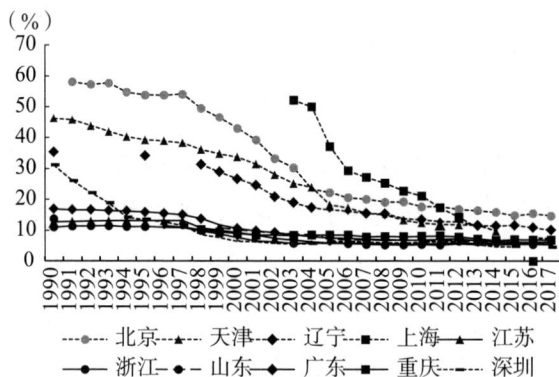

图 6-1　部分地区国有经济就业人数占总就业人数的比重

图 6-1 是北京、天津等 10 个地区国有经济就业人数占总就业人数的比重及变化曲线。从比重上看，北京、上海和天津一直位于前三位，一直高于辽宁；从趋势上看，各地区的国有经济就业人数占总就业人数的比重都在下降；从下降速度看，辽宁的国有经济成分降速略显平缓，到 2017

---

① 本图依据《国家统计年鉴》《北京统计年鉴》《天津统计年鉴》《辽宁统计年鉴》《上海统计年鉴》《江苏统计年鉴》《浙江统计年鉴》《山东统计年鉴》《广东统计年鉴》《重庆统计年鉴》等 1991—2018 年的相关资料整理计算而得。北京市就业人数统计口径在 2009 年之后有变化，1991—2008 年按登记注册地类型分从业人员年末数算，2009—2017 年按全市法人单位从业人员年末数算。改变之后的统计口径与其他地区的口径更接近。

年，辽宁的国有经济就业人数占总就业人数的 12%，北京比辽宁高出 5
个百分点，与辽宁国有经济占比相当或更高的地区是上海和天津，北京、
上海和天津都很发达。年轻的城市深圳的国有经济就业人数增长了 8%，
也并未影响其经济崛起。

（2）近 20 年来辽宁的国企改制力度大也未能阻止经济颓势。

我们选择 1995—2015 年期间部分地区总就业人数和国有经济就业人
数的变化情况进行对比分析，结果参见表 6-1。

表 6-1　1995—2015 年国有经济就业与总就业人数的变化情况

地区	1995 年		2015 年		1995—2015 年的变化			
	总就业	国有经济就业	总就业	国有经济就业	总就业增减		国有经济就业增减	
	万人	万人	万人	万人	万人	%	万人	%
全国	67 947	11 261	77 451	6 208	9 504	14	−5 053	−45
北京	665	358	1 051	183	385	58	−175	−49
天津	515	202	877	86	362	70	−116	−57
辽宁	2 028	691	2 410	280	382	19	−410	−59
上海	359	187	1 015	111	657	183	−76	−41
江苏	4 385	576	4 759	276	373	9	−300	−52
浙江	2 621	295	3 734	206	1 112	42	−88	−30
山东	5 207	678	6 633	391	1 425	27	−288	−42
广东	3 551	565	6 219	389	2 668	75	−176	−31
重庆	1 711	176	1 707	120	−4	0	−56	−32
深圳	299	40	906	43	608	203	3	8

注：本表依据《国家统计年鉴》《北京统计年鉴》《天津统计年鉴》《辽宁统计年鉴》《上海统计年
鉴》《江苏统计年鉴》《浙江统计年鉴》《山东统计年鉴》《广东统计年鉴》《重庆统计年鉴》等年鉴
1996—2018 年的相关资料整理计算而得。本表 1995 年的数据，上海以 2003 年数据、重庆以 1998 年
数据替代；2015 年的数据，天津以 2014 年数据、上海以 2013 年数据替代。

表 6-1 显示，在 1995—2015 年的 20 年间，辽宁减少了 410 万国有

经济就业人员，改革力度在样本省市中位列第一，减员人数占期初人数的59％。这说明辽宁的国企改制力度较大，更没有国有经济不降反弹问题，但改革并未能阻止辽宁的经济颓势，没能拯救东北经济。

（3）东北地区对国有经济的依赖程度并不高。

我们通过对比所选取的 31 个省级行政区的国有经济在工业企业利润中的贡献程度来评估地方经济对国有经济的依赖程度。我们以规模以上国有工业企业利润占规模以上工业企业利润比重来反映，结果如图 6-2 所示。

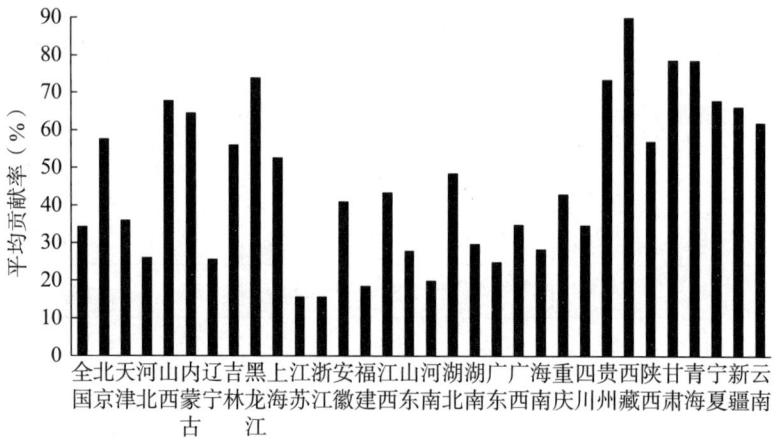

图 6-2　国有经济对工业企业利润的平均贡献率比较

资料来源：本图依据中经网统计数据库相关数据计算后绘制而得。

由图 6-2 可见，比较 2000—2017 年规模以上国有工业企业利润占规模以上工业企业利润之比，辽宁以平均 26％的比重位列第 26，低于全国平均水平（34％）8 个百分点，略高于广东、河南、福建、浙江和江苏，即辽宁对国有经济的依赖程度并不高。

（4）改制后东北的国有经济就业主要集中在高校等事业单位。

东北的教育比较发达。辽宁、黑龙江和吉林都属于教育大省，高等院校和科研机构多，而且大多是计划经济时期由中央各部委在东北设立的，这些单位的从业人员构成了国有经济就业的重要组成部分，具有一定的刚性。同时，近年来东北人口增长缓慢，人才外流严重，国有经济就业占比的分母增长很少，致使国有经济就业人数占总就业人数的比重下降缓慢，图 6-1 中的曲线轨迹也印证了这一点：①作为老工业基地，辽宁的国有经济就业人数占总就业人数的比例一直较高，仅低于京津沪三大直辖市；②经过 20 世纪 90 年代的国企改革，辽宁的国有企业从业人员人数大幅下降，减少了 59%；③但这种变化在曲线上反映并不明显，辽宁的降速缓慢，甚至到 2011 年以后为基本持平状态；④这种刚性是由于辽宁的高等院校和科研机构等事业单位较多，加上外来人口远少于京津沪等地，致使国有经济就业人数占总就业人数的比重这一指标下降困难。

与此形成鲜明对照的是深圳。自改革开放以来，深圳的人口就一直在激增，资本聚集，就业人数激增，国有经济就业人数占总就业人数的比重这一指标的分母大增，但其指标亦达 5%，略低于江苏、浙江、上海。自 2018 年起，辽宁又启动了国有事业单位改革和行政机构改革，进一步减少了事业单位数量和财政供养人口。如此大力度的改革并没有把辽宁经济带出困局，这是由于忽略了经济中的一个重要因素——财政体制问题。

6.2.2 同一国家内不同区域的文化差异对地区经济的影响力日渐式微

（1）"文化会影响经济发展"是理论上的观点之一。

关于文化与经济发展之间相互关系的研究有很多，从古典经济学到发展经济学，再到制度经济学和新制度经济学，都在探索文化与经济发展之间的作用机制。从观点上看有赞同、有反对，赞同者如斯密（1776）认为特定的文化观念成为市场扩展和经济进步必不可少的条件；穆勒（1848）认为一国人民的信仰和法律对他们的经济状况起很大的作用；马歇尔（1890）注意到了文化（包括宗教、道德、观念、理想）因素和经济动机同样决定着人们的行为，还认识到了宗教改革对经济发展的影响；熊彼特（1934）主张文化对创新的制约也就意味着其对经济发展的影响；韦伯认为儒教伦理阻碍了中国资本主义的发展；等等。由于缺乏有效的经济分析工具，目前还没有研究揭示出文化制约或促进经济发展的内在机制。

"文化会影响经济发展"的观点的讨论其实是有假设前提的：一是区域较大。一般所讨论的往往是一个国家及以上范围的文化，如亚洲文化、非洲文化等，很少讨论一个国家内部的一个地区的文化。二是环境相对封闭。一个国家内部的各个区域很难做到完全封闭。如果各区域能够完全封闭，各区域间的文化有明显差异，区域间的经济社会差异才能够用文化来解释。三是没有考虑文化趋同问题。如果一种文化先进、有利于经济进步，人们出于自身利益需要也会不自觉地接纳学习，更新自己的文化，并且随着通信发达、信息社会的到来，文化交流日益频繁，文化日益趋同，这些都挑战着"文化会影响经济发展"的观点。

持反对意见者也是从多角度阐释的，施韦德（1996）认为倘若一种文化有利于经济增长，那么其他的各种文化也会与之趋同；联合国教科文组织在《世界文化报告》中也批评了"贫困文化"和"发展的文化障碍问题"，认为这种观点隐含的"批评受害者"的做法，无论是基于道德还是现实，都是不能让人接受的；哈耶克（1945）认为文化乃是一种由习得的行为规则构成的传统，是可以进化的；诺思的新制度经济学将制度分为正式规则和非正式规则，制约、惯例、习俗、传统和文化一般被用来代表非正式规则，其大多数研究是将"意识形态"作为制度外的主观模型来看待；等等。

（2）制度是文化影响经济的主要载体。

"制度是生产力""制度是竞争力"，制度对经济的影响至关重要。文化影响经济往往是通过制度来实现的，尤其是在现代市场经济社会，规范的制度是经济社会正常运行的基本保障。文化通过作用于制度来影响经济，制度是文化影响经济的主要载体。

我国是一个单一制集权国家，中央政府是制度的主要供给者，地方政府的政策空间小，作用余地小，地方制度是在复制中央制度的基础上只有小幅的变化，各地的差异也很小，文化通过制度来影响经济的余地也很小。而且，在巨大的地方间竞争压力下，地方有强烈的冲动来通过改善制度促进本地经济发展，相对落后地区通过向发达地区取经来改善本地投资，扩大招商引资。就当地而言，能够改进的制度尽量改进，制约地方制度改进的因素往往是财力、地理等，而影响地方财力水平的既有可能是文化，更有可能是别的，如上级财政对下级财政的不对等冲击。

（3）文化本身就是诸多因素的产物。

正如哈耶克所言，"文化既不是自然的，也不是人为的，既不是通过遗传继承下来的，也不是经由理性设计出来的"，它是许多因素的共同产物，也是会变迁进化的。文化本身是自然环境、资源占有情况等诸多因素的产物，"一方水土养一方人"的俗语也说明客观环境、经济状况对文化观念的影响。

比如，有人认为东北人的"体制依赖症"严重，懒惰而不思进取，缺乏创业魄力，更愿意选择当公务员或在国有单位就业，因而东北经济发展不起来。这种说法貌似很有道理，但忽视了如下问题：一是体制依赖是一个全国性的就业偏好，这并不是东北独有的问题。如果仅仅是东北人热衷于依赖体制，选择在机关、事业单位等国有单位就业，是无法推动形成全国性热潮的，数千人争夺一个公务员岗位的情形是绝对不可能由东北三个省份的人口制造出来的。二是东北人的"体制依赖症"是造成经济不发达的原因，还是经济不发达的结果之一的诊断不够严谨，判断事物间的因果关系需要首先排除其他影响条件，只要还有没被排除的因素，就不能妄加推断，需要严谨论证。

（4）在人口大迁徙下地域文化的影响力在下降。

改革开放40多年，我国人口迁移的规模巨大，并向山区农村等偏远地区纵深推进。各地区交流日益充分，并在交流中被逐步筛选，先进的文化、有利于社会进步和市场经济发展的文化更容易被接纳和传播；落后的文化、不利于社会进步和市场经济发展的文化正在被逐步淘汰，在人口大迁徙下地域文化的影响力在逐步下降。

东北地区是一个工业化基础较好的地域，与外界的文化交流也比较充分。而且，很多东北人是闯关东移民的后代。闯关东是中国近代史上的移民壮举，是一段悲壮的历史，与走西口、下南洋并称为中国近代三大移民潮。这个以山东为主、目的地是吉林、辽宁、黑龙江一带的移民潮，由于需要突破朝廷的禁关令、冒着被惩罚的危险而行动，因此显得愈加悲怆而决绝。同样是破产农民到一个陌生的地方谋生，寻找能够生存下去的资源，闯关东用的是"闯"字，与走西口的"走"、下南洋的"下"相比，多了一份勇敢和血性，也体现出这些移民的勇气与智慧。如果认为文化是一种内生因子并可以独立传承，东北人也不乏勇敢基因；计划经济之前的东北工业繁荣，也显示出其曾有过深厚的创业文化并推动了东北工业基地的初创与建设。目前的区域极化，如果简单地归因于地域文化，还是有些勉强。

可见，无论是国有经济还是文化传统，都没有很好地解释东北经济发展乏力的问题，这是因为这些观点共同忽略了经济中的一个重要因素——财政体制。

7 区域极化的财政原因分析——以辽宁为例

7.1 影响目前财力分配的三种体制简介

财政体制的全称是财政管理体制，是调节政府间财力分配的一项基本制度。它规定着中央政府与地方政府以及地方上下级之间在财政管理方面的职责、权限以及资金的划分。自 1949 年以来，我国共实行了四种形式的体制，分别是统收统支（1950—1952 年）、统一领导分级管理（1953—1978 年）、划分收支分级包干（1980—1993 年）和分税制（1994 年至今），影响目前财力分配的主要是后三种体制。

7.1.1 1978 年以前的体制

在习语上，1978 年以前的体制被称为计划经济时期的体制，主要指 1953—1978 年统一领导分级管理的制度。该制度的核心是由中央统一进行地区间调剂，凡收大于支的省份均要向中央财政上交收入，凡支大于收的省份则均由中央财政给予补助，中央预算另设专案拨款，由中央集中支配。地方财政的权限很小，无权统筹安排和调剂本级地方预算。

在分税制实行之前，中央的财政收入依赖地方上缴，所以统计上的"财政收入"指标包含了中央财政收入和地方财政收入，是二者的合计；"财政支出"指标仅指地方财政支出，财政收支差额可以基本反映出中央与地方间的上缴或补助关系，即收大于支的地方为上缴省份，其差额基本上就是上缴额；支大于收的地方为受补助省份，其差额则为受补助的大致额度。1952—1977 年各省份的情况参见表 7-1。

表 7-1　1952—1977 年各省份财政收支差额及平均情况简表

	1952 年（万元）	1960 年（万元）	1970 年（万元）	1977 年（万元）	1952—1977 年	
					平均（万元）	排名
北京	10 760	115 985	150 103	267 976	108 438	5
山西	7 363	−14 668	−2 083	−31 792	−579	17
内蒙古	3 055	−32 244	−34 494	−111 131	−31 427	26
辽宁	39 700	297 100	18 600	377 400	198 908	2
吉林	25 500	24 500	6 600	−10 800	15 996	14
黑龙江	31 100	61 200	−9 400	312 200	92 677	6
上海	4 500	—	870 200	—	419 714	1
江苏	41 000	86 700	173 300	316 900	130 669	3
浙江	27 800	46 800	82 100	74 000	57 238	8
福建	9 466	−37 408	−18 935	−8 767	−1 294	18
江西	7 650	−48 448	−18 108	−43 904	−5 518	20
山东	44 398	24 445	166 910	333 454	117 113	4
河南	27 300	−10 100	67 600	11 100	26 162	10
湖北	—	−14 600	−5 300	8 700	25 385	11
湖南	20 100	11 000	41 100	44 700	23 100	13
广东	38 300	—	117 700	—	80 371	7
广西	5 022	−49 751	−18 190	−24 357	−15 001	21
海南	−813	4 025	2 197	−14 735	−1 762	19
重庆	—	58 563	23 827	30 468	25 370	12
四川	46 637	—	14 875	—	29 437	9
贵州	5 721	−27 536	−20 559	−63 561	−17 658	23

续表

	1952 年 （万元）	1960 年 （万元）	1970 年 （万元）	1977 年 （万元）	1952—1977 年	
					平均（万元）	排名
云南	9 658	23 674	−24 290	−99 404	−18 255	24
西藏	333	−2 564	5 590	4 742	1 986	16
陕西	6 951	—	4 849	—	10 978	15
甘肃	4 742	−35 630	−5 645	60 954	−20 722	25
青海	—	−41 896	−15 131	−31 199	−17 084	22

注：依据《北京统计年鉴》《天津统计年鉴》《辽宁统计年鉴》《上海统计年鉴》《江苏统计年鉴》《浙江统计年鉴》《山东统计年鉴》《广东统计年鉴》《重庆统计年鉴》等 1952—1978 年的相关资料整理计算而得，天津、河北、宁夏、新疆、安徽无数据。

表 7-1 显示了 1952—1977 年各省份财政收支差额情况，从该期间的平均值比较看，辽宁以年均 198 908 万元的上缴额位列第二，排在第一位的是上海，年均 419 714 万元，因此也有"上海老大、辽宁老二"之称。作为老工业基地，辽宁一直是财政收入上缴中央的大省，位列第二。

而且需要指出的是，在计划经济时期的财政收入中，除税收、国有企业利润之外，有时还包括国有企业的折旧基金等一些应该留给企业用于更新改造以便简单生产能够正常循环下去的资金。这种财政收入过度收取的做法，在一定程度上影响了国有企业的可持续发展。但辽宁这个老工业基地一直被鞭打快牛，没有得到必要的休养生息，这也是导致目前经济困境的重要原因。

7.1.2 1980—1993 年期间的财政体制

1980—1993 年实行的划分收支分级包干体制又被称为"分灶吃饭"体制，这次以调动地方理财积极性为目的的财政管理体制改革具有如下特点：

（1）财政让利是当时发展区域经济的主要手段。

由中央对地方直接出让财政利益是当时区域经济发展政策主导的方式，比如，针对广东、福建的对外开放政策实行定额包干办法，广东包上缴，福建包补贴；针对江苏、浙江的市场经济尝试政策实行总额分成办法；针对深圳经济特区则投入巨额的中央财政，类似的还有浦东开发等。这种力度是后来的区域经济发展政策如中部崛起、东北振兴等所无法企及的。中央财政直接让利的方式直接增加了地方可支配财力，极大地提高了地方财政服务能力，为地方进一步深化改革提供了可能，为地方提高公共服务水平、对企业减税让利吸引资本投入提供了可能。而且，当时正处于改革开放初期，刚刚结束短缺经济，国内的刚性市场需求旺盛，民间投资的边际收益大，地区经济得以休养生息，经济社会发展进入快速通道，形成良性循环。而后来的区域经济政策，如中部崛起、东北振兴等，则没有上述幸运，效果也不理想。

（2）以基数法确定财政包干基数。

财政包干制度在确定包干基数时以基数法为主，即在以前年度的上缴（补助）基数上略加调整就作为包干基数，基数一旦确定便延续下去，很难改变。基数法保证了中央的财政收入，但也把由历史造成的某些不合理因素保持并延续下来，把地区间的苦乐不均延续了下来。辽宁在整个计划经济时期都是财政收入上缴大省，上缴基数偏高，包干基数也偏高，其不利地位一直没能得到矫治。

（3）缺乏统一的标准，政策多变。

中央对地方的包干办法多种多样，有"总额分成""总额分成加增长分成""收入递增包干""上解递增包干""定额上解""定额补助"等等。中央与各省份之间逐一谈判、逐个落实，一个地区一个政策。由于缺乏统一的标准，这种一对一的契约关系因缺乏伦理与制度的支撑而变得非常脆弱，讨价还价、变动频繁，"一定八年不变"的契约没几年就变了，"一定五年不变"的契约第二年就变了。地方忙于跑步"钱"进，中央穷于应付，中央与地方之间的上缴、补助数额越来越偏离地方的真实财政能力，苦乐不均现象愈益严重。

（4）"两个比重"下降严重，对重点省份"严看死守"。

由于中央与地方间的财政契约不断被打破又构建、构建又打破，地方为了在博弈中获益，故意压低收入基数、抬高支出基数，甚至故意隐瞒财政收入，致使两个比例即财政收入占国民收入比例和中央财政收入占总财政收入比例下降严重，威胁到中央的财政供给能力。为保证中央财政收入，在讨价还价过程中，中央对一些重点省份如上海、辽宁这样的老工业基地"严看死守"，很少让利。而1989年以后，上海得到中央的大力投入和政策支持，辽宁便成为财政收入上"最受关照"的省份，在数次博弈中"落败"，可支配财力增长缓慢，直至1994年，这种财政不断"失血"的状态被以分税制的方式固定下来。

7.1.3　1994年以后的分税制体制

分税制的全称应是分级分税财政管理体制，其核心内容有三：分级、分税和转移支付。分级是指确定政府政权分级和各级政府的职责权限，即确定各级政府的事权和财政支出责任；分税是指依据各级政府承担的职责划分财政收入，按税种划分就是分税，确定哪些税种的收入归哪一级政府，或者是对某些税种按比例划分给不同级别的政府；转移支付是针对分税后不同级别政府之间、同级政府不同地区之间的财力差异而实行的，它是指政府间转移支付，有纵向转移支付和横向转移支付两种方式。

政府间转移支付是针对分税后各地区地方政府的财政能力差异而设置的均衡性制度，在确定各地的转移支付额度时，先选择若干指标如人均GDP、人口、人均可支配收入等作为参数，赋予参数以不同的权重，确定出一个公式来，据此计算各地的转移支付额。一般来说，人均GDP越多、人口密度越大、人均可支配收入越高，转移支付就越少；反之，则转移支付就越多。为保证转移支付的财力均衡功能的持续性，计算公式会定期调整。

我国的分税制首先确定中央与地方的事权和支出划分，然后按税种划分中央与地方财政收入，政府间财政转移支付则以税收返还为主，再辅以财力性转移支付和专项转移支付。其中，税收返还以1993年的地方既得财力为基础确定。我国从1994年开始实行分税制，至今已有20多个年头。它对我国的经济社会发展的影响是多方面的，对辽宁经济社会发展的影响非常巨大。

7.2 现行财政体制对辽宁经济影响的几个表现

无数历史经验告诉我们，财政体制是一个国家的根本制度，对国家的经济社会发展具有非常重要甚至是决定性的影响。20 多年的分税制体制，从税收返还、社会保险、教育等公益支出和既有税负等方面影响着辽宁的经济社会发展，并制约着东北老工业基地的振兴。

7.2.1 税收返还较少直接影响地方可支配财力

我国分税制中以税收返还为主，而税收返还额又是以 1993 年地方既得利益为基数确定的。这种做法最大限度地减少了改革阻力，令分税制得以顺利推行，但也把包干制下的基本格局保留了下来，把由历史因素造成的不合理分配以制度的形式固定了下来，地区间的苦乐不均随着时间的推移被不断扩大。

在计划经济时期，上缴中央收入第一位是上海，第二位是辽宁。在分灶吃饭期间，辽宁与中央的财政博弈处在中央的"严看死守"下，与当时的其他发达省份相比地方财力偏少。以维护地方既得利益为原则的分税制改革把这种严重失衡的地方财力差距以制度的方式固定了下来，从 1994 年至今，已经 20 多个年头了。向前推算，如果从 1980 年开始的"分灶吃饭"体制算起，针对不同地区的政策倾斜已经有 40 多个年头了，任何程度的失衡都应该是可能的。

为比较分税制初期的财力失衡状况，还原税收对各地的差别性影响，我们对所选取的省级行政区和计划单列市的人均财政支出进行比较，参见表 7-2。

表7-2 各省市人均财政支出比较

	1993年		1994年		2000年		2010年		2017年	
	人均财政支出（元）	排名	人均财政支出（元）	排名	人均财政支出（元）	排名	人均财政支出（元）	排名	人均财政支出（元）	排名
全国	392	—	483	—	1 253	—	6 702	—	12 795	—
北京	745	3	876	8	3 249	7	13 850	8	26 435	2
天津	579	4	812	9	1 869	9	10 597	10	20 895	5
河北	225	22	252	28	623	29	3 920	34	7 586	30
山西	251	19	293	24	693	25	5 404	23	9 342	24
内蒙古	395	12	411	18	1 042	14	9 196	11	16 937	7
辽宁	455	9	558	12	1 238	12	7 305	14	10 226	21
吉林	413	10	416	17	972	18	6 507	16	11 684	14
黑龙江	343	15	388	19	1 003	16	5 878	21	10 548	18
上海	924	2	1 469	5	3 783	4	14 344	7	25 635	4
江苏	235	21	285	25	807	22	6 245	17	12 145	11
浙江	288	16	351	21	922	20	5 890	20	11 999	12
安徽	123	30	157	35	531	34	4 344	30	8 528	26
福建	362	14	433	16	951	19	4 590	28	10 423	20
江西	206	26	229	32	539	32	4 310	32	9 665	23
山东	218	24	252	27	681	26	4 323	31	8 378	29
河南	165	29	188	34	470	36	3 632	35	7 172	31
湖北	203	27	240	30	653	28	44	36	10 481	19
湖南	211	25	240	30	530	35	4 113	33	8 446	28
广东	478	8	578	10	1 249	11	5 193	25	11 824	13
广西	242	20	278	26	544	30	4 355	29	8 477	27
海南	550	5	562	11	813	21	6 693	15	13 608	9
重庆	98	31	119	36	659	27	5 925	19	12 571	10
四川	261	18	293	23	543	31	5 280	24	9 139	25
贵州	198	28	215	33	537	33	4 690	27	11 162	17
云南	516	6	517	14	976	17	4 967	26	9 939	22
西藏	930	1	1 283	7	2 324	8	18 355	5	42 642	1

续表

	1993 年		1994 年		2000 年		2010 年		2017 年	
	人均财政支出（元）	排名	人均财政支出（元）	排名	人均财政支出（元）	排名	人均财政支出（元）	排名	人均财政支出（元）	排名
陕西	219	23	246	29	746	24	5 941	18	11 537	15
甘肃	269	17	303	22	748	23	5 737	22	11 380	16
青海	483	7	535	13	1 322	10	13 193	9	25 749	3
宁夏	395	13	385	20	1 098	13	8 808	12	17 046	6
新疆	403	11	435	15	1 033	15	7 775	13	16 124	8
大连	—	—	1 603	4	3 550	5	20 097	3	—	—
宁波	—	—	2 214	3	6 764	2	26 893	2	—	—
厦门	—	—	2 871	2	4 310	3	17 033	6	—	—
青岛	—	—	1 290	6	3 522	6	19 325	4	—	—
深圳	—	—	7 941	1	18 015	1	48 719	1	—	—

注：本表依据《中国财政年鉴》（1993—2018 年）和《国家统计年鉴》（1993—2018 年）相关数据计算而得。

表 7-2 显示，在 1994 年实行分税制之初，全国人均财政支出水平为 483 元，辽宁的人均财政支出为 558 元（排名第 12 位，包括计划单列市），黑龙江为 388 元，低于全国平均水平，排名第 19 位。它们都是当时的发达省份，按规定要在一些中央与地方共同负担的财政支出项目中承担较大的份额。在计划单列市中，人均财政支出最高的是深圳，人均 7 941 元，是厦门的 2.8 倍、宁波的 3.6 倍、大连的 5 倍、青岛的 6.2 倍、沈阳的 10.9 倍。

财政资金是政府提供公共服务的财力保障，也是经济发展、社会进步和体制改革的必要基础。人均财政支出水平越高，财政能力越强，公共服务水平越高，企业负担越轻，对资本投资越有吸引力，地方经济发展就比较快，居民收入水平得以提高，对人才越有吸引力，对政府的依赖就越低，弱势政府越适应市场经济要求，形成良性循环；反之，则是恶性循环。自分税制以来，各省级行政区和计划单列市的人均财政支出变化情况也反映了这种循环，参见表 7-3。

表7-3 分税制以来人均财政支出变化情况

	1994 年		2017 年		2017 年比 1994 年增长	
	人均财政支出 （元/人）	排名	人均财政支出 （元/人）	排名	增长额 （元/人）	排名
全国	483	—	12 462	—	11 978	—
北京	876	8	31 439	3	30 563	2
天津	812	9	21 082	7	20 270	7
河北	252	27	8 829	35	8 577	35
山西	293	23	10 147	30	9 854	30
内蒙古	411	18	17 912	11	17 501	10
辽宁	558	12	11 168	27	10 610	28
吉林	416	17	13 710	16	13 295	16
黑龙江	388	19	12 250	23	11 862	23
上海	1 469	5	31 214	4	29 745	3
江苏	285	25	13 228	19	12 943	18
浙江	351	21	13 312	18	12 961	17
安徽	157	35	9 918	33	9 761	33
福建	433	16	11 977	24	11 544	24
江西	229	32	11 059	28	10 830	27
山东	252	27	9 253	34	9 001	34
河南	188	34	8 594	36	8 407	36
湖北	240	30	11 524	26	11 284	26
湖南	240	30	10 013	32	9 773	31
广东	578	10	13 464	17	12 885	19
广西	278	26	10 048	31	9 770	32
海南	562	11	15 594	12	15 031	12
重庆	119	36	14 101	15	13 982	13
四川	293	23	10 473	29	10 180	29
贵州	215	33	12 884	20	12 669	20

续表

	1994 年		2017 年		2017 年比 1994 年增长	
	人均财政支出（元/人）	排名	人均财政支出（元/人）	排名	增长额（元/人）	排名
云南	517	14	11 901	25	11 384	25
西藏	1 283	7	49 909	1	48 626	1
陕西	246	29	12 603	21	12 357	21
甘肃	303	22	12 584	22	12 280	22
青海	535	13	25 593	5	25 058	5
宁夏	385	20	20 129	8	19 744	8
新疆	435	15	18 969	10	18 533	9
大连	1 603	4	15 462	13	13 859	14
宁波	2 214	3	23 631	6	21 417	6
厦门	2 871	2	19 878	9	17 007	11
青岛	1 290	6	15 102	14	13 812	15
深圳	7 941	1	36 667	2	28 727	4

注：本表依据《中国财政年鉴》（1994—2018 年）和《国家统计年鉴》（1994—2018 年）的相关数据计算而得。没有考虑物价上涨因素。

表 7 - 3 显示，1994—2017 年期间，各省级行政区和计划单列市的人均财政支出水平都在提高，但提高的幅度不同，变化幅度与分灶吃饭时期地方与中央博弈的"成绩"和政策倾斜程度高度相关。例如，原来人均财政支出水平最高的深圳市人均财政支出增长额度也高；新疆、内蒙古等自治区的人均财政支出增长幅度普遍较高，与中央财政补助逐年增长密切相关，与我们国家的民族政策倾斜高度相关；而同样是少数民族集中地区的甘肃、云南等却没有得到足够的支持，财政能力提高的幅度也小。

7.2.2 养老负担重，企业的劳动力成本高

社会保险费对于企业来说是一种似税负担，是劳动力成本的重要组成部分。在现代西方发达国家，社会保险费都由中央政府统一筹措、统一支

配，地区差距较小。我国长期实行省级统筹，在人口大规模流动的情况下，加剧了地区失衡。例如，深圳和辽宁就是两个极端的典型，深圳这个年轻的城市，领取养老金的人数少又有大量的年轻人涌入，是全国养老负担最轻的大城市。而辽宁是一个曾经以钢铁、煤炭、制造业等劳动密集型产业为主的老工业基地，离退休产业工人多，养老负担重。在20世纪90年代初，辽宁参加城市养老保险人员占总人口的比例达到17%（参见表7-4），养老负担重、社保费率高增加了本地区企业的人力成本，直接减少了企业利润，资本向外转移，引起年轻人口外流，制约地区经济发展。地方经济发展迟缓加剧了本地企业的养老负担，并形成了恶性循环。

表7-4　各省份参加城市养老保险人员占总人口的比例（％）

	1992 年	1995 年	2000 年	2005 年	2011 年	2014 年
全国	8	9	11	13	46	62
北京	—	21	29	34	53	63
天津			29	30	34	43
河北	—	—	—	—	7	9
山西			11	14	7	8
内蒙古		10	11	14	6	6
辽宁	17	18	25	28	22	20
吉林	—	—	11	17	11	13
黑龙江	—	—	16	20	7	7
上海	—	—	27	24	38	57
江苏	8	9	9	13	12	18
浙江	6	8	12	19	19	27
安徽	—	—	7	8	6	8
福建	—	—	—	12	11	13
江西	5	5	6	7	6	7
山东	—	—	9	11	9	16
湖北	—	6	8	10	9	11
湖南	—	—	9	12	6	8
广东			14	20	22	26
广西	—	—	5	6	4	6

续表

	1992 年	1995 年	2000 年	2005 年	2011 年	2014 年
海南	10	11	13	10	6	8
重庆	—	—	7	10	17	23
四川	—	4	6	7	8	11
贵州	3	3	4	5	3	5
云南	5	4	6	6	3	4
西藏	3	3	3	3	—	—
陕西	—	—	8	7	10	11
甘肃	—	—	7	8	3	4
青海	—	—	10	11	5	5
宁夏	7	7	10	—	12	13
新疆	—	5	8	9	4	6

注：本表依据《中国统计年鉴》（1993—2016 年）和《中国人力资源与社会保障年鉴》（1993—2016 年）的相关数据整理而得，河南无数据。

虽然中央对社保基金上缴费率有规定，但养老负担较轻的地区不时地通过降低费率或放松监管的办法来减轻本地企业的负担，吸引投资拉动本地经济发展，但这会直接影响未来的养老负担均衡。也就是说，如果是若干年以后再实行全国统筹，目前人口集中地区的年轻人变老，其养老负担会通过全国统筹的方式转嫁到其他区域，对辽宁这样的老工业基地来说则是二次伤害。

7.2.3 税负水平高，企业税负重

辽宁企业的负担沉重，主要由如下五个因素促成：

（1）计划经济时期国有企业利润是双重管制的结果。

国有企业利润是计划经济时期的主要财政收入。而计划经济时期的国有企业利润是在市场管制和价格管制的"双重管制"下形成的，具有超额垄断利润色彩。在实行市场经济以后，市场管制和价格管制消失，国有企业亏损严重，但在实行财政收入上缴基数法管理的传统下，高额的财政上缴基数被保留下来，构成了辽宁等老工业基地的财政收入基础数据。

当然，东北的干部尤其是辽宁的干部心甘情愿接受基数法安排，默默

地为那曾经的"辉煌"买单，是值得深思的事情。这是由文化因素造成的，是由经济不发达以后官员不得不严重依附体制造成的，还是由官员政绩影响造成的？这是值得进一步探究的。

（2）在统一企业所得税之前国有企业名义税负一直很重。

在20世纪80年代初期，我国就开始探索适合国有企业性质特点的利润上缴方式，试点了利税分流、承包制、利改税等多种形式的改革，实行过按所有制成分分别征收国营企业所得税、集体企业所得税、私营企业所得税、外商投资和外国资本所得税、工商个体业户所得税等政策，此外还有国营企业调节税。在税负上，国营企业重于集体企业、集体企业重于私营企业，内资企业重于外资企业，工商个体业户的税负与外资相当，但规模过小，抗风险能力很弱。企业税负不均，传递到地区上也是苦乐不均。据测算，20世纪90年代的一个企业，在广东的税负是15%，在辽宁将达到40%。后来我国统一了所得税税率，或许是地方官员为了追求政绩，也可能是信息不对称问题，辽宁、东北的税收基数偏高的问题被保留了下来，成为后来追求税收增加的基础。

（3）在20世纪90年代初就出现了虚假财政收入。

经历了20世纪80年代的市场化浪潮后，国有企业双重管制制度不断消失，东北的国有企业亏损严重。进入90年代，为了完成财政上缴任务，一些地方政府除了加重民企的税负外，开始用"刮地皮"①或"空转"②的方式虚增财政收入，而虚增的财政收入既构成了财政收入基数，加重了未来的负担，又在事实上造成地方财政的实际亏空，尤其是在与上级分成收入项目上虚增的收入，上级将其视为真实的财政收入安排了支出，而下

---

① 比喻政府财政收入征收程度的三个俗语——"割草""搂草""刮地皮"分别表示财政收入的三个阶段。"刮地皮"阶段意味着财政收入开始影响后续财源，财政收入开始抑制经济发展，它是竭泽而渔的另一种说法。

② "空转"又称"空运转"，是财政数据造假的一种主要方式。其大致做法是地方政府找一家单位，虚构收入或罚款业务，资金缴入国库后再以财政补贴等名义返还给单位；或者是找一块土地、一座废矿，杜撰一个买家，权作是把地卖掉或矿山出租，资金缴入国库后再以土地开发的名义从国库中划出；等等。这些做法夸大了税收收入或非税收入，膨胀财政收入规模，制造业绩数据。

级的实际亏空却严重制约了地方的未来发展，造成恶性循环。尤其是在遇到税收增长任务时，一些地方政府只能造假并制造亏空来掩盖问题。

（4）层层加码的税收任务。

地方 GDP 增长一度是地方官员的重要考核指标，但 GDP 指标是一个统计数据，容易被统计部门操纵，后来就又增加了税收收入指标。出于业绩压力，各级官员高度重视，往往通过布置税收任务来保证业绩，并在实际执行过程中，业绩指标层层加码。如果中央要求税收增长 3%，到省一级可能会变成 5%，到乡一级甚至会达 10%。

对于辽宁这种税收基数本身就虚高的地区，在税收任务面前，"过头税"不可避免，最终将辽宁的实际税负推入"拉弗禁区"。"拉弗禁区"一词源于"拉弗曲线"，是美国供给学派经济学家阿瑟·拉弗（Arthur B. Laffer）在 20 世纪 70 年代提出的，它阐释了税率与政府税收收入之间的关系。一般来说，提高税率可以增加政府的税收收入。但税率提高到一定程度超过某一临界点后，政府的税收收入反而下降；当税率达到 100%时，政府的税收收入为零。由此形成的曲线被称为"拉弗曲线"。在超过临界点之后，企业的经营成本增加，获利减少，投资收益下降，投资减少，经济活动减少，收入减少，政府征税的税基变小，随着税率的提高，政府的收入不升反降，临界点之后的区域即为"拉弗禁区"。关于拉弗曲线中的临界点（"拉弗临界点"）是多少，学术界有过许多探讨，至今没有定论。但在一个要素自由流动的市场，当税负成为妨碍经济发展的一个重要因素的时候，可以推断已经进入了"拉弗禁区"。

（5）社会保障的似税负担较高。

如前所述，以养老为主的社会保障收费对企业来说是一种似税负担。辽宁是老工业基地，参加城市社保体系的人中老年人占比较大。据测算，全国 6~7 个劳动力负担 1 个领取养老金的人，而辽宁则是 1.6 人供养 1 人，大连为 2.5 人。地区的养老负担沉重，养老保险支出刚性大，无法为了降低企业负担而降低费率、放松监管。养老保险资金缺口大、财政负担重直接影响地方的公共服务水平，并导致一系列经济社会问题，加重体制依赖症。

7.2.4 高等教育等公益负担较重

在计划经济时期，中央各部委纷纷在辽宁设立高校和科研院所，为全国培养了高级专业人才，这些高校和科研院所的经费由各部委拨付，事实上是由中央财政负担。我国从 20 世纪 90 年代开始理顺教育管理体制，高等院校归口教育部门，东北的绝大部分高校划归地方，上海、北京等地只有很少几所学校下划，而辽宁一省就接收了近 20 所高校。这些高校大多是全国招生，按照受益与付费对等的原则，对于全国招生、全国受益的高校，中央应该提供更多的资金资助。但长期以来，在经费上辽宁是按照发达地区执行的，地方负担 80%，中央补助 20%，财政负担沉重。

8 财政体制推动区域极化的实证研究

8.1 地区分类与模型选择

8.1.1 "分灶吃饭"体制损益影响下的地区分类

为研究财政体制对不同地区经济发展的影响，我们首先将各省份进行分类，分别考察这几类地区在改革开放以来发生的变化。

（1）按"分灶吃饭"体制初期政策倾斜情况划分。

自1980年开始，我国实行划分收支分级包干体制，亦称"分灶吃饭"体制。这一体制的重要特征是中央财政对地方放权让利，地方政府获得了较大的财权、较多的财力并建立了独立的地方预算。由于各地的情况不同，中央与地方之间又是"一对一"的谈判，致使各省份的获益差别较大，有受益多的地区、受益少的地区和受益中等地区之分。从绝对福利看，各省份都获得了中央的放权让利，都是受益者；但从相对福利看，有的受益多，有的受益少，受益多者为受益，受益少者实为受损。因此，为行文方便，我们将受益多、高于平均受益水平的地区称为"受益地区"，将受益少、低于平均受益水平的地区称为"受损地区"，将受益程度居中、接近平均受益水平的地区称为"中性地区"。

在"分灶吃饭"体制之初，为试点社会主义市场经济，江苏、浙江实行了总额分成体制；为迎接香港回归、发挥广东和福建的窗口作用，广东和福建实行定额包干体制；之后，北京、天津和上海三个直辖市也实行了总额分成体制。其他省份则多以基数法确定财政包干基数，实行基数"总额分成加增长分成""收入递增包干""上解递增包干"等体制。比较而言，江苏、浙江、广东、福建、北京、天津和上海的体制可以让地方有较多的留用财力，对地方更为有利，我们称之为"受益多地区"，其他为非受益地区。在非受益地区中，又有"受益少地区"和"受益中地区"之分。"分灶吃饭"体制缺乏统一的标准，这种一对一的契约关系因缺乏伦理与制度的支撑而变得非常脆弱，讨价还价，变动频繁，央地博弈激烈。当时中央面临着"两个比重"下降严重的压力，即财政收入占国民收入比重低和中央财政收入占全部财政收入比重低，中央财政困难，对江苏、浙江、广东、福建、北京、天津和上海让利，对深圳大力投入扶持，对自治区增加补助之后，财政压力是可想而知的。这一时期，中央对其余的传统财政上缴大省"严看死守"、几无让利。如在计划经济时期上缴中央列第2位的辽宁、第3位的山东、第4位的黑龙江，在与中央的博弈中获益甚少，尤其是东北老工业基地，面对市场经济冲击，国有企业盈利虽下降严重，但仍要保证原有的上缴基数。这种严重不利的地位于1994年被以分税制的方式固定下来，至今已有二十几个年头，约1/4个世纪。因此，也可以称之为"受损地区"，其他则属于"中性地区"，详见表8-1。

表8-1　按"分灶吃饭"体制政策倾斜情况分类的结果

类　别	数　量	省级行政区
受益地区	7	北京、天津、上海、江苏、浙江、福建、广东
中性地区	17	河北、山西、内蒙古、安徽、江西、山东、河南、湖北、湖南、广西、海南、重庆、四川、西藏、陕西、宁夏、新疆
受损地区	7	辽宁、吉林、黑龙江、贵州、云南、甘肃、青海

（2）按少数民族财政政策倾斜情况划分。

我国一直比较重视少数民族政策，我国共有9个以少数民族为主的省级行政区，分别是内蒙古、广西、西藏、宁夏、新疆、贵州、云南、甘肃和青海，这里我们将内蒙古、广西、西藏、宁夏和新疆统一表述为 5 个自治区，将贵州、云南、甘肃和青海统一表述为 4 个少数民族省（见表 8-2）。国家在财政上对它们的扶持程度不一样，对 5 个自治区的扶持力度远大于对 4 个少数民族省的扶持力度。因此，我们将这两类地区拿出来进行对比，考察财政补助对地方经济的影响。

表 8-2　按少数民族政策倾斜情况分类的结果

类别	省级行政区
5 个自治区	内蒙古、广西、西藏、宁夏、新疆
4 个少数民族省	贵州、云南、甘肃、青海

（3）按新常态下是否对中央财政有净贡献分类。

为进一步论证财政对地方经济的影响，我们在上述按"分灶吃饭"初期政策倾斜情况分类的基础上，再按新常态下是否对中央财政有净贡献分类的方法对地区经济进行追溯性研究。2017 年，我国财政出现了"25 省负债，全国只有 6 省 1 市在赚钱养国家"[①] 的情况，参见表 8-3，我们对这两大类地区进行比较。

表 8-3　按新常态后是否对中央财政有净贡献分类的结果

类别	个数	省级行政区
向中央财政有净贡献	6	北京、上海、江苏、浙江、福建、广东
需要接受中央财政补助	25	天津、河北、山西、内蒙古、辽宁、吉林、黑龙江、安徽、江西、山东、河南、湖北、湖南、广西、海南、重庆、四川、贵州、云南、西藏、陕西、甘肃、青海、宁夏、新疆

8.1.2　模型选择

为了验证财政体制对不同类型地区经济发展的影响，我们从柯布-道

---

① 中国财政真相：25 省负债　全国只有 6 省 1 市在赚钱养国家. 新浪财经，2017-09-18.

格拉斯生产函数出发，借鉴包含技术、劳动与投资的柯布-道格拉斯生产函数，采用下面的回归模型进行分析：

$$Y_{it} = \alpha_0 + \alpha_1 \text{Sysdum2}_i + \alpha_2 \text{Sysdum3}_i + \beta X_{it} + \varepsilon_{it} \qquad (8-1)$$

其中，i 表示各个地区；t 表示时间；被解释变量 Y 代表人均生产总值；虚拟变量 Sysdum 取值 0 或者 1，表示不同类别的地区；系数 α_i 用来反映财政体制对不同类别地区经济发展影响的差异；X 表示控制变量。由于分类的情况有两种，分两类和分三类，对于分三类的情况，需要两个虚拟变量，如（8-1）式，而对于分两类的情况，则只需要一个虚拟变量，此时模型为：

$$Y_{it} = \alpha_0 + \alpha_1 \text{Sysdum2}_i + \beta X_{it} + \varepsilon_{it} \qquad (8-2)$$

8.2 数据及其描述

数据选取 1978—2016 年总共 38 年的数据，数据来源于国家统计年鉴、各省统计年鉴和 EPS 数据平台。这里着重分析各个类别省份 GDP 占比的变化。从两个角度考察 GDP 的变化情况：第一，考察各个类别省份的 GDP 总和占全国 GDP 比重的变化情况；第二，考察各个类别省份的人均 GDP 除以全国人均 GDP 所得值的变化情况。GDP 数据都换算成以 1978 年为基年的实际 GDP。

8.2.1 "分灶吃饭"初期政策倾斜影响的情况

（1）比较三类地区 GDP 总和占全国 GDP 的比重。

我们把受益地区、中性地区与受损地区 GDP 总和占全国 GDP 的比重进行比较，得出三大地区的 GDP 占全国 GDP 的比重，并绘出趋势图，参见图 8-1。全国 GDP 总和从 1978 年的 3 472 亿元上升到 2016 年的 170 404 亿元，38 年间增长了 48.1 倍，年均增长率为 10.8%；受益地区 GDP 总和从 1978 年的 1 089 亿元上升到 2016 年的 69 850 亿元，38 年间年均增长率为 11.6%；中性地区 GDP 总和从 1978 年的 1 701 亿元上升到

2016 年的 79 842 亿元，38 年间年均增长率为 10.7%；受损地区 GDP 总和从 1978 年的 682 亿元上升到 2016 年的 20 711 亿元，38 年间年均增长率为 9.4%。年均增长率按受益地区、中性地区与受损地区依次递减。

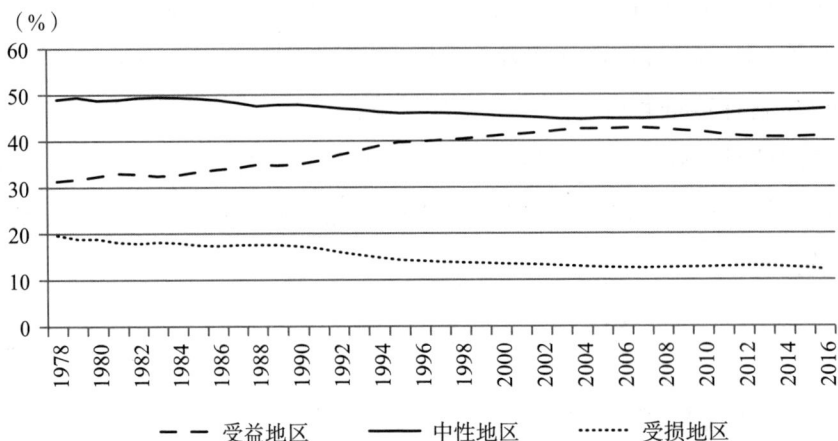

图 8-1　三类地区 GDP 总和占全国 GDP 的比重变化情况

由图 8-1 可见，从三类地区 GDP 的占比变化情况来看，受损地区 GDP 的占比在 38 年间基本上一直在递减，从 1978 年的 19.6% 下降到 2016 年的 12.2%，总共下降了 7.4 个百分点。中性地区 GDP 的占比变化呈 U 形，1978 年为 49%，2004 年下降到 44.6%，然后开始上升，到 2016 年达 46.9%，但仍未恢复到 1978 年的水平，38 年间总共下降了 2.1 个百分点。受益地区 GDP 的占比为整体上升趋势，1978 年为 31.4%，2007 年为最高点，达 42.75%，2016 年略降至 41%，38 年间上升了 9.6 个百分点。

（2）比较三类地区人均 GDP 的情况。

接下来我们再考察人均 GDP 的情况。全国人均 GDP 从 1978 年的 362 元上升到 2016 年的 12 350 元，增长了 33 倍，38 年间年均增长率为 9.7%；受益地区的人均 GDP 从 1978 年的 551 元上升到 2016 年的 20 177.92 元，38 年间增长了 35.6 倍，年均增长率为 9.9%；中性地区的人均 GDP 从 1978 年的 286.51 元上升到 2016 年的 9 866 元，38 年间增长了 33.4 倍，年均增长率为 9.8%；受损地区的人均 GDP 从 1978 年的 409 元上升到 2016 年的 9 230 元，38 年间增长了 21.6 倍，年均增长率为 8.5%。为比较方便，我们分别用三类地区的人均 GDP 除以全国的人均 GDP，按各年的比值给出三类地区的比值趋势图，参见图 8-2。

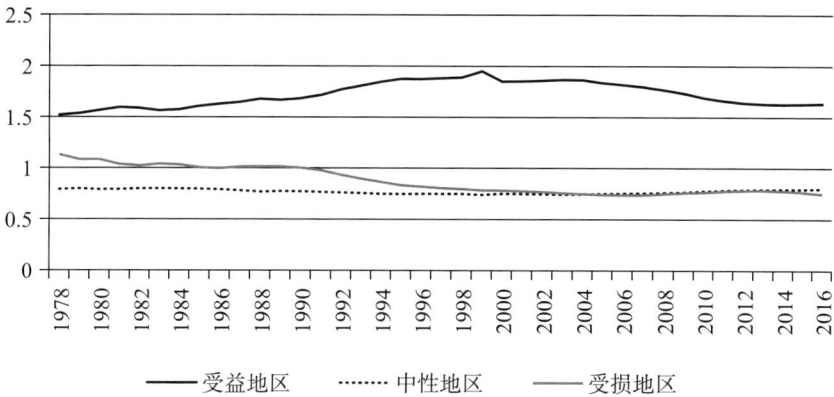

图 8-2 三类地区人均 GDP 除以全国人均 GDP 的比值变化情况

由图 8-2 可见，受益地区的比值有绝对的优势，远高于其他两个地区，并呈倒 U 形变化。受益地区的比值从 1978 年的 1.52 上升到 1999 年的 1.95，之后开始下降，到 2016 年为 1.63，比 1978 年高 11 个百分点。这种差距并不像 GDP 总量那么悬殊，也说明受益地区的产业的含金量和附加值有很大的提升空间；中性地区的人均 GDP 与全国人均 GDP 相比，一直保持平行，1978 年的比值是 0.79，2016 年为 0.80，仅增加 1 个百分点，其间虽有升降，但幅度极小，说明中性地区的生产力水平是全国水平的典型代表，有压舱石般的作用；受损地区的比值是直线下降的，从 1978 年的 1.13 下降到 2016 年的 0.75，38 年间下降了 38 个百分点。降幅较大的节点有 1981 年、1990 年等年份，1981 年较上年下降了 4 个百分点，1990 年较上年下降了 3 个百分点。比较中性地区与受损地区，在 1978—2004 年间，受损地区的比值一直大于中性地区，从 2004 年之后受损地区的比值低于中性地区且差距扩大。

8.2.2 少数民族地区财政政策倾斜影响的情况

我国少数民族地区主要有 5 个自治区和 4 个少数民族省，在财政体制上对其区别对待。我国对自治区有更多的倾斜，例如，中央对自治区的补贴每年都要按比例增长，并作为制度规定下来，而 4 个少数民族省就没有上述优待。

（1）从地区 GDP 总和占全国 GDP 的比重来看。

我们仍以地区 GDP 总和占全国 GDP 的比重来反映这两类地区的趋势变化，参见图 8-3。5 个自治区 GDP 总和占全国 GDP 的比重在 1978 年与 4 个少数民族省 GDP 总和占全国 GDP 的比重相当，4 个少数民族省的经济情况略强于 5 个自治区。两类地区的第一次分野发生于 1979 年之后，5 个自治区的比重高于 4 个少数民族省。到 1989—1990 年，两类地区又重合了。自 1990 年再次分野后，二者差距越来越大，这应该与中央对 5 个自治区的补助每年递增 10% 并制度化确定下来有关。

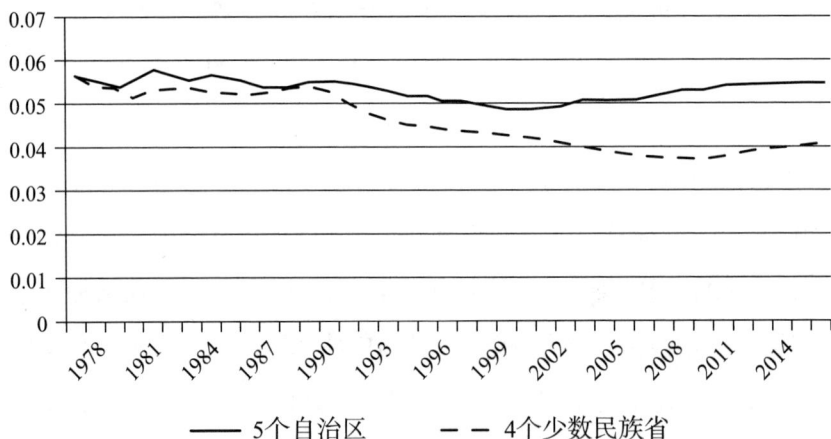

图 8-3 GDP 总和占全国 GDP 的比重变化情况

从两类地区 GDP 的年均增长率来看，5 个自治区的 GDP 总和从 1978 年的 193 亿元增长到 2016 年的 9 495 亿元，38 年间增长了 48.2 倍，年均增长率为 10.8%，4 个少数民族省 GDP 总和从 1978 年的 196 亿元增长到

2016 年的 6 952 亿元，38 年间增长了 34.5 倍，年均增长率为 9.8％，以每年低于 5 个自治区约 1 个百分点的增长率逐渐落后。

（2）从两类地区人均 GDP 来看。

5 个自治区的人均 GDP 从 1978 年的 275 元上升到 2016 年的 8 823 元，38 年间增长了 31.1 倍，年均增长率为 9.6％。4 个少数民族省的人均 GDP 从 1978 年的 245 元上升到 2016 年的 6 030 元，38 年间增长了 23.6 倍，年均增长率为 8.8％。与全国人均 GDP 比较，两类地区人均 GDP 的变化趋势如图 8-4 所示。

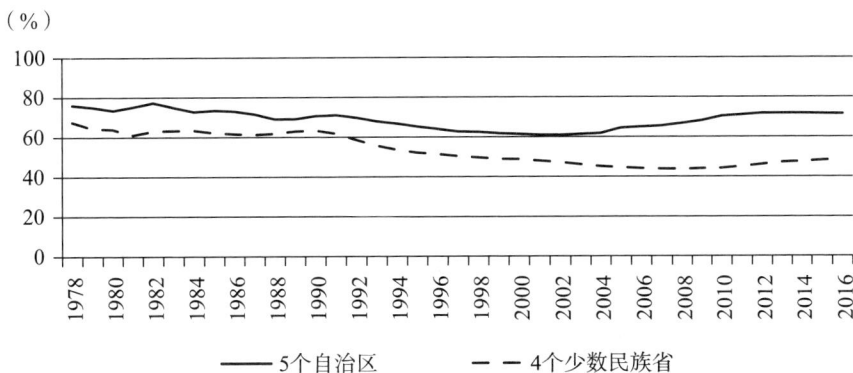

图 8-4　两类地区人均 GDP 与全国人均 GDP 的比值变化情况

图 8-4 显示，改革开放以来，5 个自治区的人均 GDP 一直大于 4 个少数民族省，差距在 1990 年以后扩大，二者都经历了一个先下降再上升的过程，与 GDP 份额占比的变化趋势图接近。与全国平均水平相比，二者的人均 GDP 都低于全国均值。1978 年，5 个自治区的人均 GDP 为全国均值的 76％，到 2002 年下降到最低点，约为 62％，之后逐渐恢复，到 2016 年为 71％，低于 1978 年 5 个百分点。1978 年，4 个少数民族省的人均 GDP 为全国均值的 67％，到 2008 年下降到最低点 44％，之后有所恢复，到 2016 年为 49％，低于 1978 年 18 个百分点。获得较多中央补助的 5 个自治区 1978 年的人均 GDP 高出 4 个少数民族省 9 个百分点，到 2016 年为 22 个百分点，38 年间差距增加了 1.4 倍。

8.2.3 新常态后财政净贡献地区与财政净补助地区的比较

对中央财政有净贡献地区的 GDP 总和在 1978 年为 1 007 亿元，到 2016 年增长到了 64 520 亿元，38 年间增长了 63.1 倍，年均增长率为 11.6%；财政净补助地区 GDP 总和在 1978 年为 2 465 亿元，到 2016 年上升到 105 294 亿元，38 年间增长了 41.7 倍，年均增长率为 10.4%。

（1）两类地区的 GDP 总和占全国 GDP 的比重比较。

我们从 2016 年出发，向前追溯至改革开放初期的 1978 年，这两类地区 GDP 总和在全国 GDP 中的占比，就是两条此消彼长、相向而行的对称曲线，参见图 8-5。

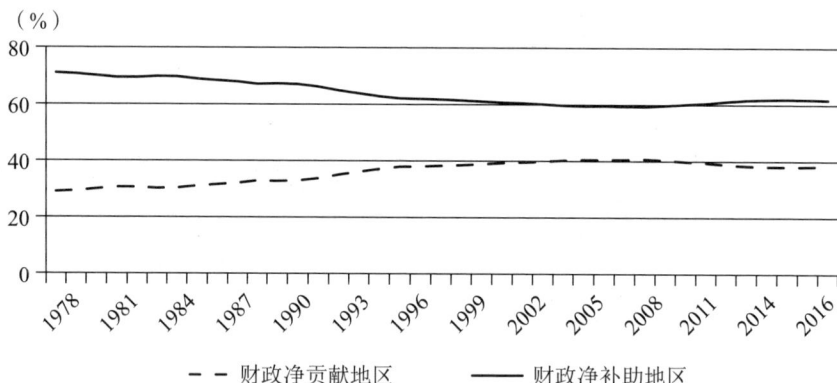

图 8-5　两类地区 GDP 总和占全国 GDP 的比重变化情况

对中央财政有净贡献地区 GDP 总和占全国 GDP 的比重，1978 年为 29%，逐年上升至 2007 年的 40.6% 之后缓慢下降，到 2016 年为 38.2%，增长了 9.2 个百分点；中央财政净补助的地区 GDP 总和占全国 GDP 的比重，1978 年为 71%，下降到 2007 年的 59.4% 之后缓慢上升，到 2016 年为 61.8%。

（2）两类地区的人均 GDP 比较。

财政净贡献地区的人均 GDP1978 年为 528 元，到 2016 年达 19 697 元，是 1978 年的 36.3 倍，年均增长率为 10.0%；财政净补助地区的人均

GDP1978 年为 321 元，到 2016 年为 10 035 元，38 年间增长了 30.3 倍，年均增长率为 9.5%。财政净贡献地区的人均 GDP 的年均增长率比财政净补助地区高 0.5 个百分点，说明财政净贡献地区的产业结构或生产率水平要好于其他地区。

两大地区人均 GDP 与全国人均 GDP 的比较如图 8-6 所示。1978 年财政净贡献地区人均 GDP 是全国人均 GDP 的 1.46 倍，到 1999 年达最高点 1.93 倍，之后逐渐下降，至 2016 年为 1.6 倍，较 1978 年上升了 14 个百分点；1978 年财政净补助地区人均 GDP 是全国人均 GDP 的 89%，到 2004 年下降至最低点 76%，2016 年恢复到 81%，仍比 1978 年低 8 个百分点。

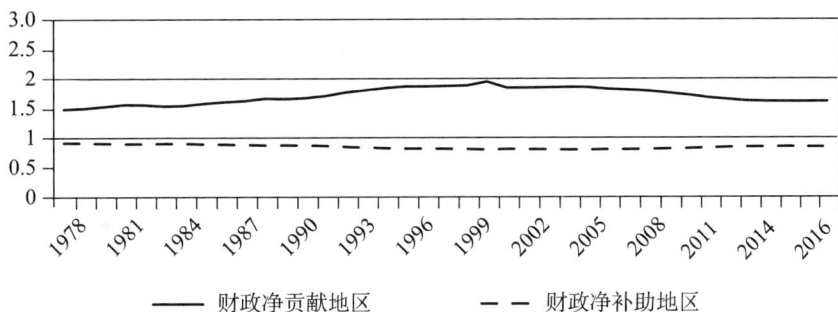

图 8-6 人均 GDP 除以全国人均 GDP 的比值变化情况

8.3 模型的估计及稳健性分析

（8-1）式和（8-2）式被用于对上述三种分类的地区进行估计，以判断财政体制对不同地区的影响。这里 Y 表示各地区人均 GDP，控制变量 X 则包括：

①Inv，人均固定资产投资（单位：元）；

②Fis，人均财政支出（单位：元）；

③Lab，就业率（就业人数除以总人口）；

④RJJY，人均受教育年限；

⑤TRA，贸易开放度［（进口额＋出口额）/GDP］；

⑥PD，人口密度（单位：人/平方公里）。

其中，人均受教育年限的计算方法是，将每一种受教育程度分别按一定的教育年限进行折算。[①]

对于某些缺失的数据，用回归拟合或者移动平均法获得。在模型估计时，变量和控制变量都取自然对数，即：

$$\ln Y_{it} = \alpha_0 + \alpha_1 \mathrm{Sysdum2}_i + \alpha_2 \mathrm{Sysdum3}_i + \beta \ln X_{it} + \varepsilon_{it} \qquad (8-3)$$

8.3.1 模型估计

（1）对"分灶吃饭"体制初期政策倾斜影响的估计。

我们运用（8-3）式对受益地区、中性地区与受损地区分别进行估计，分别以1类地区、2类地区和3类地区代称受益地区、中性地区和受损地区，有时简称为1、2、3。例如，式中Sysdum2代表2类地区的虚拟变量，它的取值是1，其他地区的取值为0；式中Sysdum3代表3类地区的虚拟变量，它的取值是1，其他地区的取值为0。

①对"分灶吃饭"体制初期政策倾斜影响的全时期估计。

我们首先对1978—2016年期间三类地区的人均GDP进行模型估计，表8-4是估计结果。这里采用四种不同的估计方法进行估计，OLS为最小二乘估计；IV-2SLS为工具变量两阶段最小二乘估计；IV-GMM为工具变量广义矩估计，使用各个控制变量滞后一阶值作为其本身的工具变量，如$\ln \mathrm{Inv}_t$的工具变量就是$\ln \mathrm{Inv}_{t-1}$；RE代表面板随机效应估计。

[①] 为便于计量，我们把受教育年限设置为文盲0年、小学6年、初中9年、高中12年、大专以上文化程度16年。依据自2001年开始的《中国劳动统计年鉴》统计口径的变化，大专以上文化程度分设大学专科、大学本科和研究生以上三个细目，相应的受教育年限设置如下：大学专科15年、大学本科16年、研究生以上19年。用折算后的受教育年限乘以该教育水平的人数占总人口数的比重，各项相加得出人均受教育年限。

表 8-4　对"分灶吃饭"体制初期政策倾斜影响的全时期估计结果

变量	(1) OLS lnGDP	(2) IV-2SLS lnGDP	(3) IV-GMM lnGDP	(4) RE lnGDP
lnInv	0.421***	0.456***	0.456***	0.364***
	(0.015 1)	(0.017 7)	(0.018 5)	(0.013 8)
lnFis	0.238***	0.209***	0.209***	0.268***
	(0.014 1)	(0.016 0)	(0.019 2)	(0.013 9)
lnLab	0.129***	0.060 5	0.060 5	0.186***
	(0.048 7)	(0.052 8)	(0.050 8)	(0.051 2)
lnRJJY	0.420***	0.357***	0.357***	0.612***
	(0.036 9)	(0.041 8)	(0.058 8)	(0.046 9)
lnTRA	0.054 5***	0.059 7***	0.059 7***	0.041 9***
	(0.006 14)	(0.007 29)	(0.008 05)	(0.006 19)
lnPD	0.058 4***	0.060 7***	0.060 7***	0.065 4***
	(0.005 47)	(0.005 74)	(0.006 38)	(0.012 7)
Sysdum2	−0.184***	−0.174***	−0.174***	−0.192***
	(0.016 6)	(0.017 7)	(0.017 7)	(0.052 2)
Sysdum3	−0.191***	−0.180***	−0.180***	−0.195***
	(0.019 3)	(0.020 3)	(0.020 3)	(0.063 2)
常数	2.688***	2.688***	2.688***	2.498***
	(0.065 4)	(0.069 1)	(0.091 6)	(0.107)
观测量	1 200	1 169	1 169	1 200
R^2	0.979	0.979	0.979	

括号中为标准差。

*** $P<0.01$　** $P<0.05$　* $P<0.1$

估计结果显示：用四种方法估计的各个系数都非常显著，而且都在1%的显著性水平上显著；控制变量系数估计值都为正值符合其经济含义，说明人均投资、人均财政支出增加，就业率、人均教育水平和贸易开放度提高，以及人口密度的增加，都会有效地提高人均 GDP 水平。同时，表示不同地区间人均 GDP 对数条件均值之差的虚拟变量系数，四种方法的估计结果也支持我们的前述推断。中性地区和受损地区的虚拟变量的系数都为负，且都在1%的显著性水平上显著。负数表示，相对于受益地区而言，中性地区和受损地区人均 GDP 对数的条件均值要小；虚拟变量系数的数值则表示受损地区、中性地区与受益地区之间的差距值，值越大表示差距越大。虚拟变量系数的估计结果显示，在相同条件下，受益地区的人均 GDP 大于中性地区，中性地区的人均 GDP 大于受损地区，即受益地区的人均 GDP＞中性地区的人均 GDP＞受损地区的人均 GDP，这种传递性成立！

②对"分灶吃饭"体制初期政策倾斜影响的分时段估计。

为进一步考察虚拟变量取值变化和三类地区人均 GDP 差距的变化情况，进一步验证"分灶吃饭"体制初期政策倾斜对地区经济的影响，我们将改革开放以来的时间划分成几个阶段，分别进行回归研究，再比较相关的系数，从而让研究结论更加坚实可靠。在这里根据重要事件原则将时间划分为 6 个时间段，分别是：1978—1990 年、1978—2000 年、1978—2003 年、1978—2008 年、1978—2009 年和 1978—2016 年。回归结果见表 8-5，其中 OLS1990 表示时间段为 1978—1990 年，用最小二乘估计得出的结果，其他表达依次类推。6 个时间段的估计结果依次为表 8-5 中的（1）～（6）列。

表 8-5　分时段受益地区、中性地区与受损地区的估计结果

变量	（1）OLS1990 lnGDP	（2）OLS2000 lnGDP	（3）OLS2003 lnGDP	（4）OLS2008 lnGDP	（5）OLS2009 lnGDP	（6）OLS2016 lnGDP
lnInv	0.342***	0.450***	0.458***	0.457***	0.456***	0.421***
	(0.025 8)	(0.017 7)	(0.017 7)	(0.016 7)	(0.016 4)	(0.015 1)
lnFis	0.299***	0.237***	0.246***	0.239***	0.236***	0.238***
	(0.027 9)	(0.020 0)	(0.018 4)	(0.016 5)	(0.016 0)	(0.014 1)
lnLab	0.628***	0.497***	0.358***	0.243***	0.229***	0.129***
	(0.097 3)	(0.060 7)	(0.055 9)	(0.051 1)	(0.050 3)	(0.048 7)
lnRJJY	0.333***	0.401***	0.388***	0.375***	0.378***	0.420***
	(0.057 1)	(0.041 0)	(0.039 9)	(0.037 8)	(0.037 4)	(0.036 9)
lnTRA	0.021 5**	0.013 3*	0.018 6***	0.029 9***	0.032 1***	0.054 5***
	(0.009 05)	(0.007 05)	(0.006 91)	(0.006 58)	(0.006 52)	(0.006 14)
lnPD	0.067 5***	0.052 1***	0.059 8***	0.061 9***	0.060 9***	0.058 4***

续表

变量	(1) OLS1990 lnGDP	(2) OLS2000 lnGDP	(3) OLS2003 lnGDP	(4) OLS2008 lnGDP	(5) OLS2009 lnGDP	(6) OLS2016 lnGDP
	(0.011 2)	(0.007 28)	(0.006 86)	(0.006 16)	(0.006 05)	(0.005 47)
Sysdum2	−0.112***	−0.095 9***	−0.098 2***	−0.124***	−0.132***	−0.184***
	(0.027 3)	(0.019 4)	(0.018 7)	(0.017 3)	(0.017 1)	(0.016 6)
Sysdum3	−0.066 3**	−0.081 7***	−0.093 2***	−0.124***	−0.133***	−0.191***
	(0.031 5)	(0.022 4)	(0.021 8)	(0.020 2)	(0.020 0)	(0.019 3)
常数	3.083***	2.685***	2.503***	2.518***	2.537***	2.688***
	(0.165)	(0.108)	(0.093 5)	(0.078 3)	(0.075 9)	(0.065 4)
观测量	363	673	766	921	952	1 200
R^2	0.932	0.960	0.963	0.972	0.973	0.979

括号中为标准差。
*** $P<0.01$　** $P<0.05$　* $P<0.1$

由表 8-5 可见，绝大多数控制变量的估计系数显著性水平很高，只有贸易开放度的估计系数显著性水平稍差，有 2 个分别是 10% 和 5% 的显著性水平，其余控制变量都在 1% 的显著性水平上显著，检验支持我们前期的定性分析结论。表 8-5 还显示，所有控制变量的系数都为正，符合其经济含义。从控制变量系数变化的比较情况看，投资的系数有增大的趋势，这说明投资在我国的经济发展中发挥着举足轻重的作用，投资一直是拉动我国经济发展的主要引擎，而且在 2000—2008 年这段时间内对经济发展的促进作用最强；财政支出的系数基本保持不变，这说明财政支出对经济发展的重要作用持续保持。就业率的估计系数逐渐变小，这说明随着经济的发展，劳动力的投入对经济发展的作用相比较而言在减弱。人均受教育年限的估计系数虽然有所波动，但是总的趋势是增加的，这说明教育对经济的发展起着越来越重要的作用。贸易开放度的估计系数总体上呈增加的趋势，这说明我国的经济发展对贸易的依赖越来越大。人口密度的估计系数有增有减，但变化不大，这说明人口聚集对人均 GDP 的贡献度不太高。虚拟变量的估计系数均为负，且都在 1% 的显著性水平上显著，再次支持了受益地区的 GDP 大于中性地区、中性地区的 GDP 大于受损地区的定性判断。从虚拟变量的系数大小来看，前三阶段模型的虚拟变量系数都是受损地区大于中性地区，说明在改革开放初期，受损地区的人均 GDP 要高于中性地区的人均 GDP。随着失衡因素推动极化加速，受损地区的 GDP 逐渐落后于中性地区。

（2）对少数民族地区财政政策倾斜影响的估计。

依据本次估计中只有两类地区及其特点，我们在（8-2）式的基础上改造模型，虚拟变量用 Sysdum2 表示，其取值为对于 5 个自治区，取值为 0，对于 4 个少数民族省，取值为 1。为消除多重共线性而导致的一些变量系数估计出现的问题，估计时应去掉人口密度这个变量，估计的方法与前一部分相同，对人均 GDP 和控制变量取自然对数，得到（8-4）式：

$$\ln Y_{it} = \alpha_0 + \alpha_1 \text{Sysdum2}_i + \beta \ln X_{it} + \varepsilon_{it} \qquad (8-4)$$

①对少数民族地区财政政策倾斜影响的全要素估计。

用（8-4）式估计 5 个自治区和 4 个少数民族省，得到表 8-6。

表 8-6　对少数民族地区财政政策倾斜影响的估计结果

变量	(1) OLS lnGDP	(2) IV lnGDP	(3) GMM lnGDP	(4) RE lnGDP	(5) RE lnGDP
lnInv	0.480***	0.527***	0.527***	0.498***	0.448***
	(0.027 3)	(0.033 1)	(0.034 0)	(0.022 8)	(0.023 1)
lnFis	0.131***	0.083 5**	0.083 5***	0.114***	0.114***
	(0.027 9)	(0.033 2)	(0.031 1)	(0.025 1)	(0.022 8)
lnLab	0.404***	0.388***	0.388***	0.378***	0.442***
	(0.079 6)	(0.085 0)	(0.087 0)	(0.090 9)	(0.080 8)
lnRJJY	0.329***	0.275***	0.275***	0.251***	
	(0.040 4)	(0.048 0)	(0.053 6)	(0.055 7)	
lnTRA	0.036 1***	0.035 9**	0.035 9*	0.059 0***	
	(0.012 4)	(0.015 9)	(0.018 7)	(0.011 4)	

续表

变量	(1) OLS lnGDP	(2) IV lnGDP	(3) GMM lnGDP	(4) RE lnGDP	(5) RE lnGDP
Sysdum2	−0.083 2***	−0.089 2***	−0.089 2***	−0.070 8	−0.081 0**
	(0.020 4)	(0.021 9)	(0.024 6)	(0.071 2)	(0.033 7)
RJJY					0.117***
					(0.010 2)
常数	3.234***	3.299***	3.299***	3.393***	3.329***
	(0.103)	(0.111)	(0.124)	(0.129)	(0.097 6)
观测量	351	342	342	351	351
R^2	0.979	0.978	0.978		
括号中为标准差。 *** $P<0.01$ ** $P<0.05$ * $P<0.1$					

表中控制变量的估计系数都为正,符合前述分析的经济含义,表明增加投资、财政支出、劳动力投入、人均受教育年限以及扩大出口都可以有效地增加人均 GDP;对于系数的估计,投资、劳动力和人均受教育年限变量系数的估计结果都在 1% 的显著性水平上显著。财政支出只有 1 个估计结果在 5% 的显著性水平上显著,其余均在 1% 的显著性水平上显著。与对"分灶吃饭"体制初期政策倾斜影响的估计类似,贸易开放度的系数的显著性较差,有的在 5% 和 10% 的显著性水平上显著,其余在 1% 的显著性水平上显著,这或许说明贸易开放度对区域的影响并不像我们设想的那么大。贸易开放度对于一个国家来说很重要,是参与国际社会的国家能力的体现,而在同一个国度的不同区域则没有那么重要,贸易开放不会被某个或某几个区域所垄断。

②对少数民族地区财政政策倾斜影响的分时段估计。

我们将时间分为 5 个时间段:1978—1990 年、1978—1995 年、1978—1997 年、1978—2005 年和 1978—2016 年。用普通最小二乘法对(8-4)式进行估计,结果见表 8-7。

表8-7 对少数民族地区财政政策倾斜影响的分时段估计结果

变量	(1) OLS1990 lnGDP	(2) OLS1995 lnGDP	(3) OLS1997 lnGDP	(4) OLS2005 lnGDP	(5) OLS2016 lnGDP
lnInv	0.157***	0.331***	0.380***	0.400***	0.480***
	(0.051 7)	(0.035 8)	(0.034 2)	(0.031 7)	(0.027 3)
lnFis	0.436***	0.252***	0.208***	0.215***	0.131***
	(0.067 1)	(0.048 7)	(0.046 8)	(0.036 8)	(0.027 9)
lnLab	0.846***	0.774***	0.820***	0.575***	0.404***
	(0.164)	(0.130)	(0.125)	(0.100)	(0.079 6)
lnRJJY	0.442***	0.345***	0.351***	0.383***	0.329***
	(0.070 4)	(0.055 5)	(0.055 9)	(0.045 6)	(0.040 4)
lnTRA	0.024 3	0.036 2**	0.031 2*	0.046 5***	0.036 1***
	(0.019 6)	(0.016 7)	(0.016 5)	(0.015 3)	(0.012 4)
Sysdum2	0.030 2	−0.039 2	−0.060 3**	−0.064 3**	−0.083 2***
	(0.038 3)	(0.030 7)	(0.029 7)	(0.026 5)	(0.020 4)
常数	3.392***	3.610***	3.609***	3.305***	3.234***
	(0.225)	(0.198)	(0.195)	(0.142)	(0.103)
观测量	108	153	171	243	351
R^2	0.897	0.916	0.922	0.951	0.979

括号中为标准差。

*** $P<0.01$ ** $P<0.05$ * $P<0.1$

由表8-7可见，控制变量系数的符号都为正，与前述定性分析的经济含义相符；从显著性水平来看，lnInv、lnFis、lnLab、lnRJJY系数都在1%的显著性水平上显著，lnTRA的系数在第（1）列中不显著，在第（2）列中在5%的显著性水平上显著，在第（3）列中在10%的显著性水平上显著，在其他两列中都在1%的显著性水平上显著；从系数值变化的情况来看，lnInv的系数越来越大，lnFis、lnLab和lnRJJY的系数在变小，lnTRA的系数总的趋势是越来越大，这说明投资对GDP增长的促进作用越来越大，财政支出、劳动力投入与人均受教育年限促进 GDP 增长的程度有所下降，贸易促进 GDP 增长的程度越来越大。贸易开放度在对少数民族地区的估计中显著，说明我国的少数民族地区相对封闭，提高贸易开放度可以促进地方经济，也说明扩大对外开放、增加国际交流和加强国际贸易往来的作用对少数民族地区比其他地区重要得多。

lnInv 的系数越来越大，显示投资对少数民族地区 GDP 增长的促进作用越来越大。投资对地方公共服务水平比较敏感，由财政能力差别引起的地方公共服务水平差别导致各地区的投资差别问题日益突出，反映在经济上就是财政能力越强的地区获得的投资越多，财政能力会因此而更强，形成良性循环；反之，财政能力越弱的地区获得的投资越少，财政能力会因此而更弱，形成恶性循环。二者之间的差距越来越大，强者越强，弱者越弱，极化加速。

我们再看虚拟变量的系数估计结果，第（1）列的值是 0.030 2，第（2）列的值是 −0.039 2，这两列的值从显著性水平来看都不显著，这说明从 1978 年到 1995 年为止，5 个自治区和 4 个少数民族省的 GDP 水平没有差距。从第（3）列开始，虚拟变量的系数估计结果都是负值，并且至少在 5% 的显著性水平上显著，这说明自 1997 年后 5 个自治区和 4 个少数民族省的 GDP 水平有了差距。另外，虚拟变量的系数估计结果从第（1）列到第（5）列依次递减，这说明随着时间的推移，5 个自治区和 4 个少数民族省的 GDP 水平的差距越来越大。

（3）对新常态下是否对中央财政有净贡献的地区的估计。

这里只研究财政净贡献与财政净补助两类地区，用（8−4）式进行估计，所用的估计方法和变量与前面一致，虚拟变量用 Sysdum2 表示，其取值为对于财政净贡献地区，取值为 0，对于财政净补助地区，取值为 1。估计结果见表 8−8。

表 8-8 财政净贡献与财政净补助地区的估计结果

变量	(1) OLS lnGDP	(2) IV lnGDP	(3) GMM lnGDP	(4) RE lnGDP
lnInv	0.419 ***	0.453 ***	0.453 ***	0.364 ***
	(0.015 0)	(0.017 5)	(0.018 0)	(0.013 8)
lnFis	0.245 ***	0.217 ***	0.217 ***	0.269 ***
	(0.014 0)	(0.015 8)	(0.018 2)	(0.013 9)
lnLab	0.109 **	0.042 1	0.042 1	0.185 ***
	(0.048 8)	(0.052 9)	(0.051 2)	(0.051 1)
lnRJJY	0.395 ***	0.331 ***	0.331 ***	0.606 ***
	(0.036 4)	(0.041 1)	(0.058 4)	(0.046 6)
lnTRA	0.060 4 ***	0.066 0 ***	0.066 0 ***	0.042 6 ***
	(0.005 95)	(0.006 99)	(0.007 81)	(0.006 16)
lnPD	0.065 6 ***	0.067 7 ***	0.067 7 ***	0.067 6 ***
	(0.005 25)	(0.005 53)	(0.006 04)	(0.012 0)
Sysdum2	−0.174 ***	−0.163 ***	−0.163 ***	−0.195 ***
	(0.016 0)	(0.016 8)	(0.016 6)	(0.050 5)
常数	2.665 ***	2.670 ***	2.670 ***	2.503 ***
	(0.065 5)	(0.069 5)	(0.091 9)	(0.105)
观测量	1 200	1 169	1 169	1 200
R^2	0.979	0.979	0.979	

括号中为标准差。

*** $P<0.01$ ** $P<0.05$ * $P<0.1$

表 8-8 显示，所有控制变量的估计系数都是正值，与其经济含义相符；从控制变量系数的显著性水平看，lnInv、lnFis、lnRJJY、lnTRA 和 lnPD 的系数在四种估计方法中都在 1% 的显著性水平上显著，lnLab 的系数在最小二乘法估计下在 5% 的显著性水平上显著，在工具变量估计下不显著，在面板随机效应估计下在 1% 的显著性水平上显著。对于

虚拟变量的估计，从显著性水平来看，四种估计结果都在 1% 的显著性水平上显著；从估计的数值来看，四种估计结果都为负值，说明财政净贡献地区的人均 GDP 大于财政净补助地区的人均 GDP，数值则反映了差距的程度。

8.3.2 稳健性分析

（1）改变变量的测度对模型进行估计。

以上都是基于人均数据估计，容易弱化人口聚集效应。下面我们把人均数据换为总值数据，改变相关变量的测量方法，仍然用前述方法对三类地区分别进行估计。

①对"分灶吃饭"体制初期政策倾斜影响的估计。

变量说明如表 8-9 所示。

表 8-9　变量说明

变量	含义
GDP	GDP 总值（单位：亿元）
Inv	固定资产投资（单位：亿元）
Fis	财政支出（单位：亿元）
Lab	就业人数（单位：万人）
RJJY	人均受教育年限
TRA	贸易开放度［（进口额＋出口额）/GDP］
PD	人口密度（单位：人/平方公里）

对"分灶吃饭"体制初期政策倾斜的影响进行全时期估计。表 8-10 是用不同的估计方法对三类地区 1978 年以来的数据进行全时期估计的结果，所有系数都在 1% 的显著性水平上显著，控制变量的估计值都为正，符合其经济含义。虚拟变量的估计值都为负，并且 Sysdum3 系数比 Sysdum2 系数小，这说明即使在自变量取相同的值的情况下，受益地区的 GDP 也大于中性地区的 GDP，中性地区的 GDP 也大于受损地区的 GDP，

传递性成立。

表 8-10　改变变量测度后对"分灶吃饭"体制初期政策倾斜影响的估计结果

变量	(1) OLS lnGDP	(2) IV lnGDP	(3) GMM lnGDP	(4) RE lnGDP
lnInv	0.363***	0.385***	0.385***	0.338***
	(0.014 0)	(0.016 3)	(0.017 8)	(0.012 9)
lnFis	0.288***	0.267***	0.267***	0.294***
	(0.014 5)	(0.016 4)	(0.020 0)	(0.013 4)
lnLab	0.396***	0.394***	0.394***	0.446***
	(0.008 55)	(0.008 92)	(0.009 68)	(0.018 2)
lnRJJY	0.459***	0.426***	0.426***	0.532***
	(0.034 2)	(0.037 4)	(0.056 7)	(0.046 7)
lnTRA	0.058 1***	0.063 6***	0.063 6***	0.043 0***
	(0.006 13)	(0.007 31)	(0.007 82)	(0.006 12)
lnPD	0.036 1***	0.036 1***	0.036 1***	0.030 0**
	(0.005 58)	(0.005 73)	(0.006 59)	(0.011 8)
Sysdum2	−0.206***	−0.196***	−0.196***	−0.246***
	(0.016 6)	(0.017 6)	(0.016 9)	(0.039 2)
Sysdum3	−0.217***	−0.208***	−0.208***	−0.254***
	(0.019 4)	(0.020 4)	(0.020 3)	(0.046 9)
常数	−0.558***	−0.497***	−0.497***	−0.924***
	(0.064 8)	(0.069 9)	(0.107)	(0.118)
观测量	1 200	1 169	1 169	1 200
R^2	0.988	0.988	0.988	

括号中为标准差。

*** $P<0.01$　** $P<0.05$　* $P<0.1$

对"分灶吃饭"体制初期政策倾斜的影响进行分时期估计。与对人均GDP 的分期模型估计一样，我们将改革开放以来的时间划分为 6 个时间段，分别是：1978—1990 年、1978—2000 年、1978—2003 年、1978—2008

年、1978—2009 年和 1978—2016 年。估计结果如表 8-11 所示。

表 8-11 "分灶吃饭"体制初期政策倾斜影响的分期估计

变量	(1) OLS1990 lnGDP	(2) OLS2000 lnGDP	(3) OLS2003 lnGDP	(4) OLS2008 lnGDP	(5) OLS2009 lnGDP	(6) OLS2016 lnGDP
lnInv	0.364***	0.446***	0.443***	0.422***	0.419***	0.363***
	(0.024 9)	(0.016 3)	(0.015 9)	(0.015 2)	(0.015 0)	(0.014 0)
lnFis	0.327***	0.317***	0.312***	0.296***	0.291***	0.288***
	(0.032 7)	(0.022 1)	(0.018 9)	(0.016 7)	(0.016 3)	(0.014 5)
lnLab	0.337***	0.316***	0.322***	0.345***	0.350***	0.396***
	(0.020 3)	(0.012 6)	(0.011 1)	(0.009 63)	(0.009 42)	(0.008 55)
lnRJJY	0.232***	0.294***	0.303***	0.344***	0.357***	0.459***
	(0.053 0)	(0.037 8)	(0.036 6)	(0.034 6)	(0.034 4)	(0.034 2)
lnTRA	0.026 1***	0.012 7*	0.018 5***	0.030 9***	0.033 3***	0.058 1***
	(0.008 92)	(0.006 68)	(0.006 51)	(0.006 33)	(0.006 30)	(0.006 13)
lnPD	0.075 6***	0.047 5***	0.047 5***	0.044 1***	0.042 5***	0.036 1***
	(0.010 8)	(0.006 86)	(0.006 48)	(0.005 97)	(0.005 90)	(0.005 58)
Sysdum2	−0.124***	−0.110***	−0.118***	−0.149***	−0.157***	−0.206***
	(0.027 4)	(0.018 7)	(0.018 0)	(0.017 0)	(0.016 9)	(0.016 6)
Sysdum3	−0.094 8***	−0.109***	−0.122***	−0.156***	−0.164***	−0.217***
	(0.031 2)	(0.021 8)	(0.021 0)	(0.019 8)	(0.019 7)	(0.019 4)
常数	−0.290***	−0.385***	−0.392***	−0.420***	−0.428***	−0.558***
	(0.094 6)	(0.066 4)	(0.064 3)	(0.062 2)	(0.062 2)	(0.064 8)
观测量	363	673	766	921	952	1 200
R^2	0.974	0.983	0.985	0.987	0.987	0.988

括号中为标准差。
*** $P<0.01$ ** $P<0.05$ * $P<0.1$

表 8-11 中所有的系数都在 1% 的显著性水平上显著，控制变量的估计值都为正，符合其经济含义。虚拟变量的取值都为负，其中前两列的 Sysdum3 的系数大于 Sysdum2 的系数，后四列的 Sysdum2 的系数大于

Sysdum3 的系数，说明 2000 年是一个分界点，2000 年之前，中性地区的 GDP 小于受损地区的 GDP，2000 年之后，中性地区的 GDP 大于受损地区的 GDP。

②对少数民族地区政策倾斜影响的估计。

表 8-12 是对 5 个自治区和 4 个少数民族省全时期数据的估计结果，这里去掉了 lnPD 这个变量，从估计的结果可以看出，控制变量 Sysdum2 的系数都比较显著，有三种估计方法在 1% 的显著性水平上显著，一种在 5% 的显著性水平上显著，Sysdum2 的系数为负，表明 5 个自治区的 GDP 大于 4 个少数民族省的 GDP。

表 8-12　改变变量测度后对少数民族地区政策倾斜影响的全时期估计结果

变量	(1) OLS lnGDP	(2) IV lnGDP	(3) GMM lnGDP	(4) RE lnGDP
lnInv	0.497***	0.555***	0.555***	0.490***
	(0.026 2)	(0.032 3)	(0.033 2)	(0.022 4)
lnFis	0.139***	0.083 2***	0.083 2***	0.127***
	(0.026 8)	(0.031 9)	(0.029 2)	(0.025 1)
lnLab	0.427***	0.429***	0.429***	0.453***
	(0.009 95)	(0.009 95)	(0.008 20)	(0.027 0)
lnRJJY	0.191***	0.117**	0.117*	0.183***
	(0.045 8)	(0.054 3)	(0.064 1)	(0.059 9)
lnTRA	0.026 7**	0.019 7	0.019 7	0.057 4***
	(0.011 2)	(0.014 3)	(0.016 7)	(0.011 1)
Sysdum2	−0.121***	−0.135***	−0.135***	−0.116**
	(0.018 2)	(0.019 1)	(0.021 7)	(0.052 6)
常数	−0.487***	−0.418***	−0.418***	−0.485***
	(0.076 4)	(0.087 0)	(0.095 8)	(0.167)
观测量	351	342	342	351
R^2	0.990	0.990	0.990	

括号中为标准差。

*** $P<0.01$　** $P<0.05$　* $P<0.1$

③按新常态下是否对中央财政有净贡献的地区进行估计。

对新常态下财政净贡献和财政净补助地区的估计结果见表 8-13。可以看出，控制变量系数都在 1% 的显著性水平上显著，且都为正，虚拟变量 Sysdum2 的系数在 1% 的显著性水平上显著，系数为负值，均符合经济学含义，验证了前述的定性分析。

表 8-13　改变变量测度后按新常态下是否对中央财政有净贡献的地区进行估计的结果

变量	(1) OLS lnGDP	(2) IV lnGDP	(3) GMM lnGDP	(4) RE lnGDP
lnInv	0.369***	0.390***	0.390***	0.340***
	(0.014 1)	(0.016 3)	(0.017 5)	(0.012 9)
lnFis	0.284***	0.263***	0.263***	0.293***
	(0.014 6)	(0.016 5)	(0.019 4)	(0.013 4)
lnLab	0.376***	0.375***	0.375***	0.423***
	(0.008 51)	(0.008 97)	(0.009 80)	(0.017 3)
lnRJJY	0.439***	0.402***	0.402***	0.532***
	(0.034 5)	(0.037 6)	(0.057 3)	(0.046 8)
lnTRA	0.065 2***	0.071 6***	0.071 6***	0.044 9***
	(0.006 13)	(0.007 29)	(0.007 89)	(0.006 13)
lnPD	0.050 4***	0.049 9***	0.049 9***	0.044 4***
	(0.005 28)	(0.005 46)	(0.006 26)	(0.010 9)
Sysdum2	−0.173***	−0.162***	−0.162***	−0.212***
	(0.016 0)	(0.016 9)	(0.016 3)	(0.037 5)
常数	−0.468***	−0.405***	−0.405***	−0.855***
	(0.065 4)	(0.070 3)	(0.107)	(0.118)
观测量	1 200	1 169	1 169	1 200
R^2	0.988	0.988	0.988	

括号中为标准差。

*** $P<0.01$　** $P<0.05$　* $P<0.1$

（2）增加控制变量对模型进行估计。

在上述模型的基础上增加 4 个新的控制变量，如表 8-14 所示，控制变量总数达到 10 个，被解释变量为人均 GDP，并取对数。之前已用的控制变量取对数，这里新增的控制变量不取对数，用前述四种估计方法对三类地区分别进行估计。

表 8-14　新增加的控制变量

变量名称	含义
size	政府规模＝财政支出/GDP
way	公路里程（单位：万公里）
CPI	消费者价格指数，以 1978 年为基期
rurb	城镇化率＝城市人口/总人口

①对"分灶吃饭"体制初期政策倾斜的影响进行估计。

估计结果见表 8-15，估计结果与前面的定性分析一致。lnInv、lnFis、lnLab、lnRJJY、lnTRA、lnPD 的系数估计值都为正，且总体比较显著；size 的系数估计值为负，说明政府规模增大会降低 GDP；两个虚拟变量的估计系数都为负，Sysdum3 的系数值小于 Sysdum2 的系数值，说明受益地区的人均 GDP 大于中性地区，中性地区的人均 GDP 又大于受损地区。

表 8-15　对"分灶吃饭"体制初期政策倾斜影响的估计结果

变量	(1) OLS lnGDP	(2) IV lnGDP	(3) GMM lnGDP	(4) RE lnGDP
lnInv	0.308***	0.334***	0.334***	0.215***
	(0.015 3)	(0.018 9)	(0.021 4)	(0.010 9)
lnFis	0.460***	0.436***	0.436***	0.430***
	(0.019 2)	(0.023 2)	(0.034 8)	(0.013 4)
lnLab	0.226***	0.176***	0.176***	0.315***
	(0.045 9)	(0.050 5)	(0.050 7)	(0.037 5)
lnRJJY	0.157***	0.116**	0.116*	0.445***

续表

变量	(1) OLS lnGDP	(2) IV lnGDP	(3) GMM lnGDP	(4) RE lnGDP
	(0.038 9)	(0.045 6)	(0.059 8)	(0.039 7)
lnTRA	0.047 2***	0.056 5***	0.056 5***	0.006 24
	(0.005 77)	(0.007 00)	(0.007 75)	(0.004 70)
lnPD	0.031 2***	0.033 0***	0.033 0***	0.017 5
	(0.005 21)	(0.005 52)	(0.005 57)	(0.011 0)
size	−1.316***	−1.290***	−1.290***	−1.239***
	(0.072 2)	(0.078 5)	(0.209)	(0.052 3)
way	−0.003 26***	−0.003 53***	−0.003 53***	−0.002 59***
	(0.000 990)	(0.001 04)	(0.001 05)	(0.001 01)
CPI	0.010 9**	0.011 3**	0.011 3**	0.065 2***
	(0.004 96)	(0.005 20)	(0.005 27)	(0.004 49)
rurb	−0.076 1*	−0.090 9*	−0.090 9*	0.100***
	(0.040 6)	(0.051 4)	(0.046 8)	(0.032 7)
Sysdum2	−0.139***	−0.127***	−0.127***	−0.245***
	(0.016 2)	(0.017 3)	(0.018 4)	(0.046 5)
Sysdum3	−0.180***	−0.164***	−0.164***	−0.295***
	(0.018 0)	(0.019 1)	(0.019 1)	(0.055 8)
常数	3.077***	3.082***	3.082***	3.148***
	(0.068 2)	(0.074 0)	(0.082 3)	(0.099 4)
观测量	1 161	1 130	1 130	1 161
R^2	0.984	0.984	0.984	

括号中为标准差。

*** $P<0.01$ ** $P<0.05$ * $P<0.1$

②对少数民族地区政策倾斜影响的估计。

对 5 个自治区和 4 个少数民族省的估计结果见表 8-16。虚拟变量 Sysdum2 的系数估计值在四种估计方法下都为负，并且都在 1% 的显著性水平上显著，显示 5 个自治区的人均 GDP 大于 4 个少数民族省的人均 GDP。

表 8 - 16　对 5 个自治区和 4 个少数民族省的估计结果

变量	(1) OLS lnGDP	(2) IV lnGDP	(3) GMM lnGDP	(4) RE lnGDP
lnInv	0.244***	0.275***	0.275***	0.244***
	(0.027 6)	(0.035 4)	(0.035 0)	(0.027 6)
lnFis	0.419***	0.386***	0.386***	0.419***
	(0.034 3)	(0.041 7)	(0.042 9)	(0.034 3)
lnLab	0.633***	0.643***	0.643***	0.633***
	(0.072 2)	(0.077 8)	(0.077 6)	(0.072 2)
lnRJJY	0.295***	0.286***	0.286***	0.295***
	(0.040 9)	(0.049 2)	(0.050 7)	(0.040 9)
lnTRA	0.008 92	0.012 3	0.012 3	0.008 92
	(0.009 91)	(0.013 3)	(0.014 0)	(0.009 91)
lnPD	−0.046 0***	−0.046 6***	−0.046 6***	−0.046 0***
	(0.007 11)	(0.007 54)	(0.007 43)	(0.007 11)
size	−0.961***	−0.902***	−0.902***	−0.961***
	(0.076 4)	(0.082 5)	(0.119)	(0.076 4)
way	0.006 79***	0.006 56***	0.006 56***	0.006 79***
	(0.001 70)	(0.001 72)	(0.001 78)	(0.001 70)
CPI	0.028 4***	0.021 0**	0.021 0**	0.028 4***
	(0.008 94)	(0.009 35)	(0.008 80)	(0.008 94)
rurb	0.059 3	0.122	0.122	0.059 3
	(0.060 1)	(0.095 2)	(0.075 0)	(0.060 1)
Sysdum2	−0.136***	−0.135***	−0.135***	−0.136***
	(0.016 4)	(0.017 2)	(0.016 8)	(0.016 4)
常数	3.498***	3.521***	3.521***	3.498***
	(0.098 9)	(0.105)	(0.096 3)	(0.098 9)
观测量	342	333	333	342
R^2	0.988	0.988	0.988	

括号中为标准差。

*** $P<0.01$　** $P<0.05$　* $P<0.1$

③按新常态下是否对中央财政有净贡献的地区进行估计。

对财政净贡献和财政净补助地区的估计结果见表 8－17。虚拟变量 Sysdum2 的系数估计值在四种估计方法下都为负，并且都在 1％的显著性水平上显著，财政净贡献地区的人均 GDP 的值大于财政净补助地区的人均 GDP 的值。

表 8－17　对财政净贡献与财政净补助地区的估计结果

变量	(1) OLS lnGDP	(2) IV lnGDP	(3) GMM lnGDP	(4) RE lnGDP
lnInv	0.319***	0.346***	0.346***	0.217***
	(0.015 2)	(0.018 8)	(0.021 3)	(0.010 9)
lnFis	0.460***	0.435***	0.435***	0.432***
	(0.019 0)	(0.023 1)	(0.034 3)	(0.013 4)
lnLab	0.231***	0.182***	0.182***	0.315***
	(0.046 0)	(0.050 5)	(0.049 3)	(0.037 6)
lnRJJY	0.150***	0.107**	0.107*	0.436***
	(0.038 9)	(0.045 7)	(0.061 8)	(0.039 7)
lnTRA	0.049 5***	0.059 2***	0.059 2***	0.007 18
	(0.005 71)	(0.006 92)	(0.007 62)	(0.004 72)
lnPD	0.037 7***	0.038 7***	0.038 7***	0.024 0**
	(0.005 08)	(0.005 40)	(0.005 63)	(0.010 4)
size	−1.306***	−1.281***	−1.281***	−1.240***
	(0.071 8)	(0.078 3)	(0.210)	(0.052 5)
way	−0.004 45***	−0.004 64***	−0.004 64***	−0.003 00***
	(0.000 972)	(0.001 03)	(0.001 03)	(0.001 00)
CPI	0.004 44	0.005 66	0.005 66	0.063 5***
	(0.004 87)	(0.005 14)	(0.005 22)	(0.004 47)
rurb	−0.081 0**	−0.094 9*	−0.094 9**	0.100***
	(0.040 3)	(0.051 1)	(0.048 3)	(0.032 8)
Sysdum2	−0.137***	−0.124***	−0.124***	−0.240***

续表

变量	(1) OLS lnGDP	(2) IV lnGDP	(3) GMM lnGDP	(4) RE lnGDP
	(0.014 6)	(0.015 4)	(0.014 9)	(0.044 2)
常数	3.017***	3.033***	3.033***	3.110***
	(0.068 1)	(0.074 3)	(0.085 3)	(0.095 9)
观测量	1 161	1 130	1 130	1 161
R^2	0.984	0.983	0.983	

括号中为标准差。

*** $P<0.01$　** $P<0.05$　* $P<0.1$

9 我国治理区域极化的
主要措施与经验总结

9.1 区域极化实证研究结果分析

我们从柯布-道格拉斯生产函数出发，建立了多元回归模型。在对"分灶吃饭"体制损益影响地区分类的基础上，运用最小二乘估计、工具变量两阶段最小二乘估计、工具变量广义矩估计和面板随机效应估计等方法，分别对"分灶吃饭"体制初期政策倾斜影响、少数民族地区财政政策倾斜影响进行估计，还追溯性地估计了新常态下财政净贡献和财政净补助地区，结果支持我们的定性分析。为进一步验证，我们又通过分时期估计和增加控制变量的方法进行检验，结果依然支持我们的定性分析。

9.1.1 "分灶吃饭"体制初期的政策倾斜影响深远

比较"分灶吃饭"体制初期的政策倾斜对地方的影响情况，我们按照各省份划分受益地区、中性地区和受损地区。我们对 1978—2016 年期间三类地区的人均 GDP 进行模型估计，采用最小二乘估计（OLS）、工具变量两阶段最小二乘估计（IV－2SLS）、工具变量广义矩估计（IV－GMM）和面板随机效应估计四种方法进行估计，结果显示四种方法估计的各个系数都非常显著，参见表 8－4 和表 8－5，尤其是 1978—2016 年的全时期估计，它高度支持我们的定性分析，各个系数都在 1％ 的显著性水平上显著。分时段估计的结果显示，仅有贸易开放度指标的估计系数在 1978—1990 年和 1978—2000 年这两个时段的显著性水平略低，分别在 5% 和 10% 的显著性水平上显著，这与改革开放初期我国尚未摆脱短缺经济、对外依存度低有关，并不会影响我们的研究结论。

9.1.2　少数民族地区财政政策倾斜对少数民族省间差距影响重大

表 8-6 显示，全时期的估计结果中除贸易开放度的系数的显著性略低外，其余变量均在 1% 的显著性水平上显著；表 8-7 的分时段估计也支持我们的定性分析。在我国，少数民族集中的省级行政区有内蒙古、广西、西藏、宁夏、新疆 5 个自治区和贵州、云南、甘肃、青海 4 个少数民族省，我们把 5 个自治区和 4 个少数民族省分成两组考察。由表 8-7 可见，控制变量的系数符号都为正，投资对 GDP 增长的促进作用越来越大。在 1978—1995 年期间，两组间的 GDP 差距很小，在 1997 年之后，5 个自治区和 4 个少数民族省之间的 GDP 水平有了差距，并且随着时间的推移，差距越来越大。这说明在我国对 5 个自治区实行了特殊的财政倾斜政策，并以制度的形式固定下来之后，该政策对少数民族省之间的差距影响重大。

9.1.3　财政分权中的诱导机制对地方政府行为有重要影响

表 8-8～表 8-17 都验证了在财政分权体制下地方财政能力的重要性，也验证了财政能力的自我"繁殖"性，即初始财政能力越强的省份，会有越快的经济增长，GDP 表现越好，严重依附于 GDP 的财政收入越多，财政能力越强，又会吸引越来越多的企业投资，GDP 呈指数增长，形成良性循环；反之，初始财政能力越弱的省份，经济增长越慢，GDP 表现越差，严重依附于 GDP 的财政收入越少，财政能力越弱，对企业投资人的吸引力越弱，GDP 增长缓慢甚至是负增长，形成恶性循环。这两种循环各自不断地自我强化，极化的速度越来越快，其中的重要原因就是

地方财政收入对 GDP 的依赖。目前我国以增值税为主体税种，地方财政收入主要来源于增值税共享收入，与 GDP 高度绑定。

同时，地方财政能力也高度绑定了 GDP。在激烈的地区竞争下，地方财政能力是地区竞争能力的基本保障，越是发达地区，地方政府可以给企业的"红包"就越多，如税收优惠或减免、财政补贴、财政贴息，在税收直管和社会保障费由税务部门征收改革之前，地方政府还可以通过确定较低的社保费率、默许企业少交甚至是不交职工社保费等办法来让利给企业，增强地方的投资吸引力，推动本地的经济增长、GDP 增加。2017 年我国财政出现了"25 省负债，全国只有 6 省 1 市在赚钱养国家"的情况，这就是地方财政能力自我"繁殖"性的明证。

9.2 我国治理区域极化的主要措施

2016 年 8 月，国务院印发了《国务院关于推进中央与地方财政事权和支出责任划分改革的指导意见》（以下简称《指导意见》），明确了中央对推进中央与地方财政事权和支出责任划分改革的总体部署，拉开了财力均等化改革的序幕。

9.2.1 财力均等化改革的主要内容

国务院发布的《指导意见》明确了改革的主要内容。

（1）推进中央与地方财政事权划分。

适度加强中央的财政事权，在保障国家安全、维护全国统一市场、体现社会公平正义、推动区域协调发展等方面中央财政承担更多的事权责任。要逐步将国防、外交、国家安全、出入境管理、国防公路、国界河湖治理、全国性重大传染病防治、全国性大通道、全国性战略性自然资源使用和保护等基本公共服务确定或上划为中央的财政事权。

（2）保障地方履行财政事权。

加强地方政府公共服务、社会管理等职责，要逐步将社会治安、市政交通、农村公路、城乡社区事务等受益范围地域性强、信息较为复杂且主要与当地居民密切相关的基本公共服务确定为地方的财政事权。

（3）减少并规范中央与地方共同财政事权。

要逐步将义务教育、高等教育、科技研发、公共文化、基本养老保险、基本医疗和公共卫生、城乡居民基本医疗保险、就业、粮食安全、跨省（区、市）重大基础设施项目建设和环境保护与治理等体现中央战略意图、跨省（区、市）且具有地域管理信息优势的基本公共服务确定为中央与地方共同财政事权，并明确各承担主体的职责。

（4）建立财政事权划分动态调整机制。

财政事权划分要根据客观条件的变化进行动态调整。

《指导意见》还明确规定了改革的时间安排：2016 年，有关部门按照要求研究制定相关基本公共服务领域改革具体实施方案；2017—2018 年，争取在教育、医疗卫生、环境保护、交通运输等基本公共服务领域取得突破性进展；2019—2020 年，基本完成主要领域改革，形成中央与地方财政事权和支出责任划分的清晰框架，形成省以下财政事权和支出责任划分的清晰框架。

9.2.2 基本公共服务领域的央地事权与支出责任划分

2018 年 1 月，国务院印发了《基本公共服务领域中央与地方共同财政事权和支出责任划分改革方案》（以下简称《改革方案》），从 2019 年 1 月 1 日起执行。这是财力均等化改革的重要举措，具有里程碑意义。《改革方案》规定了基本公共服务领域中央与地方共同财政事权和支出责任划分的基本内容和配套措施等。

（1）明确基本公共服务领域中央与地方共同财政事权范围。

将义务教育、学生资助、基本就业服务、基本养老保险、基本医疗保障、基本卫生计生、基本生活救助和基本住房保障等 8 大类 18 项财政事权纳入中央与地方共同财政事权范围。参见表 9-1。

（2）制定基本公共服务保障国家基础标准。

制定义务教育公用经费保障、免费提供教科书、家庭经济困难学生生活补助、贫困地区学生营养膳食补助、中等职业教育国家助学金、城乡居民基本养老保险补助、城乡居民基本医疗保险补助、基本公共卫生服务、计划生育扶助保障等9项基本公共服务保障的国家基础标准。

（3）规范基本公共服务领域中央与地方共同财政事权的支出责任分担方式。

根据地区经济社会发展总体格局、各项基本公共服务的不同属性以及财力实际状况，基本公共服务领域中央与地方共同财政事权的支出责任主要实行中央与地方按比例分担，并保持基本稳定。具体规范参见表9-1。

（4）调整完善转移支付制度。

在一般性转移支付下设立共同财政事权分类分档转移支付，原则上将改革前一般性转移支付和专项转移支付安排的基本公共服务领域共同财政事权事项，统一纳入共同财政事权分类分档转移支付，完整反映和切实履行中央承担的基本公共服务领域共同财政事权的支出责任。

（5）推进省以下支出责任划分改革。

中央财政要加强对省以下共同财政事权和支出责任划分改革的指导。对地方承担的基本公共服务领域共同财政事权的支出责任，省级政府要考虑本地区实际，根据各项基本公共服务事项的重要性、受益范围和均等化程度等因素，结合省以下财政体制，合理划分省以下各级政府的支出责任，加强省级统筹，适当增加和上移省级支出责任。县级政府要将自有财力和上级转移支付优先用于基本公共服务，承担提供基本公共服务的组织落实责任；上级政府要通过调整收入划分、加大转移支付力度，增强县级政府基本公共服务保障能力。

表9-1　基本公共服务领域中央与地方共同财政事权清单

及基础标准、支出责任划分情况表

共同财政事权事项		基础标准	支出责任及分担方式
义务教育	1. 公用经费保障	中央统一制定基准定额。在此基础上，继续按规定提高寄宿制学校等公用经费水平，并单独核定义务教育阶段特殊教育学校和随班就读残疾学生公用经费等。	中央与地方按比例分担。第一档为8：2，第二档为6：4，其他为5：5。
	2. 免费提供教科书	中央制定免费提供国家规定课程教科书和免费为小学一年级新生提供正版学生字典补助标准，地方制定免费提供地方课程教科书补助标准。	免费提供国家规定课程教科书和免费为小学一年级新生提供正版学生字典所需经费，由中央财政承担；免费提供地方课程教科书所需经费，由地方财政承担。
	3. 家庭经济困难学生生活补助	中央制定家庭经济困难寄宿生和人口较少民族寄宿生生活补助国家基础标准。中央按国家基础标准的一定比例核定家庭经济困难非寄宿生生活补助标准，各地可以结合实际分档确定非寄宿生具体生活补助标准。	中央与地方按比例分担，各地区均为5：5，对人口较少民族寄宿生增加安排生活补助所需经费，由中央财政承担。
	4. 贫困地区学生营养膳食补助	中央统一制定膳食补助国家基础标准。	国家试点所需经费，由中央财政承担；地方试点所需经费，由地方财政统筹安排，中央财政给予生均定额奖补。
学生资助	5. 中等职业教育国家助学金	中央制定资助标准。	中央与地方分档按比例分担。第一档分担比例统一为8：2；第二档，生源地为第一档地区的，分担比例为8：2，生源地为其他地区的，分担比例为6：4；第三档、第四档、第五档，生源地为第一档地区的，分担比例为8：2，生源地为第二档地区的，分担比例为6：4，生源地为其他地区的，与就读地区分担比例一致，分别为5：5、3：7、1：9。

续表

共同财政事权事项		基础标准	支出责任及分担方式
学生资助	6. 中等职业教育免学费补助	中央制定测算补助标准，地方可以结合实际确定具体补助标准。	中央统一实施的免学费补助所需经费，由中央与地方分档按比例分担。第一档分担比例统一为8：2；第二档，生源地为第一档地区的，分担比例为8：2，生源地为其他地区的，分担比例为6：4；第三档、第四档、第五档，生源地为第一档地区的，分担比例为8：2，生源地为第二档地区的，分担比例为6：4，生源地为其他地区的，与就读地区分担比例一致，分别为5：5、3：7、1：9。
	7. 普通高中教育国家助学金	中央制定平均资助标准，地方可以按规定结合实际确定分档资助标准。	所需经费由中央与地方分档按比例分担。第一档为8：2，第二档为6：4，第三档为5：5，第四档为3：7，第五档为1：9。
	8. 普通高中教育免学杂费补助	中央逐省核定补助标准，地方可以结合实际确定具体补助标准。	中央统一实施的免学杂费补助所需经费，由中央与地方分档按比例分担。第一档为8：2，第二档为6：4，第三档为5：5，第四档为3：7，第五档为1：9。
基本就业服务	9. 基本公共就业服务	由地方结合实际制定标准。	主要依据地方财力状况、保障对象数量等因素确定。
基本养老保险	10. 城乡居民基本养老保险补助	由中央制定基础标准。	中央确定的基础养老金标准部分，中央与地方按比例分担。中央对第一档和第二档承担全部支出责任，其他为5：5。
基本医疗保障	11. 城乡居民基本医疗保险补助	由中央制定指导性补助标准，地方结合实际确定具体补助标准。	中央与地方分档按比例分担。第一档为8：2，第二档为6：4，第三档为5：5，第四档为3：7，第五档为1：9。
	12. 医疗救助	由地方结合实际制定标准。	主要依据地方财力状况、保障对象数量等因素确定。

续表

共同财政事权事项		基础标准	支出责任及分担方式
基本卫生计生	13. 基本公共卫生服务	由中央制定基础标准。	中央与地方分档按比例分担。第一档为8∶2，第二档为6∶4，第三档为5∶5，第四档为3∶7，第五档为1∶9。
	14. 计划生育扶助保障	由中央制定基础标准。	中央与地方分档按比例分担。第一档为8∶2，第二档为6∶4，第三档为5∶5，第四档为3∶7，第五档为1∶9。
基本生活救助	15. 困难群众救助	由地方结合实际制定标准。	主要依据地方财政困难程度、保障对象数量等因素确定。
	16. 受灾人员救助	中央制定补助标准，地方可以结合实际确定具体救助标准。	对遭受重特大自然灾害的省份，中央财政按规定的补助标准给予适当补助，灾害救助所需其余资金由地方财政承担。
	17. 残疾人服务	由地方结合实际制定标准。	主要依据地方财力状况、保障对象数量等因素确定。
基本住房保障	18. 城乡保障性安居工程（包括城镇保障性安居工程和农村危房改造等）	由地方结合实际制定标准。	主要依据地方财力状况、年度任务量等因素确定。

为顺利推进财力均等化改革，《改革方案》还提出了明确部门管理职责、加强基本公共服务项目预算管理、推进基本公共服务大数据平台建设、强化监督检查和绩效管理等配套措施，确实保障《改革方案》落实到位。

9.2.3 后续改革进展

在基本公共服务领域推出中央与地方财政事权和支出责任划分改革之后，国务院办公厅接连印发了《科技领域中央与地方财政事权和支出责任

划分改革方案》《教育领域中央与地方财政事权和支出责任划分改革方案》
《医疗卫生领域中央与地方财政事权和支出责任划分改革方案》《交通运输
领域中央与地方财政事权和支出责任划分改革方案》《公共文化领域中央
与地方财政事权和支出责任划分改革方案》《生态环境领域中央与地方财
政事权和支出责任划分改革方案》《自然资源领域中央与地方财政事权和
支出责任划分改革方案》《应急救援领域中央与地方财政事权和支出责任
划分改革方案》等改革方案，理顺各个领域的央地财政责任划分，推进财
力均等化改革。

不过，财力均等化改革是一个系统工作，除了央地事权责任划分之
外，还有税制改革、中央与地方的收入划分，还有转移支付和财政资金分
配方式改革等等，相关的改革需要逐步跟进。值得欣慰的是，中央的改革
决心很大，相关部门也正在研究改革方案，相信会有适当有效的措施
出台。

9.3 治理区域极化的经验总结

9.3.1 财力均等化改革是治理区域极化的有效措施

区域失衡既可能是不对称外部冲击的结果，也可能是对称外部冲击在
各地区引起不同反应的结果。在我国，应该是二者兼而有之。前述研究显
示，一直以来，我国财政对各地区的冲击都是不对称的，而不对称冲击下
的地方反应不可能一致。在不对称的财政冲击之下，地区之间的财政能力
差距不断扩大，并形成了各自的循环。

地方财政能力是地方竞争力的基础，对区域格局影响巨大。在现代社
会，地区竞争是在财力均等前提下进行的，在对称的财政冲击下，地方的
反应不同会造成极大的区域差距，因此运用财政逆向冲击来缩小区域差
距、协调区域关系是现代国家中央政府的重要职能。在我国，要矫正区域
失衡、抑制区域极化，需要首先解决区域竞争的基础问题，消除地方财政
能力不均等的障碍，实现在公平基础上的区域竞争。财力均等化改革可以

逐步改善区域失衡问题，是治理区域极化的有效措施。

9.3.2 中央的改革决心是财力均等化的基本保障

地方财政能力均等化改革是一项涉及各地方利益的变革，尤其是目前财政能力强、经济发达地区，财力均等化改革意味着这些地区的利益会减少，既得利益会受到侵犯，会被"动了奶酪"，它们对改革会有一种本能的反对。而且，由于经济发达地区在同级别的地区间具有话语权等诸多优势，财政能力弱、经济不发达地区既竞争不过发达地区，又不可能推动财力均等化改革，这只能由中央来推动。

在改革过程中不可避免地会遇到一些问题，比如，利益受到损害的发达地区会增加不必要的公共支出以增加地方的实际财力、改变行为策略、弱化改革效应，甚至会形成抵触情绪，央地间财政博弈重现。因此，中央的改革决心是财力均等化的基本保障，只有中央坚定改革决心，坚持不断地深化改革，才能从体制机制上确立起财力均等化自动调节机制，为区域协调发展机制奠定良好的基础。

9.3.3 紧凑的改革节奏可以避免不必要的负面影响

自 1994 年开始实行的分税制有效地解决了央地财政关系的不确定性问题，摆脱了"分灶吃饭"体制中的跑"部""钱"进困境，规范了中央与地方的财政关系，"两个比重"得到了极大幅度的提高。财政收入占国民收入的比重和中央财政收入占全部财政收入的比重提高后，尤其是中央财政收入得到有效保障后，就应该推出划分中央与地方事权支出责任的改革，保障各级政府财政能力与事权责任相匹配，但由于种种原因，这种改革没能被及时推出并拖延了 20 多年，致使财力失衡问题普遍出现并愈益严重。

以史为鉴，应保持紧凑的改革节奏，避免不必要的负面影响。我国的财力均等化改革也应保持紧凑的改革节奏，以避免不必要的负面影响。从 2018 年正式开始的财力均等化改革，只是在事权与支出责任划分上进行了改革，在收入上仍然以增值税为主体税种，地方财政能力与 GDP 之间的依附关系严重，造成地方政府对 GDP 的过度追逐，产能过剩严重，资源浪费严重。因而深化改革，尽快建立区域协调发展机制，优化财政诱导，改变目前的不合理状况迫在眉睫。

第四篇

总结与建议

10 经验总结与改革建议

10.1 关于极化的几个基本结论

10.1.1 改革开放以来我国的收入极化速度较快

通过对我国的收入分布状况、变化轨迹及其影响因素和影响程度、财政收入制度的影响与选择，以及如何抑制与治理极化等问题进行分析，我们得出如下结论：

（1）我国已经出现了收入极化问题。

收入极化是一个与收入分配差距相关但又有严格区别的概念，它不仅关心收入在社会成员间的分布状况，而且更关注由收入分布变化引起的社会结构变化。最原始意义的收入极化是美国经济学家沃尔夫森所描述的：社会分化为两极，不是收入水平在两极之间的极度拉大，而是总人口中的穷人和富人都越来越多，中产阶层的人数却在减少，他假设这一部分人会最终完全消失。也就是说，社会最后只剩下有钱人和穷人这两个"有"和"一无所有"的部分。西方发达国家的收入极化是社会从橄榄形向漏斗形转变，也就是中产阶层的分化问题：要么升为有钱人，要么沦为穷人，没有中间地带！

与现代西方国家不同的是，我国的收入极化是从金字塔形直接向漏斗形转变，是一种"跨越式滑落"，因为漏斗形社会结构是一种比金字塔形更不利于稳定的社会结构。从我们的调研数据和分析结果来看，我国的收入极化问题已经出现，虽然程度尚不太严重，但速度很快，呈线性递增趋势。

（2）各因素对收入极化有不同程度的影响。

在引起收入极化的因素中，垄断对阳光收入的影响最大，国企改制、农地征用、城市房屋拆迁等存量财富转移以及混迹于诸多路径中的腐败对阳光收入的影响很小，但表现在资产分布的极化上。

对于竞争相对充分的市场经济，其收入分配差距本身较大，收入极化现象开始显现，极化程度呈线性递增；垄断会推动收入极化，恶化收入分配，在阳光收入的极化过程中，垄断是最大的影响因素；在财政分配中个人所得税会抑制收入极化，改善收入分配，但我国的个人所得税在总收入中占比很小，不到8%，调节能力极其有限，加之我们的个人所得税实行的是个人申报制，严重约束了调节能力。但我国财政收入中占主体税种地位的是增值税，财政支出又以购买性支出为主，这种收支结构本身不利于发挥财政缩小收入分配差距的作用，反而是发挥顺调节功能，即恶化收入分配，推动收入极化；国企改制、农地征用、城市房屋拆迁这三个存量财富转移路径对阳光收入总体分布的影响很小，这是由于这三项活动的参与人在总人口中占比很小，在影响方向上以扩大收入分配差距、推动收入极化为主。同时需要关注的是，存量财富转移又与腐败密切相伴，反映在资产的严重极化上，尤其是银行存款的极化指数已经达到0.697的高点，基尼系数更是高达0.812，说明存量财富转移虽然涉及的人员在总人口中占比较小，但它牵涉的财富总量很大，存量财富转移又是一种"看得见"的不平等，容易诱发社会风险。

（3）深层次的财政原因是坚持保留了古老的财政收入制度。

古老的财政收入制度在带来财政收益的同时，也带来了巨大的社会成本，收入极化便是诸多社会成本之一，深刻而不可逆。

从财政社会学的角度看，对阳光收入极化影响最大的因素是不完全竞争，是垄断，它是利润型财政收入制度的基础和保障；对资产极化作用最大的因素是国企改制、农地征用和城市房屋拆迁，均为土地财政的收益路径①，这种通过垄断性权力的出租而获得的使用权转让收入或特许收入，属于典型的租金型财政收入制度。

租金型财政收入制度与利润型财政收入制度都是古老的财政收入制度，其共同之处是国家直接掌握资产的所有权，二者的差别主要在于前者是国家直接经营资产，后者则是通过出租资产而获取财政收益。

第二次世界大战后产生的计划经济国家是利润型财政收入制度的典型代表。即使是现在，很多中东石油国家，其国家的财政收入主要来自国家控制下的石油开采和销售利润，它们也采用利润型财政收入制度。在利润型财政收入制度下，国家直接控制和垄断产品的生产和销售活动，国家决定价格。国家拥有强大的支配能力，甚至可以限制人们的自由择业权、工资谈判权，从而压低成本，获取更多的利润，实现财政收入最大化。但利润型财政收入制度只是国家在特定历史条件下选择实现财政收入最大化的制度安排，由于层层代理关系或交错层级式产权结构安排，任何一级都不拥有完全的权力，也不能完全受益。没有完全的权力，就不能适时适度地对市场变化做出反应；不能完全受益，也就没有足够的动力调整企业安排以适应市场变化，即国家经营无法很好地解决效率问题，这种内在矛盾为财政带来了巨大的压力。

租金型财政收入制度要求国家垄断一切财产特权和非财产特权，从出售垄断特权，到卖官鬻爵，无不显示出租金型财政收入制度与中央集权或绝对王权之间的紧密联系。特权是租金型财政收入制度的基础，它是一种与非特权者严格对立的权利，特权者的利益会得到绝对的保护，非特权者的权益不能得到尊重。非特权者与特权者之间的差距是深刻的，也是不可逆的，除非消除了特权。

---

① 近年来地方政府主张的国企改制，盘活土地以获取财政收益是其主要动因。由于经营者可以通过改制将企业据为己有，于是地方政府与国企经营者一拍即合，推动由企业员工第三方买单的改制，因而这里将国企改制归为土地财政的收益路径。

（4）存在刘易斯拐点改善收入分配的影响但力量很弱。

在我国经济进入新常态之前，刘易斯拐点已经显现。我们从收入分配和社会结构的角度考察刘易斯拐点，结果显示它在推动收入群体收入水平提高、改善收入分配方面作用明显。但与沃尔夫森极化的力量相比，刘易斯拐点改善收入分配的能力还较弱，需要固化与提高。

10.1.2 新常态下收入极化让位于区域极化

（1）新常态下我国收入极化的路径发生了变化。

在推动收入极化的路径中，既有流量财富归集路径，又有存量财富归集路径，这是流量财富分配不公和存量财富直接转移共同作用的结果。我们的实证研究也显示，完全竞争市场分配、不完全竞争市场分配、财政分配、腐败、国企改制、农地征用和城市房屋拆迁等路径都不同程度地推动收入极化，恶化收入分配。

自党的十八大以来，党中央做出了全面从严治党的重大战略部署，通过整饬党风，厉惩腐败，净化了党内政治生态，有效地遏制了腐败蔓延势头，也有效地遏制了存量财富直接转移的问题，改变了收入极化路径。但我们也应看到，这种改变是运动式的，没能从制度上杜绝问题的发生，一旦压力减轻，问题又会出现，也可能出现报复性的增长，收入极化的速度就会更快。

（2）新常态下我国经济社会面临的主要问题是经济下行和由此凸显的区域失衡问题。

自改革开放以来，我国经济持续高速增长，各地经济增长速度虽有差异，但也都有不俗的表现。即使是经济逐渐衰落的东北，也能在经济高速增长下取得足够的财政收入以维持地方运行，尤其是土地财政既为地方获取了大量的财政收入，满足了财政支出需要，也为地方官员寻租提供了温床，区域差距问题存在但并不突出，可以说，经济高速增长在一定程度上掩盖了区域差距问题。

自进入经济新常态以来，经济增长速度放缓，地区间差距问题由原来

的东中西差距问题变为南北差距问题。例如，"2018 年我国 GDP 增长
6.6%，由上年的 6.8%略降 0.2 个百分点，再次出现缓慢下降态势。在全
国 31 个省区市中，21 个省区市增速呈下降态势，其中重庆下降幅度最
大，回落 3.3 个百分点，6 个省区市增速逆向提升，其中甘肃提升幅度最
大，达 2.7 个百分点，其余省区市与去年持平。2018 年各省区市增长范
围是 3.6%（天津）～10.0%（西藏），速度中位数是 6.8%（广西），速
度多地区综合相对差达 1.3 倍，与上年一致，速度多地区综合绝对差为
1.62 个百分点；速度排序前五位的是西藏、贵州、云南、江西和青海，
西藏继续保持全国增速第一，青海增速超位最多，达 13 位，一跃进入全
国第五；排序最后五位的是辽宁、内蒙古、黑龙江、吉林和天津，反映了
我国北方省区市近年来经济持续严重下滑态势还在继续，我国区域经济的
南北差距在结构差异的基础上，总量差距进一步扩大。"[①] 也就是说，新
常态下经济增长速度放缓，原有的区域失衡问题日益凸显，并在人们的惊
慌与关注下加速极化，成为替代收入极化而深受关注的问题。

10.1.3　无论是收入极化还是区域极化，财政都有基础性的推动作用

（1）财政是推动极化的基础性因素。

研究社会问题通常会从两个角度出发：一个是人，一个是事。但
是，财政社会学告诉我们，看待社会还应该有第三个角度，那就是钱。
葛德雪（1917）也曾说过："每个社会问题，实际上还有每个经济问题，
说到底都是财政问题。"财政是一个国家的"元"制度，对其他制度发
挥着基础性作用。"人为财死，鸟为食亡"，钱对于人很重要，钱是支配
人类行为的基础性因素，这对于人类的集体性组织也不例外。透过财政
来研究社会问题，可以更好地理解国家的相关制度安排和政策措施，可

---

① 刘勇.2018 年我国区域经济形势和未来发展趋势展望——各省市区继续呈相对差距缩小绝对差距扩大的基本格局，区域协调发展仍面临四大难题.发展研究，2019（6）.

以更好地解决问题。

我们的前述研究显示，无论是收入极化还是区域极化，财政都有基础性的推动作用，即对于我国的极化问题，财政是重要的推动力量。

（2）只有深化财政制度改革才是我国解决极化问题的根本举措。

①只有实现财政收入制度转型才能抑制收入极化。实现财政收入制度转型，建立现代的税收型财政收入制度，是建立现代财政制度的重要组成部分，也是抑制收入极化、治理收入分配问题的根本举措。但构建收入极化抑制系统的过程还需着眼于阻止存量财富直接转移、规范流量财富分配等。

一个国家的财政制度是"元"制度，它对其他制度发挥着规范和基础性作用，所以财政制度的选择非常重要。现代西方发达国家都采取税收型财政收入制度，即建立税收国家。税收型财政收入制度，由于国家放松了对私人经济的管制，为市场经济提供了巨大的空间，从产权结构上以私人产权为基础，较好地平衡了效率和公平，因而得到了现代西方国家的广泛推崇。

②只有深化财政体制改革才能抑制区域极化。我国的财政体制存在许多问题，一般的学术讨论着重于研究中央与地方财政关系中的共性问题，往往忽略财政体制中的财力失衡对部分地区的伤害而将之视为地方自身问题的个性原因。实质上，目前的区域极化是横向财力失衡和纵向财力失衡共同交织发挥作用的结果。

1994 年执行分税制时，各地的税收返还差距大，地方既得财力贫富不均，是典型的横向财力失衡问题；而社会保障由省级政府统筹，则是在央地财政关系没有理顺，由中央承担的支出下放到了地方政府的同时，把纵向失衡问题转化成了横向失衡。由于老工业基地的养老负担重，东北的企业就得缴纳高比例的社保金，过重的用工成本令"投资不过山海关"。与辽宁相反的是深圳，深圳这个年轻的城市，领取养老金的人数少，同时又有大量的年轻人涌入，是全国养老负担最轻的大城市。横向财力失衡和纵向财力失衡共同交织发挥作用于辽宁，使得辽宁在区域竞争中处于严重劣势，经济衰落是必然的。与东北老工业基地相反的典型城市是深圳，它从横向失衡中获得了巨额的税收返还，还从纵向失衡中获得了最轻的养老负担。这种失衡不仅形成了地区间的苦乐不均、老工业基地财政困难苦苦支撑与"发达"地区财力充裕并存的问题，还在制度上支持了资金剩余地区可以投资于企业股票，更重要的是财政资金投资于企业股票的行为有巨大的潜在危害，与我国深化改革的目标冲突严重。

如我国从 2016 年开始施行的修订后的《财政总预算会计制度》就设有"股权投资"科目，用于核算政府持有的各类股权投资，包括国际金融组织股权投资、投资基金股权投资和企业股权投资。从制度上允许政府将财政资金投资于企业的做法，违反了财政经济基本法则，不利于现代财政制度建设，也加大了改革难度。

③国有经济会挤出民间投资这一经济学命题不适用于省际比较。我们的研究显示，国有经济成分占比最大的省份往往都是发达省份，如京、津、沪，而且京、津、沪等地近年来快速扩张，就业总人数大幅增长加大了指标的分母，但国有经济占比仍然居高不下甚至还有提高，这说明一个地区的国有经济挤出民营资本并不一定在本地反映出来，而是具有外溢性，即一个地区的国有资本投资挤出的并不是本地民间投资，而是其他地区的民间投资！因此，国有经济挤出民间投资效应这一经济学命题在省际比较上无法得到有效证实，相关的理论解释也还需要修正，需要增加限定条件。

（3）财政收入最大化是财政改革滞后的根本动因。

财政收入最大化是保留古老财政收入制度的基本动因，但这种冲动带来了一系列社会风险，并且从历史上看，财政收入最大化的代价也是非常昂贵的。

出于对财政收入的追逐，我们经历了经营企业、经营城市和经营土地三个阶段。最初的经营企业，取得利润型财政收入；经营土地，获取典型的租金型财政收入；经营城市的时间比较短，最初是税收型财政收入制度，从改善城市环境入手来增加政府的税收收入，但很快就变成了土地财政，通过改善城市形象来提高土地价格。

土地财政的危害是多方面的，它导致诸多关系的扭曲，终究是不可持续的。在后土地财政时代，地方政府追逐财政收入的行为会发生变化，也出现了严重的虚假财政直接支付收入问题。中世纪时期的法国，以及之后其激烈的革命，显示出财政收入最大化的昂贵代价。

自改革开放以来，我国的经济社会建设成绩斐然，各项制度改革不断深化，但财政制度改革进展缓慢甚至是停滞不前，严重制约了其他制度的改革效应，甚至成为制约其他改革推进的障碍性因素。财政制度是一项根本性的社会制度，对经济社会的影响重要而深刻。由于财政改革不够彻底，我国的财政制度对各个区域形成了财政上的汲取或资助，并且持续了数十年之久，导致一些地区的公共财政能力不足，影响地区经济发展和地区竞争能力，加剧了地方财政困难，形成恶性循环。而另外一些接受资助的地区会有较强的公共财政能力，可以提供较好的地方公共服务，提高投资吸引力，进入良性循环。

推动区域极化的财政体制为什么得以维护至今而没有及时改革呢？回顾改革开放初期的"分灶吃饭"体制不难发现，激励地方提高劳动生产率，积极创新，尽快走出短缺经济，中央财政可以在地方财政的努力下获得红利，中央与地方激励兼容是该体制实施的初衷。1994年实施的分税制，从表象上看是一个与"分灶吃饭"体制截然不同的新的现代财政制度，但税收返还、间接税为主等制度工具又把分税制拉向了"分灶吃饭"体制；地方既得利益不仅得到了维护，还被以制度的形式固定下来；地方财力差距问题不仅没有被解决，还在市场经济的推动下越来越大。在中国早已由短缺经济进入过剩经济时代的今天，财政体制改革依然进展缓慢，除政治社会因素外，财政利益因素也不容忽视，改革会影响到一些地方财政的利益，会加大中央财政的负担，这会在一定程度上阻碍改革的推进。在党的十八大以后，《国务院关于推进中央与地方财政事权和支出责任划分改革的指导意见》得以推出，财政体制改革有一些重要的进展，但能够推动地区间协调发展的实质性的财政改革还有待出台。

10.2 治理极化的中国经验总结

由前述分析可见，中国的极化问题是改革过程中出现的阶段性问题，需要通过深化改革来解决，而我们的治理经验如下所示。

10.2.1 强大的中央政府为改革保驾护航是成功治理极化的前提

公平分配是政府的基本职能之一，抑制极化是政府公平分配职能的重要内容，而抑制极化是一项重要的社会变革。任何社会变革都是一次利益再分配，因此，无论是治理收入极化还是治理区域极化，都是一个涉及社会各方利益的收入再分配过程，需要顶层设计，需要由中央政府来主张推动。

由于极化的发生是一个"系列工程"，是由多因素长时期问题累积而成的，对它的治理也需要长期而艰苦的努力，不可能一蹴而就。在治理的过程中，可能遭遇不同形式的抵制，还可能会出现不同程度的反复来抵消治理的成就，因而需要强大的中央政府为改革保驾护航。只有在强大的中央政府持之以恒的努力下，极化治理才有成功的可能和希望。

自党的十八大以来，在以习近平同志为核心的党中央的坚强领导下，我国在收入极化的治理上取得了重大成就，基尼系数有所下降，百姓的幸福感得到了提升、平等感得到了加强。在区域极化治理问题上，我国也推出了以财力均等化为目标的财政体制改革，正在逐步矫正区域失衡现象，相信在不久的将来，各省份间的差距会缩小，区域极化问题会得到有效抑制，呈现出区域均衡协调发展的良好局面。

10.2.2 从严治党打击腐败是治理极化的最有效路径

自古以来，腐败都是一个政府治理难题。在现代社会，腐败也会以不同的程度、不同的形式在各个国家出现，考验着国家的政府治理能力，检验各国的政治治理水平。在我国的收入极化中，腐败是一个渗透在多个极化路径中的特殊渠道，在维护极化路径方面发挥着特殊的作用。在区域极化中，虽然我们没有专门讨论腐败问题，但也不能排除腐败的渗透和影响。无论如何，从严治党、打击腐败，实现政治清明，建设良好的经济社会生态环境，都是治理极化的最有效路径。尤其是在治理收入极化上，从严治党、打击腐败可以有效地杜绝非市场极化路径，防止社会失范，保障社会公平正义，提高民众的幸福感，降低社会冲突风险，建设和谐社会，体现小康社会的优越性。

10.2.3　加强制度建设是构建治理极化长效机制的基础

从 2018 年开始的财力均等化改革是我国构建区域协调发展机制的开端。但目前的财力均等化方式主要依赖一般性转移支付，由财政部主持的中央与地方间财力均衡转移支付，根据各省级行政区的标准财政收入和标准财政支出等因子来确定中央对地方的实际转移支付额度或地方上缴中央的财政额度，从而达到各省级行政区的政府公共财政能力相对均衡的目标，但在财政制度诱导机制上，还是在强化区域失衡，推动着区域极化。

因此，治理极化还需要加强制度建设，建立抑制极化的制度诱导机制，包括主体税种的选择、地方税收体系建设等，都是未来财政制度建设需要着力加强的内容。财政部部长刘昆在其《建立现代财税体制》一文中提出健全地方税体系、培育地方税源、健全直接税体系、逐步提高直接税比重等改革措施[1]，建立现代财税体制，从制度上抑制极化，完善再分配机制，加大税收、社保、转移支付等调节力度和精准性，合理调节过高收入，取缔非法收入。

---

[1]　财政部部长刘昆：如何建立现代财税体制?. 新浪财经，2020 - 11 - 12.

10.3　政策建议

10.3.1　尽快放弃古老的财政收入制度

放弃古老的租金型财政收入制度和利润型财政收入制度。前述分析说明非税收型收入的财政贡献是以推动收入极化和损害市场经济秩序为代价的。这些渠道带来的财政收益，与其对经济社会的长远损害相比，是微不足道的，得不偿失，急需改变。

（1）政府应退出微观经济领域。

政府要退出微观经济领域，打破行政壁垒，促进生产要素自由流动，从越位的状态中退出来。目前的收入极化主要是由所有制差距、单位性质差距、行业差距引起，行政壁垒、政府越位是造成这类差距的基础性原因。政府退出微观经济领域可以有效消除上述差距，让收入与个人能力挂钩，而不是与单位挂钩；政府退出可以给民间资本以更大的发展空间，增加就业，增加社会财富，为解决收入分配问题提供财富保障；政府退出可以节约政府投资性支出，将其用于民生等更有价值的用途。

①要尽快启动新一轮国企改制，加快对国有企业的股份制改造，稀释国有产权，通过国有企业股权多元化改革，解决国企运营本身的固有问题，抑制国有企业内部人利益最大化问题，抑制收入极化。

②加快事业单位改革。清理参公事业单位，如许多部门的行政中心、科研院所要逐步转制，相关需求通过政府购买服务的方式解决；对于学校、科研院所、医院等事业单位，要加快改革，逐步取消单位的行政级别，推动事业单位去行政化；对于新增的公共事务，要尽量通过政府购买服务的方式解决，避免走上增设机构—增加编制—增加人员—人浮于事的老路。消除单位性质、所有制成分对收入分配的影响，使竞争更加充分、机会更加均等，缩小收入分配差距，抑制收入极化。

（2）政府要积极地进入市场失灵领域。

政府要积极地进入市场失灵领域，加大民生投入和整合公共资源，解决市场失灵领域问题，要尽快补位、改变缺位的状态。

①加大民生投入方面，要持续增加环保、社保、医疗、教育等民生项目的支出，减轻居民支出负担；加快保障性住房建设，扩大住房保障范围；鼓励地方政府启动地下管网综合改造工程，改善环境。政府增加公益项目投入可以直接减轻居民家庭的生活负担，尤其是中低收入家庭的负担，从而增加低收入家庭的实际收入、改善收入分配结构。

②整合公共资源方面，要充分发挥政府的公共管理职能，对于被诸多"产权单位"分割的公共资源，如道路、停车场、海岸线等，可以通过类似美国的《重要空间征用条例》等法规，通过收回、征用、赎买等方式收归政府，统一规划安排，既可以缓解公用资源不足所导致的城市交通压力等问题，也可以有效地杜绝"产权单位"利用公共资源谋取私人利益所带来的收入分配异化问题。

10.3.2 建立税收型财政收入制度

我国要深化改革，建立现代税收型财政收入制度。财政制度是一个国家的"元制度"，堪比"宪法性"的制度安排。在社会经济发展中，权力至关重要，但社会制度在安排权力结构时，不可避免地绕不开财政、绕不开"钱"的问题。因此可以说，财政制度是如此重要，它是许多社会制度安排的目的，甚至是基石。

现代发达市场经济国家实行税收型财政收入制度，很少依赖利润型财政收入和租金型财政收入，像我国这样几十年来由非税收入支撑半壁江山的情形就更少了。长期以来，我国学术界在讨论财政收入时常常集中在是流转税做主体税种还是所得税做主体税种问题上，其实，我国的财政收入结构更大的问题是非税收入尾大不掉的问题。非税收入占比过大，尤其是地方财政过度依赖于非税收入，已经如鸡生蛋、蛋生鸡般地将古老的财政收入与不利于现代社会建设的制度纠缠在了一起，加大了改革的难度。

党的十八届三中全会通过的《中共中央关于全面深化改革若干重大问题的决定》和党的十九大报告明确提出，财政是国家治理的重要支柱，新一轮财税体制改革是一场关系国家治理体系和治理能力现代化的深刻变革。从抑制收入极化、公平收入分配的角度来看，现代税收型财政收入制度要确保两个比重：一是税收要在整个政府收入中占有绝对份额；二是直接税要在全部税收中占有足够大的比重。

10.3.3 中央财政承担更多的民生保障责任

从 2016 年启动的新一轮财政体制改革，虽然已经出台了《基本公共服务领域中央与地方共同财政事权和支出责任划分改革方案》等文件，为新一轮财政体制改革奠定了基石，但后续改革仍在进行之中，仍然会影响到地方利益和地方财力格局，受到不同程度的抵制，需要加大推进力度。

目前由省级政府承担养老保险责任的做法造成区域间不公平并转化为新的代际失衡。毕竟，深圳的年轻人不是孙悟空，不是从石头缝里蹦出来的，地方承担养老等社会保险责任的制度割断了社保贡献与其养育之乡间的反哺关系，既不符合社会伦理，也不符合一般的政治伦理，急需矫治。

我们的调研显示，转移性收入对收入极化的抑制作用是最大的。由表 10-1 可见，2007—2012 年，转移性收入对基尼系数的影响是降低 6.4～8.7 个百分点，幅度比较大，影响明显；对 W 指数的影响是降低 9.2～17.5 个百分点，影响非常显著；对 ER 指数的影响是降低 1.1～4.9 个百分点，由于 ER 指数非常敏感，1.1 个百分点就是非常大的影响了。从方向上看，转移性收入是改善收入分配、抑制收入极化的，而且作用越来越大。

表 10-1　转移性收入对三项指标的影响

	2007 年	2008 年	2009 年	2010 年	2011 年	2012 年
基尼系数	−0.064	−0.070	−0.073	−0.077	−0.077	−0.087
W 指数	−0.106	−0.092	−0.103	−0.164	−0.153	−0.175
ER 指数	−0.011	−0.012	−0.013	−0.022	−0.039	−0.049

因此，除切实推行养老金并轨制度，打破城乡间、行政事业和企业间

的藩篱外，还需要逐步推行社会保障全国统筹，消除居民转移性收入的地区差距。在国家财力许可的范围内，增加财政和社会保障补贴支出，既可提高居民收入生活水平，也可明显缩小收入分配差距，抑制收入极化。

社会保障包括养老保障、医疗保障、失业保障、住房保障等内容，都应纳入中央财政的职责范围。可以先从养老保障入手，逐步扩大范围，直到实现完全的全国统筹。

10.3.4 在财政体制改革和财政资金分配上全国人大要发挥更大的作用

财政是国家和地区的核心经济能力，是非常重要的公共资源，关于该资源的集中和分配问题，关系到各地区人民的切实利益，关系到国家经济社会的均衡发展问题。财政不是一个单纯的经济问题，更是一个政治问题，财政资金分配及其配置方案，由于牵涉众多的利益，应由全国人大审议。

同时要逐步剥离各行政部门的财政资金分配功能。自 1949 年以来，我国财政资金分配一直采用"砍块"方式，即首先由财政部门分配资金给各行政部门，再由行政部门决定资金在行业内部的分配。虽经改革有所削减，但"砍块"分配方式依然不同程度地存在。受部门局限性和部门利益的影响，各部门在分配资金时并不考虑财力均等问题。

10.3.5 加快建立地方税体系

加快建立地方税体系，使地方拥有相对稳定的财政收入来源，降低地方对增量型土地财政的依赖，向存量型土地财政转变，如开征房产税。对财产性收入和财产征税可以有效调节贫富差距，但要适度。如前所述，我国目前金融资产的两极分化严重，反映出贫富差距的严重性。但一直以来，我们并没有对居民财产征税，对财产性收入的税率偏低。我们建议在存款利率市场化后，应适度提高存款利息的适用税率，或者是将降低工资性收入税率与提高存款利息税率并举，让二者保持适当的差距；在不动产登记制度的基础上开征房产税，对人均居住面积超过一定标准的住房征税，实行按地域、按区位划分不同等级，按面积定额征税，可以有效调节贫富差距；遗产税虽然会在一定程度上降低巨额财产所有者一生积累财富的能力，削弱对他努力工作及开拓进取的激励，但开征遗产税会促使巨额财产所有者在死亡之前把自己的巨额财产广泛地分配给小额财产所有者，有利于改善市场分配的前提，让后代人的竞争更加公平，防止财富和贫困的代际传递，防止社会板结化。

对财产征税是西方国家地方税的主要来源，但在我国，地方政府承担了大量的财政支出任务，过度依靠财产税作为地方税体系的主体税种还不很合适，还需要通过剥离部分财政支出责任、理顺中央与地方间的财政关系等方式来解决地方财政资金不足问题，即对财产征税要适度。

10.3.6　从制度上遏制政府的财政收入最大化冲动

从制度上遏制政府的财政嗜好，杜绝因追求财政收入最大化而导致的恶化收入分配、推动收入极化的问题。改革对官员的政绩考核指标体系，改变地方政府的行为激励机制，由经济政绩导向向公共服务导向转变，抑制地方政府规模扩张冲动，遏制政府的财政收入最大化冲动，让地方政府行为回归理性。

同时，在地方财政事务上，要增加纳税人的参与程度，提高纳税人的用税监督权。税收国家是现代国家的基本形式，税收是政府财政收入的主要形式，是国家机器有效运转的物质基础。税收是纳税人对政府所提供的公共产品与服务的付费，作为公共产品与服务的购买方和提供方，纳税人应该有充分的权利获悉税款的使用情况并监督税款是否得到合理使用，从而使其税款使用满足纳税人对公共产品的需求。提高纳税人的用税监督权可以有效规范政府行为，提高财政资金的使用效益，从制度上遏制政府的财政收入最大化冲动。

10.4　几点思考

10.4.1　反思财政收入最大化冲动

一直以来，我国政府财政收入的最大化冲动都非常强烈，财政收入增长会在不知不觉中成为地方政府官员追逐的政绩目标，有时甚至会超过对GDP的追逐。在中央不再以GDP作为对地方官员政绩的考核指标后，地方政府对GDP的追逐更多的是为了财政收入，其次才是经济形势良好等"面子"问题。

在考核财政收入的年代，我国财政收入连续20多年超过了GDP的增长速度，个别年份达GDP增长率的2倍之多。财政收入弹性是衡量财政收入增长速度的重要指标，是财政收入增长速度与GDP增长速度之比。一般来说，财政收入弹性为0.8～1.2是正常合理的，如果连续多年低于0.8或高于1.2，就需要引起重视了。自1996年以来，我国的财政收入弹性一直大于1，其中有些年份大于2。地方财政亦是如此，绝大部分省份的财政收入增速是城镇居民收入增速的2～3倍，甚至在4倍以上。财政收入超速增长的原因，除经济增长、产业结构调整、居民个人收入增长后个人所得税的"爬格效应"、对外贸易迅速发展导致进出口税大增、财产性税源增加等外，还有地方利用"空转"[①]方式制造虚假的财政收入。我们曾对广东、辽宁、浙江、吉林、黑龙江、江苏、河北、安徽、云南等15个省份的财税官员进行访谈，核实了我国存在地方虚增财政收入、制造财政泡沫的问题。

在中央早已取消了对地方官员的税收指标考核之后，财政收入最大化依然是地方政府追逐的重要目标，主要原因有三：一是地方财政支出压力。地方财政承担的养老、医疗、教育和地方政府机构运转等支出责任具

---

① "空转"是地方财税部门虚构财政收入业务，在账目上增加财政收入记录，然后再设法把收进来的资金开支出去的方式，它并不是实实在在的财政收支活动，被称为财政资金的"空转"。

有很大的刚性，尤其是在进入新常态以后，支出责任并不会因为经济进入新常态缓慢下行而减少，反而在增加，地方财政压力巨大。二是地区间竞争压力。锦标赛下的地方政府竞争，作为政府公共产品供给失衡背后的深层体制特征，是政府官员考核机制和财政约束机制等多重约束下的竞争方式，地方政府竞争采用投资偏向性竞争方式，要求地方财政支持，地方政府也可能通过压缩政府消费和居民消费来满足投资支出。三是对地方政府的低约束问题。自上而下是主要的约束形式，往往限于对主要官员的约束，地方政府支出的主要买单人即纳税人的压力严重缺位和地方官员任期制共同促成了地方政府的短期行为，是财政收入最大化内在性冲动得以实现的客观条件。

10.4.2 设定改革目标

一个适宜国情、运行有效的极化抑制系统，应该可以避免社会结构由金字塔形直接变成漏斗形，避免"跨越式滑落"，避免区域极化和严重的区域失衡。一个可以抑制"跨越式滑落"的分配系统应满足以下条件：

首先应该是一个没有存量财富直接转移的系统。无论是从穷人转移给富人，还是从富人转移给穷人，都是不可以的，更不可以有从穷人向富人的转移。个人产权应该得到必要的尊重，应该受到充分的保护。

其次应该是一个规范、有序、统一的市场分配系统。在这个系统里，资源配置是自由的，竞争是充分的，机会是均等的；收入与参与人的投资、能力、个人素质等因素高度相关，而不是与行业、单位性质、是否国有等因素挂钩；市场是统一的，收入分配在一个尽可能统一、完整的"大池子"里进行，而不是被人为地割裂成若干"小池子"，不会出现"池子"不同收入水平也不同的问题。

再次应该是一个财政制度可以有效调节收入分配、抑制极化的系统。在市场分配基础上的财政分配要有效调节收入分配、抑制收入极化，要求累进所得税在税收收入中应该占有足够的份额，需要实现由利润型、租金型财政收入制度向税收型财政收入制度转变，建立现代税收型财政收入制度。

又次应该是一个能够实现公共服务均等化的系统。财政制度应该以促进城乡、区域、人群基本公共服务均等化为主线，以统筹协调、财力保障、人才建设、多元供给、监督评估等五大实施机制为支撑，是政府保障全民基本生存发展需求的制度性安排；中央财政在公共教育、社会保障、医疗卫生、住房保障等方面承担更多的支出责任；该财政制度应是一个能够缩小城乡服务差距、提高区域服务均等化水平、夯实基层服务基础的分配系统。

最后应该是一个动态的平衡机制系统。一个可以抑制"跨越式滑落"的分配系统，要有较强的纠错能力，在极化达到一定的程度后应能迅速校正，抑制极化速度，实现动态平衡。

因此，从制度上阻止存量财富直接转移，规范流量财富分配，建立税收型财政收入制度，深化财政体制改革，是我国目前构建极化抑制系统、防止"跨越式滑落"的必要举措。但是，建立一个可以抑制"跨越式滑落"的收入分配系统不是一蹴而就的事情，需要分阶段、分步骤进行。

参考文献

[1] Aghevli B. B. and F. Mehran. Optimal Grouping of Income Distribution Data. *Journal of the American Statistical Association*, 1981, 76 (373): 22 - 26.

[2] Akdede S. H. Income Inequality and Political Polarization and Fracturalization: An Empirical Investigation of Some European Countries. *Bulletin of Economic Research*, 2012, 64 (1): 20 - 30.

[3] Poggi, A. and J. Silber. On Polarization and Mobility: A Look at Polarization in the Wage-Career Profile in Italy. *Review of Income and Wealth*, 2010, 56 (1): 123 - 140.

[4] Amiel Y. , F. Cowell, and X. Ramos. Poles Apart? An Analysis of the Meaning of Polarization. *Review of Income and Wealth*, 2010, 56 (1): 23 - 46.

[5] Arshad H. and M. Idrees. Trends in Polarisation in Pakistan. *Pakistan Development Review*, 2008, 47 (2): 153 - 167.

[6] Backhaus J. Fiscal Sociology: What For? . *American Journal of Economics and Sociology*, 2002, 61 (1): 55 - 77.

[7] Banerjee A. V. and A. F. Newman. Occupational Choice and the Process of Development. *Journal of Political Economy*, 1993, 101 (2): 274 - 298.

［8］ Benassi C. , R. Cellini, and A. Chirco. Market Power under Income Polarization. *Journal of Economics*, 1999, 69 (3): 289 – 298.

［9］ Benassi C. , R. Cellini, and A. Chirco. Personal Income Distribution and Market Structure. *German Economic Review*, 2002, 3 (3): 327 – 338.

［10］ Bhattacharya N. and B. Mahalanobis. Reginal Disparities in Household Consumption in India. *Journal of the American Statistical Association*, 1967, 62 (317): 143 – 161.

［11］ Perez C. B, and X. Ramos. Polarization and Health. *Review of Income and Wealth*, 2010, 56 (1): 171 – 185.

［12］ Bonnefond C. and M. Clément. An Analysis of Income Polarisation in Rural and Urban China. *Post-Communist Economies*, 2012, 24 (1): 15 – 37.

［13］ Bonney R. *The Rise of the Fiscal State in Europe*. Oxford: Oxford University Press, 1999.

［14］ Bonney R. *Economic Systems and State Finance*. Oxford: Clarendon Press, 1995.

［15］ Borraz F. , N. González, and M. Rossi. Polarization and the Middle Class in Uruguay. *Latin American Journal of Economics*, 2013, 50 (2): 289 – 326.

［16］ Bossert W. and W. Schworm. A Class of Two-Group Polarization Measures. *Journal of Public Economic Theory*, 2008, 10 (6), 1169 – 1187.

［17］ Bruegel I. Gendering the Polarisation Debate: A Comment on Hamnett's Social Polarisation Economic Restructuring and Welfare State Regimes. *Urban Studies*, 1996, 33 (8): 1431 – 1439.

［18］ Chakravarty S. R. and A. Majumder. Inequality Polarization and Welfare: Theory and Applications. *Australian Economic Papers*, 2001, 40 (1): 1 – 13.

［19］ Chakravarty S. R. and C. D'Ambrosio. Income Polarization in

Romania. *Review of Income and Wealth*, 2010, 56 (1): 47 - 64.

[20] Chakravarty S. R. , M. Amita, and R. Sonali. A Treatment of Absolute Indices of Polarization. *Japanese Economic Review*, 2007, 58 (2): 273 - 293.

[21] Chiu S. and T. L. Lui. Testing the Global City-Social Polarisation Thesis: Hong Kong since the 1990s. *Urban Studies*, 2004, 41 (10): 1863 - 1888.

[22] D'Ambrosio C. and E. Wolff. Is Wealth Becoming More Polarized in the United States? . Working Paper No. 330, Jerome Levy Economics Institute Bard College, 2001.

[23] Tarschys D. Tribute, Tariffs, Taxes and Trade: The Changing Sources of Government Revenue British. *Journal of Political Science*, 1988, 18 (1): 1 - 20.

[24] Quah D. Galton's Fallacy and Tests of the Convergence Hypothesis. *Scandinarian Journal of Economics*, 1993, 95 (4): 427 - 443.

[25] Acemoglu D. , M. Golosov, and A. Tsyvinski. Power Fluctuations and Political Economy. *Journal of Economic Theory*, 146 (3): 1009 - 1041.

[26] Davies J. B. and A. F. Shorrocks. Optimal Grouping of Income and Wealth Data. *Journal of Econometrics*, 1989, 42 (1): 97 - 108.

[27] Deegan Jr. J. and E. W. Packel. A New Index of Power for Simple N-Person Games. *International Journal of Game Theory*, 1978 (7): 113 - 123.

[28] Deutsch J. and J. Silber. Income Polarization: Measurement Determinants and Implications—Introduction to the Special Issue. *Review of Income and Wealth*, 2010, 56 (1): 1 - 6.

[29] Duclos J. Y. , J. Esteban, and D. Ray. Polarization: Concepts Measurement Estimation. *Econometrica*, 2004, 72 (6): 1737 - 1772.

[30] Duro J. A. International Income Polarization: A Note. *Applied Econom-*

ics Letters，2005，12 (12)：759 – 762.

［31］Esteban J. , C. Gradin，and D. Ray. Extensions of a Measure of Polarization with an Application to the Income Distribution of Five OECD Countries. LIS Working papers 218，LIS Cross-National Data Center in Luxembourg，1999.

［32］Esteban J. and D. Ray. On the Measurement of Polarization. *Econometrica*，1994，62 (4)：819 – 851.

［33］Esteban J. and D. Ray. Conflict and Distribution. *Journal of Economic Theory*，1999，87 (2)：379 – 415.

［34］Ezcurra R. Polarization Trends across the US States. *Applied Economics Letters*，2009，16 (9)：897 – 902.

［35］Ezcurra R. Does Income Polarization Affect Economic Growth? The Case of the European Regions. *Regional Studies*，2009，43 (2)：267 – 285.

［36］Ezcurra R. and P. Pascual. Regional Polarisation and National Development in the European Union. *Urban Studies*，2007，44 (1)：99 – 122.

［37］Ezcurra R. and Rodríguez-Pose Andrés. Political Decentralization Economic Growth and Regional Disparities in the OECD. *Regional Studies*，2013，47 (3)：388 – 401.

［38］Tarp F. , K. Simler, C. Matusse, R. Heltberg, and G. Dava. The Robustness of Poverty Profiles Reconsidered. *Economic Development and Cultural Change*，2002，51 (1)：77 – 108.

［39］Foster J. E. , J. Greer, and E. Thorbecke，A Class of Decomposable Poverty Measures. *Econometrica*，1984，52 (3)：761 – 765.

［40］Foster J. E. and M. C. Wolfson. Polarization and the Decline of the Middle Class：Canada and the U. S. Mimeo. Vanderbilt University，1992.

［41］Galor O. and J. Zeira. Income Distribution and Macroeconomics. *Review of Economic Studies*，1993，60 (1)：35 – 52.

［42］Burtless G. *Globalization and Income Polarization in Rich*

Countries, The Brookings Institution, March 12, 2007.

[43] Gasparini L., M. Horenstein, E. Molina, and S. Olivieri. Income Polarization in Latin America: Patterns and Links with Institutions and Conflict. *Oxford Development Studies*, 2008, 36 (4): 461 - 484.

[44] Gigliarano C. and K. Mosler. Constructing Indices of Multivariate Polarization. *The Journal of Economic Inequality*, 2008, 7 (4): 435 - 460.

[45] Goldscheid R. A Sociological Approach to Problems of Public Finance//Musgrave R. A. and Peacock A. T. *Classics in the Theory of Public Finance*. London: Palgrave Macmillan, 1958.

[46] Gradin C. and M. Rossi. Income Distribution and Income Sources in Uruguay. *Journal of Applied Economics*, 2006, 9 (1): 49 - 69.

[47] Gradin C. Polarization by Sub-Populations in Spain 1973 - 91. *Review of Income and Wealth*, 2000, 46 (4): 457 - 474.

[48] Greenwood J. and B. Jovanovic. Financial Development Growth and the Distribution of Income. *Journal of Political Economy*, 1990, 98 (5): 1076 - 1107.

[49] Groisman F. A. Income Polarization, the Middle Class and Informal Employment in Greater Buenos Aires 1974 - 2010. Food and Agriculture Organization of the United Nations, 2013.

[50] Hussain A. The Sensitivity of Income Polarization: Time, Length of Accounting Periods, Equivalence Scales, and Income Definitions. *Journal of Economic Inequality*, 2009, 7 (7): 207 - 223.

[51] Esteban J., L. Mayoral, and D. Ray. Ethnicity and Conflict: An Empirical Study. *American Economic Review*, 2012, 102 (4): 1310 - 1342.

[52] Esteban J. M. and D. Ray. On the Measurement of Polarization. *Econometrica*, 1994, 62 (4): 819 - 851.

[53] Kakwani N. C. *Income Inequality and Poverty: Methods of Estimation and Policy Applications*. Oxford: Oxford University Press, 1980.

［54］Kakwani N. C. *Analysing Redistribution Policies：A Study Using Australian Data*. Cambridge：Cambridge University Press，1986.

［55］Zou K. and J. He. Intra-Provincial Financial Disparity，Economic Disparity，and Regional Development in China：Evidence from Prefecture-Level City Data. *Emerging Markets Finance and Trade*，2017，54（5）.

［56］Keefer P. and S. Knack. Polarization Politics and Property Rights：Links between Inequality and Growth. *Public Choice*，2002，111（1－2）：127－154.

［57］Lambert P. *The Distribution and Redistribution of Income*. 3rd ed. Manchester University Press，2001.

［58］Lambert P. J. and J. R. Aronson. Inequality Decomposition Analysis and the Gini Coefficient Revisited. *Economic Journal*，1993，103（420）：1221－1227.

［59］Lewis G. W. and D. T. Ulph. Poverty Inequality and Welfare. *Economic Journal*，1988，98（390）：117－131.

［60］Lybbert T. J. Polarization and Pricing to the Rich. *Applied Economics Letters*，2007，14（4－6）：389－394.

［61］Holzner M. The Determinants of Income Polarization on the Household and Country Level across the EU. WIIW Working Papers，2012.

［62］Matsuyama K. Endogenous Inequality. *Review of Economic Studies*，2000，67（4）：743－759.

［63］Maurer N. and S. Haber. Bank Concentration Related Lending and Economic Performance：Evidence from Mexico. Stanford University Mimeo，2003.

［64］Maza A. and J. Villaverde. Regional Disparities in the EU：Mobility and Polarization. *Applied Economics Letters*，2004，11（8）：517－522.

［65］Brzezinski M. Income Polarization and Economic Growth. LIS Working Papers，2013.

［66］ Millnor J. W. and L. S. Shapley. Values of Large Game Ⅱ: Oceanic Games. *Mathematics of Operations Research*, 1978, 3 (4): 290 - 307.

［67］ Mitsuta N. , K. Goto, and S. Shishido. Regional Economic Fluctuation Factors. *Studies in Regional Science*, 2010, 40 (2): 39 - 52.

［68］ Mogues T. and M. R. Carter. Social Capital and the Reproduction of Economic Inequality in Polarized Societies. *Journal of Economic Inequality*, 2005, 3 (3): 193 - 219.

［69］ Molnar M. Income Polarization in Romania. *Romanian Journal of Economic Forecasting*, 2011, 14 (2): 64 - 83.

［70］ Musgrave R. Theories of Fiscal Crisis: An Essay in Fiscal Sociology, in Henry J. Aaron and Michael J. Boskins. *The Economics of Taxation*. Washington: Brookings Institution, 1980: 316 - 390.

［71］ Newbery D. A. Theorem on the Measurement of Inequality. *Journal of Economic Theory*, 1970, 2 (3): 264 - 266.

［72］ Oliver X. , L. Piccoli, and A. Spadaro. A Microsimulation Evaluation of Efficiency, Inequality and Polarization Effects of Implementing the Danish, the French and the U. K. Redistribution System in Spain. *Review of Income and Wealth*, 2010, 56 (1): 186 - 214.

［73］ Pittau M. G. and R. Zelli. Testing for Changing Shapes of Income Distribution: Italian Evidence in The 1990s From Kernel Density Estimates. *Empirical Economics*, 2004, 29 (2): 415 - 430.

［74］ Prieto J. , J. G. Rodríguez, and R. Salas. Is An Inequality-Neutral Flat Tax Reform Really Neutral? . Documento de Trabajo Fundación Centro de Estudios Andaluces CentrA (en prensa), 2004a.

［75］ Prieto J. , J. G. Rodríguez, and R. Salas. Interactions Polarization Inequality: An Impossibility Result. Documento de Trabajo Fundación Centro de Estudios Andaluces CentrA (en prensa), 2004b.

［76］ Pyatt G. The Interpretation and Disaggregation of Gini Coefficients. *Economic Journal*，1976，86（342）：243－255.

［77］ Aumann R. J. and M. Maschler.*The Bargaining Set for Cooperative Games*. Princeton：Princeton University Press，1964：443－447.

［78］ Rodriguez J. G. and R. Salas. Extended Bi-polarization and Inequality Measures. *Research on Economic Inequality*，2003，9（4）：69－83.

［79］ Chakravarty S. R. and C. D'Ambrosio. Polarization Orderings of Income Distributions. *Review of Income and Wealth Series*，2010，56（1）：47－64.

［80］ Sen A. K.Poverty：An Ordinal Approach to Measurement. *Econometrica*，1976，44（2）：219－231.

［81］ Sheshinski E. Relation Between a Social Welfare Function and the Gini Index of Income Inequality. *Journal of Economic Theory*，1972，4（1）：98－100.

［82］ Shorrocks A. F. Revisiting the Sen Poverty Index. *Econometrica*，1995，63（5）：1225－1230.

［83］ Tsui K. Y. and Y. Q. Wang. Polarization Orderings and New Classes of Polarization Indices. *Journal of Public Economic Theory*，2000，2（3）：349－363.

［84］ Walks A. R. The Social Ecology of the Post-Fordist/Global City? Economic Restructuring and Socio-spatial Polarisation in the Toronto Urban Region.*Urban Studies*，2001，38（3）：407－447.

［85］ Winsberg M. D. Income Polarization between the Central Cities and Suburbs of U. S. Metropolises 1950－1980. *American Journal of Economics and Sociology*，1989，48（1）：3－10.

［86］ Wolfson M. C. Divergent Inequalities：Theory and Empirical Results. *Review of Income and Wealth*，1997，43（4）：401－421.

［87］ Wolfson M. C. When Inequalities Diverge. *American Economic Review*，1994，84（2）：353－358.

［88］Zhang X. and R. Kanbur. What Difference Do Polarization Measures Make? An Application to China. *Journal of Development Studies*，2001，37（3）：85－98.

［89］Zheng B. Aggregate Poverty Measures. *Journal of Economic Surveys*，1997，11（2）：123－162.

［90］阿克顿．法国大革命讲稿．秋风，译．贵阳：贵州人民出版社，2004.

［91］阿玛蒂亚·森．论经济不平等：不平等之再考察．王利文，于占杰，译．北京：社会科学文献出版社，2006.

［92］阿玛蒂亚·森．正义的理念．王磊，李航，译．北京：中国人民大学出版社，2012.

［93］柏克．法国革命论．何兆武，许振洲，彭刚，译．北京：商务印书馆，1999.

［94］保罗·肯尼迪．大国的兴衰．刘晓明，译．北京：世界知识出版社，1990.

［95］丹尼尔·贝尔．资本主义文化矛盾．严蓓雯，译．南京：江苏人民出版社，2007.

［96］伏尔泰．路易十四时代．吴模信，沈怀洁，梁守锵，译．北京：商务印书馆，1997.

［97］亨利·乔治．进步与贫困．吴良健，王翼龙，译．北京：商务印书馆，2010.

［98］黄仁宇．大历史不会萎缩．桂林：广西师范大学出版社，2004.

［99］黄仁宇．资本主义与二十一世纪．北京：生活·读书·新知三联书店，1997.

［100］科林·琼斯．剑桥插图法国史．杨保筠，刘雪红，译．北京：世界知识出版社，2004.

［101］雷蒙·阿隆．社会学主要思潮．葛智强，胡秉诚，王沪宁，译．上海：华夏出版社，2000.

［102］马克思，恩格斯．马克思恩格斯全集：第 7 卷，第 19 卷，第 46 卷．北京：人民出版社，1959/1965/1979/1980.

［103］马克思．资本论：第 1 卷，第 2 卷．2 版．北京：人民出版社，2004.

［104］米涅．法国革命史．北京编译社，译．北京：商务印书馆，1977.

［105］帕尔默，科尔顿．近现代世界史．孙福生，周颖如，等，译．北京：商务印书馆，1992.

［106］皮埃尔·米盖尔．法国史．蔡鸿滨，等，译．北京：商务印书馆，1985.

［107］斯塔夫里阿诺斯．全球通史——1500 年以后的世界．吴象婴，梁赤民，译．上海：上海社会科学出版社，1999.

［108］图海纳．我们能否共同生存？——既彼此平等又互有差异．狄玉明，李平沤，译．北京：商务印书馆，2003.

［109］托克维尔．旧制度与大革命．冯棠，译．北京：商务印书馆，1996.

［110］亚瑟·赛斯尔·庇古．福利经济学．何玉长，丁晓钦，译．上海：上海财经大学出版社，2009.

［111］约翰·穆勒．政治经济学原理．金镝，金熠，译．上海：华夏出版社，2009.

［112］"公共财政框架下的省域国有资本经营预算研究"课题组．近年来国有资本经营预算研究进展综述．经济理论与经济管理，2009（8）.

［113］白素霞，陈井安．收入来源视角下我国城乡收入差距研究．社会科学研究，2013（1）.

［114］鲍曙光．我国财政转移支付财力均等化效应研究．中央财经大学学报，2016（3）.

［115］毕铭．"住房保障与住房市场"专题论坛综述．上海房地，2008（7）.

［116］蔡昉，都阳．中国地区经济增长的趋同与差异——对西部开发战略的启示．经济研究，2000（10）．

［117］蔡昉，杨涛．城乡收入差距的政治经济学．中国社会科学，2000（4）．

［118］蔡昉．城乡收入差距与制度变革的临界点．中国社会科学，2003（5）．

［119］蔡昉．刘易斯转折点与公共政策方向的转变——关于中国社会保护的若干特征性事实．中国社会科学，2010（6）．

［120］蔡昉．人口转变、人口红利与刘易斯转折点．经济研究，2010（4）．

［121］曹海娟，胡怡建，冯苏苇．城市转型期影响上海财政收入增长因素的实证分析．上海财经大学学报，2011（2）．

［122］曾五一，刘小二．中国财政收入与经济增长关系的实证分析．统计与信息论坛，2009（7）．

［123］陈国富，仰志琼．财政幻觉下的中国土地财政——一个法经济学视角．南开学报（哲学社会科学版），2009（1）．

［124］陈国荣．关于城市房屋拆迁裁决的法律思考．中国房地产，2002（7）．

［125］陈敏，郭继强．个税免征额、行为效应与工资收入不平等．财贸经济，2014（3）．

［126］陈文海．法国史．北京：人民出版社，2004．

［127］陈晓红，谢丽辉．关于国企委托代理关系的另一种观点．经济问题，2002（3）．

［128］陈燕，张飞．我国农地过度非农化的经济学解释．经济体制改革，2009（2）．

［129］陈扬．地区间企业所得税收入差距问题的理论研究．商讯，2020（28）．

［130］陈志勇，陈莉莉．财税体制变迁、"土地财政"与经济增长．

财贸经济，2011（12）.

［131］陈志勇，陈莉莉. 财政体制与地方政府财政行为探讨——基于治理"土地财政". 中南财经政法大学学报，2009（2）.

［132］陈宗胜，周云波. 非法非正常收入对居民收入差别的影响及其经济学解释. 经济研究，2001（4）.

［133］程瑶. 制度经济学视角下的土地财政. 经济体制改革，2009（1）.

［134］崔传义. 对就业形势、刘易斯拐点的判断和政策选择. 中国就业，2011（4）.

［135］董再平. 地方政府"土地财政"的现状、成因和治理. 理论导刊，2008（12）.

［136］杜两省，彭竞. 教育回报率的城市差异研究. 中国人口科学，2010（5）.

［137］杜雪君，黄忠华，吴次芳. 中国土地财政与经济增长——基于省际面板数据的分析. 财贸经济，2009（1）.

［138］樊纲. 企业家最重要的社会责任就是创造就业. 新华网重庆频道，2007 - 11 - 05.

［139］范金，任会，袁小慧. 农民家庭经营性收入与科技水平的相关性研究：以南京市为例. 中国软科学，2010（1）.

［140］方耀楣，王兵团. 城市拆迁上访的社会学思考. 中共福建省委学校学报，2006（9）.

［141］龚刚，林毅夫. 过度反应：中国经济"缩长"之解释. 经济研究，2007（4）.

［142］龚琪虎. 对拆迁裁决制度的法律思考. 中国房地产，2004（1）.

［143］关丽苹. 阿马蒂亚·森的能力方法论研究. 沈阳：沈阳师范大学，2009.

［144］郭艳茹. 中央与地方财政竞争下的土地问题：基于经济学文献

的分析. 经济社会体制比较，2008（2）.

[145] 郭长安，吴婧. 对我国城乡居民收入分布演变的分析. 统计与决策，2009（13）.

[146] 国资委"建立国有资本经营预算制度研究"课题组. 论国有资本经营预算监管体系的构建. 经济研究参考，2006（54）.

[147] 何凤秋. 实现公平分配目标进一步深化机关事业单位工资制度改革. 劳动保障世界，2010（11）.

[148] 贺蕊莉，廉桂萍. 城市房屋拆迁视角下的地方政府权重与约束. 内蒙古大学学报，2006（1）.

[149] 贺蕊莉. "拆迁税负"、转嫁阻滞与社会风险防范——基于对大连市近 14 年来的拆迁调研. 财经问题研究，2009（3）.

[150] 贺蕊莉. 城市房屋拆迁的理论标准及财富逆向转移. 财经问题研究，2006（8）.

[151] 贺蕊莉. 国企改制中国有资产流失的方式与原因. 国有资产管理，2006（4）.

[152] 贺蕊莉. 国有资产流失的重要根源在于国家所有者的监督缺位. 财经问题研究，1997（12）.

[153] 贺蕊莉. 完善国有资产监督体系之我见. 财经问题研究，1998（7）.

[154] 贺蕊莉. 我国贫富差距研究中的三个误区辨析. 现代财经，2005（7）.

[155] 贺蕊莉. 中国财富非市场归集路径研究. 大连：东北财经大学出版社，2007.

[156] 洪兴建. 居民收入分配失衡的测度方法研究. 北京：经济科学出版社，2010.

[157] 洪兴建，李金昌. 两极分化测度方法述评与中国居民收入两极分化. 经济研究，2007（11）.

[158] 胡立平. 财政收入超经济增长原因分析：湖南邵阳个案. 经济

研究参考，2009（35）.

　　［159］胡怡建. 中国税收发展面临的四大转变. 财贸经济，2011（10）.

　　［160］户邑. 城市拆迁的制度分析. 改革，2005（2）.

　　［161］黄小虎. 从土地财政与土地金融分析中国土地制度走向. 上海国土资源，2012（2）.

　　［162］贾康，阎坤. 中国土地财政制度改革研究. 上海：上海远东出版社，2000.

　　［163］贾康. 房产税财源支柱属性将会逐渐显现. 上海证券报，2011-12-20.

　　［164］贾康. 扩大房产税试点范围势在必行. 人民网，2013-08-16.

　　［165］贾康. 调节居民收入分配需要新思路. 当代财经，2008（1）.

　　［166］金江，何立华. 中国城乡居民收入分配两极分化研究. 山东经济，2010（1）.

　　［167］金双华. 我国城镇居民财产性收入差距及其税收负担的实证研究. 财贸经济，2013（11）.

　　［168］金太军. 市场失效与政府干预. 中国矿业大学学报：社科版（徐州），2002（2）.

　　［169］蓝剑平. 西方国家政府非税收入管理的比较和启示. 唯实，2011（10）.

　　［170］李方旺. 1994年以来税制运行的实证分析与对策建议. 财政研究，1997（10）.

　　［171］李家才. 拆迁分流：从源头上约束城市房屋拆迁. 改革，2005（1）.

　　［172］李丽琴. 公共财政：国有资本经营预算与公共预算互补与衔接的目标导向. 金融与经济，2009（9）.

　　［173］李培林，田丰. 中国劳动力市场人力资本对社会经济地位的影响. 社会，2010（1）.

［174］李强，孟蕾．边缘化与社会公正．天津社会科学，2011（1）.

［175］李强．从"整体型社会聚合体"到"碎片化"的利益群体——改革开放30年与我国社会群体特征的变化．新视野，2008（5）.

［176］李强．改革开放30年来中国社会分层结构的变迁．北京社会科学，2008（5）.

［177］李强．警惕"非竞争型的弱势化"．西部广播电视，2011（1）.

［178］李强．中国城市化进程中的"半融入"与"不融入"．河北学刊，2011（5）.

［179］李强．中国高收入群体调查初探．数据，2009（1）.

［180］李强．转型时期城市"住房地位群体"．江苏社会科学，2009（4）.

［181］李升，宁超．中国地方政府自有财力区域差异分析．经济管理与评论，2017（6）.

［182］李实，罗楚亮．中国收入差距究竟有多大？——对修正样本结构偏差的尝试．经济研究，2011（4）.

［183］李实，罗楚亮．中国城乡收入差距的重新估计．北京大学学报，2007（2）.

［184］李实，岳希明．中国城乡收入差距调查．财经，2004（3）.

［185］李实，赵人伟，高霞．中国离退休人员收入分配中的横向与纵向失衡分析．金融研究，2013（2）.

［186］李实．不可低估收入分配问题．中国改革，2012（2）.

［187］李实．垄断行业高收入问题探讨．中国社会科学，2010（3）.

［188］李特尔．福利经济学评述．陈彪如，译．北京：商务印书馆，1965.

［189］李炜光，任晓兰．财政社会学源流与我国当代财政学的发展．财政研究，2013（7）.

［190］李友志．着力构建科学规范的非税收入管理体系——非税收入与税收比较研究．湖南社会科学，2010（3）.

［191］李煜．制度变迁与教育不平等的产生机制——中国城市子女的教育获得（1966—2003）．中国社会科学，2006（4）.

［192］梁铁中．城市拆迁与弱势群体权益保护．中州学刊，2006（11）.

［193］林达．带一本书去巴黎．北京：生活·读书·新知三联书店，2002.

［194］林毅夫．产业政策与我国经济的发展：新结构经济学的视角．复旦学报（社会科学版），2017（2）.

［195］刘春芝，翟璐．辽宁经济可持续发展的障碍分析与财政政策研究．沈阳师范大学学报（社会科学版），2009（6）.

［196］刘红梅，张志斌，王克强．我国土地财政收入研究综述．开发研究，2008（1）.

［197］刘华军，贾文星，彭莹，裴延峰．区域经济的空间溢出是否缩小了地区差距？——来自关系数据分析范式的经验证据．经济与管理评论，2019（1）.

［198］刘力钢，孙晓，陈金．东北三省旅游经济增长质量水平的差距及动态演进．统计与决策，2020（11）.

［199］刘明远．财政学．大连：东北财经大学出版社，1989.

［200］刘穷志，吴晔．收入不平等与财政再分配：富人俘获政府了吗．财贸经济，2014（3）.

［201］刘守英．中国工业化、城市化与农地制度和农业经营格局．国务院发展研究中心征求意见稿，2011.

［202］刘伟．对国有资产管理与监督的若干思考．北京农业职业学院学报，2005（1）.

［203］刘小瑜，刘茜．中国收入极化现象与经济发展的关系分析．统计与决策，2013（8）.

［204］刘怡．增值税和营业税对收入分配的不同影响研究．财贸经济，2009（6）.

［205］刘元生，杨澄宇，袁强．个人所得税的收入分配效应．经济研究，2013（1）.

［206］刘志广．财政社会学视野下的财政制度变迁与社会经济转型——兼论 20 世纪末社会经济转型的实质及其发展趋势．经济与管理研究，2007（2）.

［207］刘志广．财政社会学研究述评．经济学动态，2005（5）.

［208］刘志广．财政制度变革与双二元嵌合经济结构转型//上海市社会科学界联合会．当代中国：发展·安全·价值．上海：上海人民出版社，2004.

［209］刘志广．财政制度变革与现代国家构建//上海市社会科学界联合会．大国的使命：文明建设与大国治理．上海：上海人民出版社，2007.

［210］刘志广．财政制度改革与社会经济发展．上海行政学院学报，2005（6）.

［211］刘志广．权力资源、生活机会和财政体制——论我国"三农"问题及农村税费改革思路．经济学家，2003（5）.

［212］刘志广．中央集权型财政体制与我国古代社会的停滞——对我国社会经济发展史的"财政社会学"分析．上海行政学院学报，2002（2）.

［213］刘志广．财政体制改革与我国社会经济发展——对我国社会经济发展史的"财政社会学"分析．北京：北京大学，2001.

［214］刘志广．财政制度、分工与经济增长．上海：复旦大学，2006.

［215］刘志广．新财政社会学研究：财政制度、分工与经济发展．上海：上海人民出版社，2012.

［216］龙莹．中国中等收入群体规模动态变迁与收入两极分化：统计描述与测算．财贸研究，2012（2）.

［217］罗楚亮．居民收入分布的极化．中国人口科学，2010（6）.

［218］吕一民．法国通史．上海：上海社会科学出版社，2002．

［219］麻宝斌，杜平．经济社会地位、户籍类型与区域发展差距：民众环境公平认知的影响因素．社会科学研究，2018（1）．

［220］马光红，李宪立．建立健全保障性住房规划建设管理体制研究——基于廉租房的视角．城市发展研究，2010（4）．

［221］马光远．经适房"退出机制"当学英国和日本．新京报，2010-03-24．

［222］马骏．中国财政国家转型：走向税收国家．吉林大学社会科学学报，2011（1）．

［223］闵一峰．城市房屋拆迁主体行为的博弈分析．中国房地产，2005（8）．

［224］倪燕．《国有资产监督法》呼声渐高．中华工商时报，2006-03-15．

［225］聂华林，钱力．我国城乡居民收入差距测度指标述评．兰州商学院学报，2009（10）．

［226］欧阳淞．国有资本经营预算制度的几个基本问题．法学家，2007（4）．

［227］钱承旦，陈意新．走向现代国家之路．成都：四川人民出版社，1987．

［228］沈鲁清．地方国有资产管理的研究与实践．上海：同济大学出版社，2007．

［229］施京吾．辩护与批判——法国的旧制度与大革命．书屋，2004（6）．

［230］孙开，温馨．中国地区间财力差异的空间结构探析．河北经贸大学学报，2015（6）．

［231］孙开，张磊．政府竞争、财政压力及其调节作用研究——以地方政府财政支出偏向为视角．经济理论与经济管理，2020（5）．

［232］孙立平．当前中国的贫富格局．团结，2011（2）．

［233］孙立平．绝望比贫穷更可怕．中华儿女，2011（13）．

［234］孙立平．利益关系形成与社会结构变迁．社会，2008（3）.

［235］孙立平．中国社会结构的变迁及其分析模式的转换．南京社会科学，2009（5）.

［236］孙立平．断裂——90年代以来的中国社会．北京：社会科学文献出版社，2003.

［237］孙中山．在上海中国社会党的演说（1912）//陈夏红．孙中山演讲录．北京：中国大百科全书出版社，2012（1）.

［238］汤玉刚．财政竞争、土地要素资本化与经济改革——以国企改制过程为例．财贸经济，2011（4）.

［239］佟家栋，周燕．二元经济、刘易斯拐点和中国对外贸易发展战略．经济理论与经济管理，2011（1）.

［240］万海远，李实．户籍歧视对城乡收入差距的影响．经济研究，2013（9）.

［241］汪伟，郭新强，艾春荣．融资约束、劳动收入份额下降与中国低消费．经济研究，2013（11）.

［242］王朝才，傅志华，刘德雄．区域经济发展差距变化与财政体制改革的关系研究．财政研究，1998（11）.

［243］王春雪．财政收入超经济增长的影响因素及对策建议．海南金融，2010（4）.

［244］王方春．中国居民收入极化的测度与分解研究．杭州：浙江工商大学，2012.

［245］王国清，周克清．国有资产管理及监督模式的创新．财经科学，2003（4）.

［246］王宏霞，马宗平．加强非税收入管理的几点建议．财会研究，2010（4）.

［247］王金营，顾瑶．中国劳动力供求关系形势及未来变化趋势研究——兼对中国劳动市场刘易斯拐点的认识和判断．人口学刊，2011（3）.

[248] 王军武，赵可林．我国住房保障制度改革与模式创新．现代经济探讨，2007（1）.

[249] 王克稳．论房屋拆迁行政争议的司法审查．中国法学，2004（4）.

[250] 王琳，等．建立国有资产有效监督机制的理论探讨．兰州大学学报（社会科学版），2000（5）.

[251] 王乔，汪柱旺．政府非税收入对经济增长影响的实证分析．当代财经，2009（12）.

[252] 王绍光．中国财政转移支付的政治逻辑．战略与管理，2002（3）.

[253] 王天夫，崔晓雄．行业是如何影响收入的——基于多层线性模型的分析．中国社会科学，2010（5）.

[254] 王伟同．中国人口红利的经济增长"尾效"研究——兼论刘易斯拐点后的中国经济．财贸经济，2012（11）.

[255] 王小鲁，樊纲．中国地区差距的变动趋势和影响因素．经济研究，2004（1）.

[256] 王小映．我国城镇土地收购储备的动因、问题与对策．管理世界，2003（10）.

[257] 王永，杜鹏飞．要素禀赋、经济增长效率与地区差距——基于长三角城市群的门槛效应分析．统计与决策，2020（21）.

[258] 王瑜瑾．我国农村居民农业经营性收入实证分析．中国集体经济，2012（24）.

[259] 王兆君，赵子龙．青岛市城乡居民收入差距与农民收入来源的实证分析．青岛科技大学学报（社会科学版），2012（4）.

[260] 吴忠民．社会矛盾倒逼型改革实际上已来临．政府法制，2012（14）.

[261] 吴忠民．社会公正论．学海，2005（2）.

[262] 徐传谌，等．构建中国新型国有资产监督管理体制问题探讨.

社会科学战线，2003（5）.

［263］徐晓松．论国有资产监督管理机构在国有资本经营预算中的职责．政治与法律，2009（4）.

［264］严成樑．产业结构变迁、经济增长与区域发展差距．经济社会体制比较，2016（4）.

［265］杨宜勇，王超群．中国收入分配政策调整问题研究．公共管理与政策评论，2013（2）.

［266］杨云彦．社会变迁、介入型贫困与能力再造．北京：中国社会科学出版社，2008.

［267］姚莉．司法公正要素分析．法学研究，2003（5）.

［268］姚先国，叶荣德．中国农村地区间收入极化及构成变动——一个新的动态分解公式及其应用．统计与信息论坛，2012（3）.

［269］于慧利，王淑婕，徐学才．北欧国家社会保障制对我国的启示．经济研究参考，2006（32）.

［270］余定宇．寻找法律的印迹——从古埃及到美利坚．北京：法律出版社，2004.

［271］余晓敏．经济全球化背景下的劳工运动：现象、问题与理论．社会学研究，2006（3）.

［272］俞彤晖．中部地区城乡收入极化程度变化研究．南昌：南昌大学，2011.

［273］岳彩申，胡元聪，杨丽梅．"政府责任与社会财富公平分配法律问题"国际研讨会综述．西南政法大学学报，2007（8）.

［274］岳树民．免征额变动对个人所得税累进性的影响．财贸经济，2011（1）.

［275］云伟宏．基于刘易斯拐点的缩小城乡收入比研究．中州学刊，2009（1）.

［276］翟振武，杨凡．民工荒：是刘易斯拐点还是伊斯特林人口波谷．经济理论与经济管理，2001（8）.

[277] 张春龙. 静态地衡量客观垄断程度的双维度模型. 商场现代化，2006（4）.

[278] 张建升. 农村居民收入分布的动态演进及趋势. 西北农业科技大学学报（社会科学版），2012（2）.

[279] 张劲松. 论西方政府职能理论在我国的本土化. 江汉大学学报（人文科学版），2004（6）.

[280] 张荣. 基于工资制度改革视角的黑龙江居民财产性收入研究. 商业经济，2010（5）.

[281] 张思锋，刘佳. 城镇低收入人群社会保障的需求与供给差异研究. 西北大学学报（哲学社会科学版），2009（6）.

[282] 张昕，张宇祥. 典型国家和地区住房保障政策的经验与启示. 宏观经济研究，2008（3）.

[283] 张宗坪. 刘易斯拐点在我国已经出现证伪——"民工荒"假象分析. 山东经济，2008（3）.

[284] 章上峰，许冰，胡祖光. 中国城乡收入分布动态演进及经验检验. 统计研究，2009（12）.

[285] 赵勇，魏后凯. 政府干预、城市群空间功能分工与地区差距：兼论中国区域政策的有效性. 管理世界，2015（8）.

[286] 志灵. 非税收入缘何难入国库. 法制日报，2007-05-09.

[287] 中国经济增长前沿课题组（张平，刘霞辉）. 城市化、财政扩张与经济增长. 经济研究，2011（11）.

[288] 周明圣. 走向共和——近代法兰西共和制度确立研究. 北京：中央编译出版社，2004.

[289] 周雪飞. 当前我国土地财政"倒逼金融"现象分析及对策研究. 财政研究，2008（9）.

[290] 朱光磊，陈娟. 中国阶层分化与重组30年：过程、特征与思考. 教学与研究，2008（10）.

[291] 朱光磊. 21世纪初中国社会阶层分化八大趋势. 理论与现代

化，2008 (6).

　[292] 朱光磊. 贫富差距与当代中国阶层关系. 南开学报（哲学社会科学版）. 1999 (6).

　[293] 庄德水. 利益冲突视角下的腐败与反腐败. 广东行政学院学报，2009 (6).

后　　记

在本书付印之际，诚挚感谢东北财经大学的经费支持，让本人近年来的研究成果能够付印，成书出版。衷心感谢中国人民大学出版社经济分社社长崔惠玲对本书的指导和帮助，衷心感谢本书编辑韩兆丹老师、刘美昱老师的辛勤付出，让本书能够尽快面世。当然，文责自负！诚挚感谢杨扬、陈传明、董岩、郭海彧、臧泽祥、刘媛媛等同学在模型设计与检验、数据收集与整理等方面提供的帮助和支持。非常感谢我的家人，是他们的无条件理解与支持，让我有足够的时间和精力完成本书的写作和修改工作。

2020 年是一个不平凡的年份，疫情和各种变故，让我们对生活、对人生有了新的理解和认识。在这里，祝福我们的祖国繁荣昌盛，祝福爱我和我爱的人幸福安康，相信明天必定会更美好！

贺蕊莉

2020 年 11 月 16 日于大连

图书在版编目（CIP）数据

极化治理的中国经验：从收入极化治理到区域极化
治理/贺蕊莉著. -- 北京：中国人民大学出版社，
2021.4
（中国经济问题丛书）
ISBN 978-7-300-29280-9

Ⅰ.①极… Ⅱ.①贺… Ⅲ.①居民收入-研究-中国
Ⅳ.①F126.2

中国版本图书馆 CIP 数据核字（2021）第 070862 号

中国经济问题丛书
极化治理的中国经验：从收入极化治理到区域极化治理
贺蕊莉　著
Jihua Zhili de Zhongguo Jingyan：Cong Shouru Jihua Zhili dao Quyu Jihua Zhili

出版发行	中国人民大学出版社			
社　　址	北京中关村大街 31 号		**邮政编码**	100080
电　　话	010 - 62511242（总编室）		010 - 62511770（质管部）	
	010 - 82501766（邮购部）		010 - 62514148（门市部）	
	010 - 62515195（发行公司）		010 - 62515275（盗版举报）	
网　　址	http://www.crup.com.cn			
经　　销	新华书店			
印　　刷	涿州市星河印刷有限公司			
规　　格	165mm×238mm　16 开本		**版　　次**	2021 年 4 月第 1 版
印　　张	17.25 插页 3		**印　　次**	2021 年 4 月第 1 次印刷
字　　数	236 000		**定　　价**	68.00 元